LS Mathematik

Herausgegeben von
August Schmid, Tübingen
Wilhelm Schweizer, Tübingen

Lambacher Schweizer 5

bearbeitet von
Hans Ehrler, Mainberg
Ulrich Hannig, Nürtingen
Karl Mütz, Tübingen
August Schmid, Tübingen
Wilhelm Schweizer, Tübingen
Ulrich Warnecke, Münster

unter Mitarbeit von
Jürgen Brandt, Ludwigsburg und der
Verlagsredaktion Mathematik

Ernst Klett Stuttgart

Bildquellenverzeichnis

6.2 Müller, Ludwigsburg – 6.3 / 6.4 Neumann, Stuttgart – 11.1 Neumann, Stuttgart – 12.1 Neumann, Stuttgart – 17.2 Müller, Ludwigsburg – 21.2 Müller, Ludwigsburg – 22.1 Neumann, Stuttgart – 24.1 Landespolizeidirektion, Stuttgart – 26.1 Hercules, Nürnberg – 34.1 Müller, Ludwigsburg – 37.1 Werek, München / Neumann, Stuttgart – 41.2 Lufthansa, Frankfurt – 44.1 Simon, Essen – 53.1 Neumann, Stuttgart – 66.1 Müller, Ludwigsburg – 68.1 Neumann, Stuttgart – 76.2 Müller, Ludwigsbrug – 80.1 Bischoff-Winter, Dreieich – 82.1 Neumann, Stuttgart – 86.1 Paysan, Stuttgart – 88.1 Baumann, Ludwigsburg – 92.1 Neff, Tübingen / Stark, Dettenhausen – 104.1 / 104.2 Verlag Bucher, Zürich (Schweiz) – 132.3 Länge, Stuttgart – 136.3 Deutsches Museum, München – 136.4 / 136.5 M. C. Escher / Haags Gemeentemuseum, 's-Gravenhage (Niederlande) – 140.5 / 140.6 Verlag Carl Scholtze / W. Junghans, Leipzig, 1911 – 141.1 c), d) Verlag Carl Scholtze / W. Junghans, Leipzig, 1911 – 142.1 Verlag Carl Scholtze / W. Junghans, Leipzig, 1911 – 144.1 Müller, Ludwigsburg – 150.1 Züblin, Stuttgart – 162.3 Neumann, Stuttgart

Die Aufgaben jeder Lerneinheit sind nach steigendem Schwierigkeitsgrad geordnet.

1. Auflage   1 4 3 2 | 1983 82 81 80

Alle Drucke dieser Auflage können im Unterricht nebeneinander benutzt werden. Die letzte Zahl bezeichnet das Jahr dieses Druckes.

© Ernst Klett, Stuttgart 1980.

Nach dem Urheberrechtsgesetz vom 9. Sept. 1965 i.d.F. vom 10. Nov. 1972 ist die Vervielfältigung oder Übertragung urheberrechtlich geschützter Werke, also auch der Texte, Illustrationen und Graphiken dieses Buches, nicht gestattet. Dieses Verbot erstreckt sich auch auf die Vervielfältigung für Zwecke der Unterrichtsgestaltung – mit Ausnahme der in den §§ 53, 54 URG ausdrücklich genannten Sonderfälle –, wenn nicht die Einwilligung des Verlages vorher eingeholt wurde. Im Einzelfall muß über die Zahlung einer Gebühr für die Nutzung fremden geistigen Eigentums entschieden werden. Als Vervielfältigung gelten alle Verfahren einschließlich der Fotokopie, der Übertragung auf Matrizen, der Speicherung auf Bändern, Platten, Transparenten oder anderen Medien.

Zeichnungen: Selveris, Rommelshausen, Wustmann, Stuttgart
Umschlaggestaltung: Hitz & Mahn, Stuttgart
Reproduktion: Gölz, Ludwigsburg
Satz: Gneiting GmbH Filmsatz + Druck, Tübingen
Druck: Ernst Klett, Stuttgart
ISBN 3-12-730100-6

Inhalt

I Anordnen

1 Der erste, der zweite, der dritte   6
2 Reihenfolgen   8
3 Die Reihenfolge der natürlichen Zahlen   10
4 Zahlenfolgen   12
5 Vermischte Aufgaben   14

II Zählen

6 Welche Möglichkeiten gibt es?   16
7 Bäume und Paare   18
8 Wie viele Möglichkeiten gibt es?   20
9 Auszählen von Listen   22
10 Auswerten von Häufigkeitstabellen   24
11 Vermischte Aufgaben   26

III Messen

12 Wie man große Anzahlen im Alltag angibt   28
13 Messen mit dem Meterstab   30
14 Längen im Alltag   32
15 Messen mit der Waage   34
16 Gewichte im Alltag   36
17 Messen mit der Uhr   38
18 Zeitangaben im Alltag   40
19 Vom Geld   42
20 Vermischte Aufgaben   44

IV Rechnen

21 Addition   46
22 Subtraktion   48
23 Summen und Differenzen. Klammern   50
24 Multiplikation   52
25 Vielfache einer Zahl. Vielfachenmenge   54
26 Division   56
27 Teiler einer Zahl. Teilermengen   58
28 Verbindung von Addition und Multiplikation   60
29 Verbindung von Addition, Subtraktion, Multiplikation und Division   62
30 Rechnen mit Größen   64
31 Zweisatzaufgaben   66
32 Potenzieren   68
33 Vermischte Aufgaben   70

V Schriftliches Rechnen

34 Zehnersystem 72
35 Stellenwertsysteme 74
36 Größenvergleich bei Stellenschreibweise 76
37 Schriftliches Addieren 78
38 Schriftliches Subtrahieren 80
39 Schriftliches Multiplizieren 82
40 Schriftliches Dividieren 84
41 Teilbarkeitsregeln 86
42 Runden 88
43 Vermischte Aufgaben 90

VI Konstruieren

44 Rechtecke 92
45 Gerade Linien 94
46 Orthogonale Geraden 96
47 Parallele Geraden 98
48 Streifen 100
49 Abstände 102
50 Kreise 104
51 Gitter 106
52 Schrägbilder 108
53 Quader 110
54 Vermischte Aufgaben 112

VII Flächen- und Rauminhalte

55 Messen des Flächeninhaltes 114
56 Einheiten beim Messen des Flächeninhaltes 116
57 Flächeninhalt von Rechtecken 118
58 Kommaschreibweise bei Flächeninhalten 120
59 Messen des Rauminhaltes 122
60 Kommaschreibweise bei Rauminhalten 124
61 Rauminhalte von Quadern 126
62 Vermischte Aufgaben 128

VIII Symmetrische Figuren

63 Spiegeln an einer Geraden 130
64 Achsensymmetrische Figuren 132
65 Spiegeln an einem Punkt 134
66 Punktsymmetrische Figuren 136
67 Verschieben 138
68 Verschiebungssymmetrische Figuren 140
69 Vermischte Aufgaben 142

IX Gleichungen und Ungleichungen

70 Namen und Kennzeichen   144
71 Platzhalter   146
72 Terme mit Platzhaltern   148
73 Gleichungen   150
74 Ungleichungen   152
75 Aussagen und Aussageformen   154
76 Schnittmengen   156
77 Vereinigungsmengen   158
78 Vermischte Aufgaben   160

X Rechenbereiche

79 Verknüpfungen   162
80 Rechenbereiche   164
81 Kommutative und assoziative Rechenbereiche   166
82 Weitere Rechenbereiche   168
83 Vermischte Aufgaben   170

Register   172
Mathematische Begriffe und Bezeichnungen   175

I Anordnen

1 Der erste, der zweite, der dritte

① Isa, Inge und Ulla prüfen mit der Wippe, wer am schwersten ist (Fig. 6.1).

Ulla und Isa　　　　　　　　　　Ulla und Inge　　　　　　6.1

Zeichne die Wippe, wenn Isa und Inge auf der Wippe sitzen. Wer von den dreien ist am schwersten, wer kommt an zweiter Stelle, wer ist am leichtesten?

② Horst hat eine neue Armbanduhr bekommen. Vor dem Unterricht vergleicht er seine Uhrzeit mit der von Ilse, nach dem Unterricht mit der von Kurt (Fig. 6.2).

6.2

Nach welcher der drei Uhren müßte es am frühesten zur großen Pause läuten?

> Wenn drei Personen oder Dinge so aufeinander folgen, daß man weiß, wer erster, wer zweiter und wer letzter ist, so sagen wir: sie bilden eine **Reihenfolge.**

Beispiele: a)　　　　　　　　　　**b)**

6.3　　　　　　　　　　　　　　　　6.4

Hier gibt es einen ersten und einen letzten, also eine Reihenfolge.　　Hier gibt es keinen ersten und keinen letzten, also keine Reihenfolge.

③ Beim Ringen wird Axel von Karl besiegt, Sigi von Axel. Zuletzt treten Karl und Sigi gegeneinander an. Wer müßte siegen, damit eine Reihenfolge entsteht?

4
Udo, Ines und Edi spielen Tischtennis. Udo schlägt Ines, Ines schlägt Edi, Edi schlägt Udo. Wissen sie nun, wer am besten spielt? Wüßten sie es, wenn Udo gegen Edi gewonnen hätte?

5
Susi Moll, Ina Bach und Ute Berg gehen in dieselbe Klasse.
a) In welcher Reihenfolge werden die Namen in das Klassenbuch eingetragen?
b) Alle drei sind im gleichen Jahr geboren. Susi hat im Mai, Ute im März, Ina im Juli Geburtstag. Wer ist am ältesten (jüngsten)?

6
a) Schreibe die drei Buchstaben A, R und E auf alle möglichen Arten nebeneinander.
b) Bringe die Ziffern 1, 2 und 3 auf alle möglichen Arten in eine Reihenfolge.

7
a) Die drei Plättchen in Fig. 7.1 kann man in verschiedener Reihenfolge nebeneinanderlegen. Zeichne alle möglichen Reihenfolgen.
b) Zeichne Fig. 7.2 in dein Heft. Färbe die weißen Kästchen rot, grün oder braun, und zwar so, daß stets zwei mit einer Seite aneinanderstoßende Kästchen verschiedenfarbig sind. Notiere die 6 Reihenfolgen der drei Farben in den Zeilen, wenn man diese von rechts nach links und von links nach rechts liest. Vergleiche mit a).

7.1

7.2

8
Kai, Egon und Ida spielen ein Würfelspiel. Zu Beginn darf jeder 3mal werfen. Für das Vorrücken eines Steines auf dem Spielfeld zählen jedoch nur eine Sechs und alle danach noch folgenden Würfe. Kai wirft 3, 6, 4; Egon 6, 4, 1; Ida 4, 3, 5. Wer hat den besten, wer den schlechtesten Start?
Wer hat den besten Start, wenn alle drei Würfe gültig sind?

9
Welches der Zahnräder in Fig. 7.3 dreht sich am schnellsten, welches am langsamsten, wenn du an der Kurbel drehst?

7.3

10
In Fig. 7.4 besteht die Scheibe B aus zwei Teilen, die fest miteinander verschraubt sind. Welche der Scheiben A, B, C dreht sich am schnellsten, welche am langsamsten, wenn man an der Kurbel dreht?

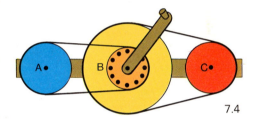
7.4

11
In Fig. 7.5 sind drei Wege von A nach B eingezeichnet. Welcher der drei Wege ist der kürzeste, welcher der längste?

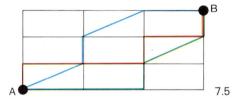
7.5

12
Jede der Familien Huber, Müller und Schäfer wohnt in einem von 4 nebeneinanderliegenden Reihenhäusern. Hubers wohnen in einem der beiden mittleren Häuser. Müllers wohnen nicht neben Hubers, sondern neben Schäfers. Eine der Familien wohnt im ersten Haus. Wer wohnt im zweiten, wer im dritten?

2 Reihenfolgen

① Bilde mit den fünf Buchstaben des Wortes NAGEL durch Änderung der Reihenfolge andere sinnvolle Wörter.

②
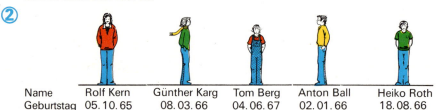

Name	Rolf Kern	Günther Karg	Tom Berg	Anton Ball	Heiko Roth	
Geburtstag	05.10.65	08.03.66	04.06.67	02.01.66	18.08.66	8.1

a) Im Turnunterricht sollen sich die Jungen in Fig. 8.1 der Größe nach aufstellen. Rolf macht den Anfang. Wie ist die Reihenfolge?
b) Schreibe die Familiennamen der Jungen in alphabetischer Reihenfolge auf.
c) Lege eine Liste an, in der die Jungen nach zunehmendem Alter geordnet sind.

③ a) Versuche, die Jungen in Fig. 8.1 nach der Länge ihrer Vornamen zu ordnen. Weshalb ergeben sich hier Schwierigkeiten?
b) Bei einer Laufübung im Turnunterricht laufen die fünf Jungen hintereinander her. Nachher behauptet einer: „Tom lief vor Rolf"; ein anderer: „Rolf lief vor Tom." Ist es denkbar, daß beide recht haben? Wäre dies möglich, wenn die Jungen geradeaus liefen?

Nicht immer entsteht bei dem Versuch, Dinge anzuordnen, eine Reihenfolge. Dazu muß man bei jedem Ding wissen, welches als nächstes kommt. Aber das genügt noch nicht. Auch bei zwei nicht unmittelbar aufeinanderfolgenden Dingen darf es keinen Zweifel geben, welches vor dem andern kommt.

> In einer **Reihenfolge** weiß man von zwei verschiedenen Dingen – auch wenn sie nicht unmittelbar aufeinanderfolgen –, welches der beiden vor dem andern kommt.

Beispiele:
a) Die Buchstaben bilden im Alphabet eine Reihenfolge.
a→b→c→d→e→f→g→h→ … →u→v→w→x→y→z
b) Die natürlichen Zahlen bilden eine Reihenfolge ohne Ende.
1→2→3→4→5→6→7→8→ …
c) Versucht man, die Jungen in Fig. 8.1 nach der Länge ihrer Vornamen zu ordnen, so entsteht keine Reihenfolge. Bei Anton und Heiko weiß man nicht, wer zuerst kommt (Fig. 8.2).
d) Wenn die Jungen im Kreis laufen (Fig. 8.3), so weiß man z.B. nicht, ob Tom vor Rolf läuft oder Rolf vor Tom; man hat also keine Reihenfolge. Bei einer Reihenfolge (Fig. 8.4) weiß man das.

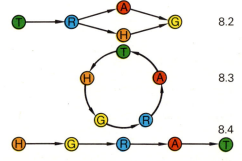

④ Welcher der beiden Jungen kommt in der Reihenfolge von Übung 2a) (2b); 2c)) zuerst?
    a) Günther, Rolf   b) Heiko, Anton   c) Tom, Rolf   d) Rolf, Anton

5
In welcher Reihenfolge hat der Mann in Fig. 9.1 die in seinen Kofferaufklebern genannten Städte besucht?

6
Beim Mikado-Spiel werden Stäbchen lose übereinandergeworfen. Danach müssen sie nacheinander so weggenommen werden, daß sich keines der übrigen Stäbchen bewegt. In welcher Reihenfolge mußt du die Stäbchen in Fig. 9.2 wegnehmen?

7
Herr Kurz hat auf der letzten Seite seines Taschenkalenders die Geburtstage von Verwandten und Bekannten notiert. In welcher Reihenfolge werden die Geburtstage im Laufe eines Jahres gefeiert?

Jochen	11.06.
Max	06.11.
Egon	18.04.
Maria	11.07.
Chris	27.03.
Irma	18.12.
Else	03.10.

8
Untersuche, ob sich eine Reihenfolge ergibt, wenn man die Namen HANS, EDI, ELISABETH, DOROTHEE, HORST, GERHARD, ISABEL anordnet
a) wie im Lexikon,
b) nach der Anzahl der Buchstaben,
c) nach der Anzahl der Selbstlaute,
d) nach der Anzahl der Mitlaute.

9
Ein Amt gibt Autokennzeichen aus, nacheinander erst die „Autonummern" A 1 bis A 999, dann B 1 bis B 999 usw.
a) Das Auto von Herrn Bauer hat K 999, das von Herrn Schwarz M 1. Welches Auto wurde früher zugelassen?
b) Welche „Autonummer" hat das Auto, das als letztes vor dem des Herrn Schwarz (als nächstes nach dem des Herrn Bauer) zugelassen wurde?
c) Welches Auto wurde früher zugelassen, E 27 oder E 3, G 245 oder D 748, P 87 oder N 114, X 895 oder U 901? Schreibe die Reihenfolge auf, in der die acht genannten Autos zugelassen wurden.

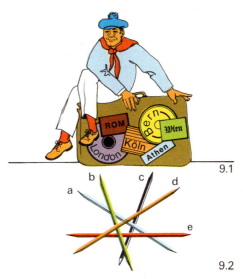

9.1

9.2

10
Die Tabelle zeigt für einige Ländermannschaften den Medaillenstand bei den Olympischen Spielen 1976 in Montreal.

	Gold	Silber	Bronze
Finnland	4	2	0
Frankreich	2	2	5
Italien	2	7	4
Japan	9	6	10
Jugoslawien	2	3	3
Kuba	6	4	3
Polen	8	6	11
Rumänien	4	9	14
Schweden	4	1	0

Von zwei Mannschaften gilt diejenige als erfolgreicher, die mehr Goldmedaillen hat; bei gleich vielen Goldmedaillen diejenige mit mehr Silbermedaillen; bei gleich vielen Gold- und gleich vielen Silbermedaillen diejenige mit mehr Bronzemedaillen.
a) Ordne die Mannschaften nach Erfolg.
b) Welche Reihenfolge würde sich bei folgender Bewertung ergeben: Eine Goldmedaille 5 Punkte, eine Silbermedaille 3 Punkte, eine Bronzemedaille 1 Punkt?

11
Fünf Jungen gehen hintereinander. Ralf und Elmar gehen zwischen Gerd und Jochen, Elmar und Jochen zwischen Ralf und Peer. Wer geht in der Mitte?

3 Die Reihenfolge der natürlichen Zahlen

① In großen Kliniken erhält jeder Patient, ehe er ins Wartezimmer geht, eine Nummer (Fig. 10.1). Was erreicht man damit?

② Herta hat viele Schallplatten, die sie stets in derselben Reihenfolge in ihr Regal einordnet. Wenn ihr Bruder die Schallplatten ausleiht, bringt er diese Reihenfolge meist durcheinander. Wie kann Herta am einfachsten erreichen, daß ihr Bruder die Platten richtig zurückstellt?

③ Welche Worte entstehen aus dem Wort NOTLAGER, wenn man die Buchstaben so aufeinander folgen läßt, wie es die Numerierung vorschreibt?

```
N O T L A G E R      N O T L A G E R      N O T L A G E R
1 2 3 8 7 6 5 4      4 2 1 8 5 6 7 3      1 7 8 5 2 3 4 6
```

10.1

Mit Hilfe der natürlichen Zahlen 1, 2, 3, ... können wir Personen oder Dinge durch **Numerieren** in eine Reihenfolge bringen.

Die Reihenfolge 1, 2, 3, ... der natürlichen Zahlen wird besonders oft benötigt. Um sie zu veranschaulichen, markieren wir auf einem Strahl mit dem Anfangspunkt O in gleichen Abständen Punkte und numerieren diese.

10.2

Fig. 10.2 heißt **Zahlenstrahl.** Auf dem Zahlenstrahl kommt z. B.
   4 vor 9; wir drücken dies in Zeichen aus durch
   $4 < 9$ (lies: 4 ist kleiner als 9) oder
   $9 > 4$ (lies: 9 ist größer als 4).
Merke: Die Spitze des „Kleinerzeichens" $<$ weist stets auf die kleinere Zahl.

Beispiele:
a) $27 < 72$; $19 > 15$; $167 < 617$; $312 > 213$
b) Für „$3 < 5$ und $5 < 7$" schreiben wir auch kurz: $3 < 5 < 7$ (lies: 3 ist kleiner als 5 und 5 kleiner als 7, oder: 5 liegt zwischen 3 und 7).

④ Drücke mit den Zeichen $<$ oder $>$ aus:
  a) 15 kommt vor 19   b) 12 ist kleiner als 21   c) 43 ist größer als 34.

⑤ Drücke in Worten aus und verdeutliche d) und e) am Zahlenstrahl:
  a) $82 < 90$ b) $38 > 29$ c) $108 < 110$ d) $2 < 6 < 10$ e) $11 > 9 > 4$.

6
Welches der Zeichen <, > ist für * zu setzen?
a) 17 * 25   b) 28 * 18
c) 87 * 78   d) 234 * 324
e) 570 * 569   f) 109 * 190
g) 151 * 115   h) 97 * 110
i) 2118 * 2811   k) 13 * 26
l) 31 * 32   m) 109 * 99

7
Drücke mit dem Kleinerzeichen aus:
a) 24 ist kleiner als 38
b) 5 ist kleiner als 7 und 7 kleiner als 9
c) 8 ist größer als 6 und 6 größer als 3
d) 42 liegt zwischen 40 und 50.

8
Suche für □ eine Zahl, welche die genannte Bedingung erfüllt.
a) □ < 7   b) □ > 15
c) □ < 50   d) 27 > □
e) 5 < □ < 8   f) 7 > □ > 5

9
Fig. 11.1 zeigt, wie die Buchstaben des Alphabets auf einer Schreibmaschine angeordnet sind.

11.1

a) Setze die Reihenfolge Q, A, Y, W, ... der Buchstaben fort, wenn du diese von links nach rechts abliest.
b) Wie lautet der zehnte Buchstabe in dieser Reihenfolge? Welches ist der zehnte Buchstabe in der Reihenfolge des Alphabets?
c) Welcher Buchstabe ist bei der Reihenfolge von a) Nachfolger von L, welcher ist Vorgänger von L? Wie lauten Vorgänger und Nachfolger von L im Alphabet?

10
Notiere alle dreistelligen Zahlen, in welchen jede der drei „Ziffern" 1, 2 und 3 vorkommt. Ordne die Zahlen der Größe nach. Gib das Ergebnis mit Hilfe des Kleinerzeichens < an.

11
Peer, Inge, Eva und Kai spielen ein Brettspiel. Zu Beginn darf jeder einen Würfel 3mal werfen. Peer wirft 5, 1, 3; Inge wirft 6, 6, 1; Eva wirft 4, 4, 6; Kai wirft 1, 6, 5.
a) Jeder Spieler darf mit seinem Stein so viele Felder vorrücken, wie er insgesamt geworfen hat. Wer ist danach auf dem Brett der erste, der zweite, der dritte, der vierte?
b) Ändert sich diese Reihenfolge, wenn jeweils der erste Wurf doppelt zählt?
c) Welche Reihenfolge ergibt sich, wenn die ersten beiden Würfe doppelt zählen?

12
Herr Neu möchte ein Haus bauen. Er überlegt: Ich brauche einen Dachdecker, einen Elektriker, einen Architekten, einen Zimmermann, einen Maler und einen Maurer. In welcher Reihenfolge müssen diese Leute mit ihrer Arbeit beginnen?

13
Ein Spiel: Jeder Spieler wirft gleichzeitig einen weißen, einen roten und einen blauen Würfel (Fig. 11.2). Ein Wurf gewinnt, wenn die geworfenen Augenzahlen zusammen 6 ergeben. In diesem Fall ist die Gewinnzahl eine 3stellige Zahl: der weiße Würfel zeigt ihre Hunderterziffer, der rote ihre Zehnerziffer und der blaue ihre Einerziffer.
a) Schreibe alle denkbaren Gewinnzahlen auf. Wie viele sind es?
b) Welches ist die größte Gewinnzahl?
c) Ordne die Gewinnzahlen der Größe nach.

11.2

4 Zahlenfolgen

① Otto spielt mit dem Taschenrechner. Die Leuchtanzeige zeigt die Zahl 5 (Fig. 12.1). Otto drückt eine Taste, es erscheint 8. Er drückt nochmals dieselbe Taste, es erscheint 11. Er drückt noch mehrmals diese Taste. Welche Zahlen erscheinen dabei nacheinander? Welche Zahl leuchtet auf, wenn Otto die Taste zum zehnten Mal drückt?

② Eine Reihenfolge von Zahlen beginnt mit 2, 3, 5, 8, ... In der Reihenfolge erhält man die nächste Zahl immer durch Zusammenzählen der beiden unmittelbar vorangehenden. Setze den Anfang der Reihenfolge um zehn weitere Zahlen fort.

12.1

Wenn wir zählen, so nennen wir die Zahlen in ihrer natürlichen Reihenfolge
    1, 2, 3, 4, 5, 6, 7, 8, 9, 10, 11, ...
Oft nennen wir Zahlen aber auch in einer anderen Reihenfolge, z. B.
    2, 4, 6, 8, 10, 12, 14, 16, 18, ...
Hier folgt z. B. auf 6 nicht 7, sondern 8; jetzt ist 8 der Nachfolger von 6. Entsprechend ist jetzt nicht 5, sondern 4 der Vorgänger von 6.

12.2

> Eine Reihenfolge von Zahlen nennen wir kurz eine **Zahlenfolge.** In einer Zahlenfolge hat jede Zahl einen **Vorgänger** und einen **Nachfolger.** Nur die erste Zahl hat keinen Vorgänger, und wenn es eine letzte Zahl gibt, so hat diese keinen Nachfolger.

Beispiele:
a) Ute halbiert ein Blatt Papier. Dann legt sie die beiden Hälften aufeinander und halbiert beide gleichzeitig; sie hat jetzt 4 Teile. Auch diese legt sie aufeinander und halbiert; jetzt sind es 8 Teile. Beim nächsten Schritt ergeben sich 16 Teile usw. Man erhält so die Zahlenfolge 1, 2, 4, 8, 16, 32, ... In ihr ist z. B. 32 der Nachfolger von 16, 8 ist der Vorgänger von 16.
b) In einem Großmarkt sollen 100 Milchdosen wie in Fig. 12.2 gestapelt werden. In den Schichten befinden sich, von oben nach unten,
    1, 3, 5, 7, 9, 11, 13, 15, 17, 19, ...
Dosen. 100 erhält man als Summe der ersten zehn Zahlen der Zahlenfolge; man erhält also 10 Schichten.

③ In einer bestimmten Zahlenfolge errechnet man zu jeder Zahl den Nachfolger, indem man diese verdoppelt und das Ergebnis um 3 vermindert. Die Zahlenfolge beginnt mit der Zahl 4. Wie heißen die nächsten zehn Zahlen?

4
Wie heißen die nächsten zehn Zahlen?
a) 4, 7, 10, 13, 16, ...
b) 2, 3, 5, 8, 12, 17, ...
c) 50, 48, 47, 45, 44, 42, 41, ...
d) 20, 21, 19, 22, 18, 23, 17, ...
e) 3, 4, 6, 10, 18, ...

5
Setze die Zahlenfolgen nach vorwärts und rückwärts je um 5 Zahlen fort.
a) ..., 26, 29, 32, 35, 38, ...
b) ..., 18, 24, 31, 39, 48, ...
c) ..., 10, 12, 11, 13, 12, ...
d) ..., 9, 18, 17, 34, 33, 66, ...
e) ..., 18, 36, 38, 76, 78, ...

6
Eine Zahlenfolge beginnt mit 3. Jede Zahl der Folge ist
a) um 2 größer als der Vorgänger
b) 3mal so groß wie der Vorgänger
c) um 1 größer als das Doppelte des Vorgängers
d) um 1 kleiner als die Hälfte des Nachfolgers.
Schreibe von jeder Folge die ersten zehn Zahlen auf.

7
a) Untersuche, ob die Zahl 90 in der Zahlenfolge 1, 2, 4, 7, 11, 16, ... vorkommt.
b) Wie lautet die zwölfte Zahl der Folge?
c) Wie viele Zahlen der Folge sind kleiner als 100?

8
Eine Zahlenfolge beginnt 2, 6, ... Jede weitere Zahl der Folge ist halb so groß wie ihr Vorgänger und ihr Nachfolger zusammen. Gib die ersten zehn Zahlen der Folge an. Gehört 62 zu dieser Folge?

9
Else, Anni und Tina vereinbaren, daß in den Ferien jede den beiden anderen einen Brief schreibt.
a) Wie viele Briefe werden geschrieben?
b) Wie viele sind es bei 2 (bei 4, 5) Freundinnen?

10
a) Prüfe, ob man 50 Milchdosen so stapeln kann wie in Fig. 12.2, so daß also in der obersten Schicht nur eine einzige Dose steht.
b) 4 Dosen kann man stapeln wie in Fig. 12.2, auch 9 Dosen kann man so stapeln. Gib fünf weitere Anzahlen von Dosen an, bei welchen dies auch gelingt.
c) Kannst du anhand der in b) gefundenen Anzahlen erkennen, bei welchen Anzahlen von Milchdosen man stapeln kann wie in Fig. 12.2?

11
Wie heißt die hundertste Zahl der Zahlenfolge? Versuche, die Zahl durch Überlegen zu finden.
a) 1, 0, 1, 0, 1, 0, ...
b) 1, 3, 2, 1, 3, 2, 1, 3, 2, 1, ...
c) 3, 4, 7, 11, 3, 4, 7, 11, 3, 4, ...
d) 3, 4, 5, 4, 3, 3, 4, 5, 4, 3, 3, ...

12
a) In Fig. 13.1 sollen von den Plättchen auf dem Stab I eines nach dem andern weggenommen und auf einen anderen Stab umgesetzt werden, so daß schließlich auf dem Stab III wieder das grüne Plättchen oben, das rote in der Mitte und das blaue unten liegt. Wie oft mußt du dazu ein Plättchen von einem Stab auf einen andern umsetzen?
b) Wie viele Umsetzungen eines Plättchens von einem Stab auf einen andern sind notwendig, wenn sich auf dem Stab I nicht drei, sondern zwei (vier, fünf) Plättchen befinden? Kannst du eine Gesetzmäßigkeit erkennen? Wie viele Umsetzungen sind danach bei 10 (bei 20) Plättchen notwendig?

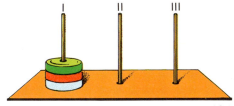

13.1

5 Vermischte Aufgaben

1
Ordne der Größe nach.
19, 7, 22, 35, 12, 9, 23, 48, 34, 8, 18

2
a) Ordne die Worte MITTWOCH, DONNERSTAG, FREITAG, SONNABEND nach der Anzahl der Buchstaben.
b) Ergibt sich auch eine Reihenfolge, wenn man sämtliche Wochentage so zu ordnen versucht?

3
Drücke mit den Zeichen < und > aus:
a) 12 ist kleiner als 20.
b) 18 ist größer als 10.
c) 5 liegt zwischen 3 und 6.
d) 25 liegt zwischen 30 und 20.

4
Im folgenden sind die Namen einiger berühmter Komponisten in alphabetischer Reihenfolge aufgeführt.

Bach (1685–1750) Beethoven (1770–1827)
Brahms (1833–1897) Haydn (1732–1809)
Liszt (1811–1886) Mozart (1756–1791)
Schubert (1797–1828) Schumann (1810–1856)
Strauss (1864–1949) Wagner (1813–1883)

a) In welcher Reihenfolge wurden die Komponisten geboren?
b) Ordne die Komponisten nach dem Alter, das sie erreicht haben.

5
Auf dem Brett in Fig. 14.2 kann man die Punkte wie angegeben ordnen.
a) Gib die Kennzeichen A1, A2, … der ersten zehn Punkte an.
b) In welcher Reihenfolge werden die Punkte E7, F5 und D7 durchlaufen?
c) Welcher der beiden Punkte kommt jeweils zuerst? A7, C2; E1, F7; H2, D6; E7, F1; G3, H3; B2, B5; F6, E7; D3, E2.
d) Welcher Punkt ist Vorgänger, welcher ist Nachfolger von C8?
e) Welche Nummer hat der Punkt G4, wenn man die Punkte durchnumeriert?

6
Setze die Reihenfolge fort, bis wieder das zuerst genannte Wort erscheint.
a) STERNE b) INSEL
   TERNES   SELIN
   …   …

7
Bei einer Zahlenfolge mit dem Anfang 2 ist der Nachfolger einer Zahl jeweils um 3 größer als der Vorgänger.
a) Gib zehn Zahlen der Folge an.
b) Gib von der Folge derjenigen Zahlen, die nicht zu der gegebenen Zahlenfolge gehören, die ersten 15 Zahlen an.
c) Prüfe mit b), ob die Zahl 100 in der Zahlenfolge von a) vorkommt.

8
Fig. 14.1 zeigt ein Zahlenschema. Die roten Pfeile deuten an, wie man von einer Zeile zur nächsten gelangt.

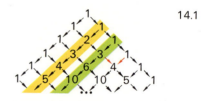

14.1

a) Setze das Schema um fünf Zeilen fort.
b) Vergleiche die Zahlenfolge 1, 2, 3, … der zweiten Schrägzeile mit der Zahlenfolge 1, 3, 6, … der dritten Schrägzeile. Wie gehen beide auseinander hervor?
c) Wie geht allgemein eine Schrägzeile aus der vorangehenden hervor?

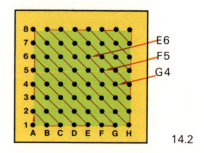

14.2

9
Fig. 15.1 zeigt eine Walze, mit der man die Ziffern 1 bis 4 drucken kann.

15.1

a) Welche Zahlenfolge entsteht, wenn man die Walze auf dem Papier abrollt?
b) Welches ist die zehnte Zahl in dieser Zahlenfolge? Versuche durch Überlegen festzustellen, welches die hundertste Zahl der Folge ist.
c) Wie oft kommt unter den ersten 30 Zahlen der Folge die Zahl 4 vor?

10
a) Wie oft muß man die Kurbel in Fig. 15.2 drehen, bis wieder der Zahn 1 des kleinen Zahnrades in die Kerbe 1 des großen Zahnrades greift? Wann wiederholt sich dies?

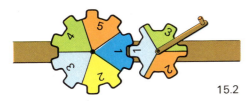
15.2

b) Das kleine Zahnrad hat jetzt 8 Zähne und trägt die Ziffern 1 bis 4, das große hat 12 Zähne und die Ziffern 1 bis 6. Beantworte die gleichen Fragen wie in a).

11
Betrachte die Scheiben in Fig. 15.3 in der angegebenen Reihenfolge.

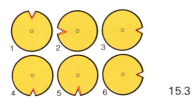
15.3

a) Setze die Reihenfolge fort.
b) Wann ist die Kerbe erstmals (zum zweiten Mal, zum dritten Mal) wieder oben?

12
a) Zähle in Fig. 15.4 bei jedem Kreis die Teile, aus denen die Kreisfläche besteht.

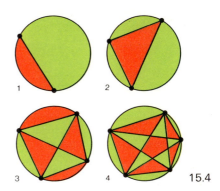
15.4

b) Wie viele Teile werden vermutlich beim nächsten Schritt entstehen?
c) Zeichne mit einem Teller einen (großen) Kreis. Markiere auf ihm 6 Punkte. Verbinde je zwei dieser Punkte geradlinig. Wie viele Kreisteile sind entstanden? Hat sich deine Vermutung aus b) bestätigt?

13
Fig. 15.5 zeigt einen Wegeplan in einem Park. Ein Polizist soll die eingezeichneten Wege kontrollieren. Er beginnt in A und will keinen Weg zweimal gehen. Welche Reihenfolge kann er einhalten, wenn er am Ende wieder in A sein will?

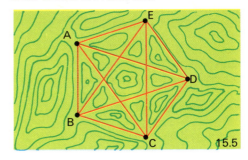
15.5

14
Toni, Ludwig und Sepp liefen 3mal um die Wette. Im Ziel lag Toni meistens vor Ludwig, Ludwig meistens vor Sepp und Sepp meistens vor Toni.
Wie ist das möglich?

II Zählen

6 Welche Möglichkeiten gibt es?

① Fig. 16.1 zeigt Wasserleitungen, wie sie im Keller eines Hauses zu sehen sind.
a) Wegen einer Reparatur waren die Hähne I, II, III zugedreht. Welchen Hahn mußt du öffnen, damit nur im Haus (nur im Garten) Wasser fließt?
b) Wie kannst du erreichen, daß in Haus und Garten Wasser fließt? Zeige, daß es hier verschiedene Möglichkeiten gibt. Schreibe sie auf wie in Fig. 16.1.

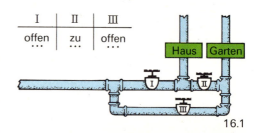

I	II	III
offen	zu	offen
...	...	...

16.1

② Du rechnest dieselbe Aufgabe wie dein Nebensitzer. Ihr kommt jedoch zu verschiedenen Ergebnissen. Welche Möglichkeiten der Erklärung gibt es?

③ Welche Ergebnisse sind möglich,
a) wenn du einen Spielwürfel wirfst
b) wenn du eine Münze wirfst
c) wenn du den Kreisel in Fig. 16.2 drehst
d) bei einem Schachspiel?

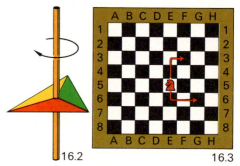

16.2   16.3

Wenn du morgens auf den Bus wartest, so mußt du mit mehreren Möglichkeiten rechnen: Wahrscheinlich kommt der Bus pünktlich, er kann aber auch Verspätung haben oder zu früh kommen oder (z. B. wegen eines Unfalls) gar nicht kommen.

Um auszudrücken, daß jede der genannten Möglichkeiten eintreten kann und genau eine davon unbedingt eintreten muß, schreiben wir geschweifte Klammern wie z. B.

{pünktlich, zu spät, zu früh, gar nicht}

und sprechen von der **Menge aller möglichen Ergebnisse.**

Beispiele:
a) Familie Frisch hat vier Kinder: Arno, Berti, Christa und Doris. Täglich helfen zwei davon nach dem Essen beim Abspülen und Abtrocknen. Wenn wir die Namen durch ihre Anfangsbuchstaben abkürzen, so ist

{AB, AC, AD, BC, BD, CD} die Menge aller Möglichkeiten.

b) Beim Würfelspiel „Mensch ärgere dich nicht" darfst du bei Spielbeginn nur vorrücken, wenn du eine Sechs geworfen hast. Wenn du das erste Mal wirfst, so interessieren dich deshalb nur die beiden Möglichkeiten „Sechs" und „keine Sechs". Hier ist {6, keine 6} die Menge aller Möglichkeiten.

④ Beim Schachspiel darf das Pferd springen wie in Fig. 16.3 angegeben: Entweder 1 Feld vor (zurück) und 2 Felder zur Seite oder 2 Felder vor (zurück) und 1 Feld zur Seite. Das Pferd in Fig. 16.3 kann also z. B. auf die Felder F3 oder G6 springen. Wohin kann es sonst noch springen? Gib die Menge aller möglichen Ergebnisse an.

5
Bei einem Ratespiel liegen Kärtchen mit Buchstaben verdeckt auf dem Tisch. Die Buchstaben ergeben von links nach rechts ein deutsches Hauptwort. In Fig. 17.1 sind drei Kärtchen bereits aufgedeckt. Welche Wörter kommen jetzt noch in Frage? Gib die Menge aller möglichen Ergebnisse an.

 17.1

6
Schreibe alle Möglichkeiten auf, wie man eine 10-Pf-Münze in kleinere Münzen umwechseln kann. (Beispiel: 5 Pf + 5 Pf)

7
Inge würfelt 3mal. Die geworfenen Augenzahlen ergeben zusammen 10. Welche Augenzahlen kann Inge geworfen haben?

8
Zeichne auf kariertes Papier alle Rechtecksformen, die aus 24 Karos bestehen.

9
Beim Hütchenspiel wird ein Hütchen so auf das Spielfeld geschossen (Fig. 17.2), daß es in einem der Löcher liegen bleibt. Gelingt dies nicht, so gibt es 0 Punkte.

17.2

Gib die Menge aller bei einem Schuß erreichbaren Punktzahlen an.

10
Atze, Ben, Edi, Pit, Uli haben sich auf ein Bootsrennen für „Vierer ohne Steuermann" vorbereitet. Schreibe alle Möglichkeiten auf, welche der Jungen fahren können.

11
Ernas Fahrradschloß hat vier Zahlscheiben (Fig. 17.3). Um es zu öffnen, muß man eine bestimmte 4stellige Zahl einstellen. Nach der Schule versucht Erna vergeblich, das Schloß zu öffnen. Offenbar hat sie die Zahl nicht mehr richtig in Erinnerung. Sie weiß aber sicher, daß es sich um eine Zahl mit den Ziffern 1, 2, 3 und 4 handelt. Gib alle Zahlen an, die in Frage kommen.

17.3

12
Das Haus in Fig. 17.4 kannst du in einem Zug zeichnen, wenn du z. B. in der Reihenfolge 124325415 von einer Ecke zur nächsten gehst.

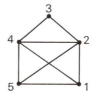
17.4

a) Gib weitere Möglichkeiten an, wie man vorgehen kann. Hier ist es schwierig, die Menge aller Möglichkeiten anzugeben.
b) Schreibe alle Möglichkeiten auf, die verbleiben, wenn du zuerst von 1 nach 2 und dann von 2 nach 3 gehst.

13
Ein Schüler hat für das Fußballturnier der Klassenmannschaften ein Toto organisiert. 1 bedeutet: die erste Mannschaft gewinnt, 2: die zweite Mannschaft gewinnt, 0: unentschieden. Trage in einer Tabelle wie in Fig. 17.5 alle Möglichkeiten ein, wie du tippen kannst.

NAME:	Dieter Sturm, 6c			
5a–5b	1			
5b–5c	0			
5a–5c	2			

17.5

7 Bäume und Paare

① Am Ortseingang von Bergen (Fig. 18.1) fragt ein Autofahrer nach dem Weg zur Autobahn in Richtung Frankfurt. Erkläre ihm, wie er fahren muß.

② Maike und Hans spielen „Reise ins Blaue". Sie beginnen ihre „Reise" in S (Start; Fig. 18.2). Wenn sich eine Straße verzweigt, wird eine Münze geworfen. Zeigt sie Zahl (Z), so muß man links, zeigt sie Wappen (W), so muß man rechts weitergehen bis zur nächsten Verzweigung. Wer bei Rot anlangt, erhält 1 Punkt.
a) Maike warf erst Z, dann W; wo befindet sie sich nun? Hans warf 2mal Z; wo steht er? Wie gelangt man nach E?
b) Die beiden erfinden neue Spielregeln. Jede „Reise" führt über zwei Verzweigungen. Bei der ersten soll ein Würfel, bei der zweiten eine Münze den Weg weisen. Zeichne ein Wegenetz wie in Fig. 18.2.

③ In einer Schüssel befinden sich 3 gleichgroße Kugeln, eine grüne, eine rote und eine blaue. Du sollst erst eine und danach noch eine zweite herausgreifen. Fig. 18.3 veranschaulicht die möglichen Ergebnisse. Erläutere die Zeichnung. Welches Ergebnis wird durch den Weg von S nach A (von S nach B) dargestellt?

Mit einer Zeichnung wie in Fig. 18.3 kann man die möglichen Ergebnisse übersichtlich darstellen. Sie heißt Baumdarstellung (kurz: Baum). Jeder Weg durch den Baum, z.B. von S nach A, bedeutet ein mögliches Ergebnis. Das genannte Ergebnis kann man auch durch das Paar (r; g) kennzeichnen. Weil (g; r) ein anderes Ergebnis bedeutet, nennt man solche Paare auch geordnete Paare.

> Bei schwierigen Aufgaben helfen oft eine **Baumdarstellung** (kurz: **Baum**) und **geordnete Paare,** um alle möglichen Ergebnisse zu erkennen.

Beispiel:
Soll Erna auf den Schulausflug einen Regenmantel mitnehmen? Fig. 18.4 zeigt die Möglichkeiten, mit denen sie rechnen muß. {(R; mM), (R; oM), (kR; mM), (kR; oM)} ist die Menge aller Möglichkeiten.

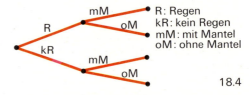

R: Regen
kR: kein Regen
mM: mit Mantel
oM: ohne Mantel

④ Fritz kann mit seinem Radio vier Rundfunksender A, B, C, D hören. Die Sender A und C strahlen drei Programme aus, B und D jeweils nur zwei. Wie kann Fritz sein Radio einstellen? Zeichne einen Baum; gib die Menge aller Möglichkeiten an.

5
Zeichne im folgenden zunächst einen Baum; notiere danach am Ende jedes Weges durch den Baum (wie in Fig. 18.3) das zugehörige geordnete Paar.
a) Eine Münze wird 2mal geworfen.
b) 2 Würfel werden zugleich geworfen.
c) Ein Würfel und eine Münze werden zugleich geworfen. (Beachte: Hier gibt es zwei verschiedene Darstellungen.)

6
Beim Würfel in Fig. 19.1 sind gegenüberliegende Flächen gleich gefärbt; das Plättchen hat eine rote und eine grüne Seite.

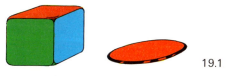

19.1

Zeichne einen Baum für die möglichen Ergebnisse, wenn man Würfel und Plättchen zugleich wirft. Gib die möglichen Ergebnisse auch als geordnete Paare an.

7
Eugen fährt nach Heudorf in die Ferien. Bis Magstadt kann er mit dem D-Zug, dem Eilzug oder mit dem Personenzug fahren. Von Magstadt aus kann er mit dem Bus weiterfahren oder notfalls auch zu Fuß gehen. Gib alle Möglichkeiten an.

8
Ein Vater geht mit seinen 5 Kindern Elke, Gerda, Arno, Mark und Ute aufs Sommerfest. Jeder Junge darf einmal mit jedem Mädchen im Autoskooter fahren. Gib alle Paare an; zeichne einen Baum.

9
Hans, Inge und Klaus stehen zur Wahl für das Amt des Klassensprechers und seines Stellvertreters. Falls Klaus Klassensprecher wird, möchte Hans nicht Stellvertreter werden. Wird Inge Klassensprecher, dann stellt sich auch noch Lisa für das Amt des Stellvertreters zur Wahl. Gib mit einem Baum alle möglichen Wahlergebnisse an.

10
Anke und Gerd spielen „Schere, Stein, Papier". Sie halten die rechte Hand auf dem Rücken; auf ein Zeichen schnellt jeder seine Hand vor und zeigt Schere, Stein oder Papier (Fig. 19.2).

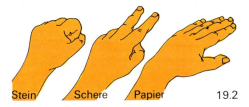

19.2

Stein schleift Schere und gewinnt, Schere schneidet Papier und gewinnt, Papier wickelt Stein ein und gewinnt.
a) Schreibe mit Hilfe eines Baumes auf, wie die Handzeichen bei dem Spiel zusammentreffen können.
b) Können durch die Gewinnregel Schere, Stein und Papier in eine Reihenfolge gebracht werden?

11
Fig. 19.3 zeigt ein Flußnetz; das Wasser fließt von links nach rechts.

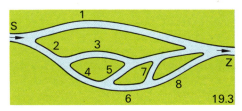

19.3

Uli bringt in S (Start) ein Spielzeugboot zu Wasser, Thomas wartet in Z (Ziel), um es dort in Empfang zu nehmen. Gib mit Hilfe eines Baumes alle möglichen Wege an, auf denen das Boot von S nach Z gelangen kann.

12
Heike will einen Brief abschicken. Das Porto kostet 1,40 DM. Zum Frankieren des Briefes stehen ihr 60er-, 50er-, 20er-, und 10er-Briefmarken zur Verfügung. Gib mit Hilfe eines Baumes alle Möglichkeiten an, wie sie den Brief frankieren kann.

8 Wie viele Möglichkeiten gibt es?

① Auf wie viele Arten kannst du das Wort SPASS aus der Fig. 20.1 herauslesen?

② Bei einem Test muß Isa von drei Fragen zwei, Tom von vier Fragen drei beantworten. Wer von beiden hat mehr Auswahlmöglichkeiten?

③ Die Schulbücherei wird neu geordnet. Jedes Buch soll durch einen großen Buchstaben und eine Zahlangabe gekennzeichnet werden (Fig. 20.2).
a) Wie viele Bücher kann man mit einstelligen Zahlangaben (z. B. A 1) kennzeichnen?
b) Die Schulbücherei umfaßt etwa 3000 Bände. Reichen ein- und zweistellige Zahlangaben aus, um alle Bücher zu kennzeichnen?

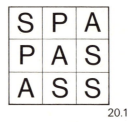

20.1

20.2

Manchmal interessieren uns nicht die möglichen Ergebnisse selbst; wir möchten nur wissen, wie viele es sind. Hast du einen Baum gezeichnet, so brauchst du nur seine Enden zu zählen. Es können aber auch so viele Ergebnisse sein, daß man sie gar nicht mehr alle einzeln angeben kann. Dann ist wichtig:

> Oft kann man die **Anzahl der möglichen Ergebnisse** bestimmen, ohne die Ergebnisse alle einzeln aufzuschreiben.

Beispiele:
a) Wie viele Ergebnisse sind möglich, wenn du zwei Würfel (einen roten und einen grünen) gleichzeitig wirfst?
Die Tabelle in Fig. 20.3 deutet an, wie man alle möglichen Ergebnisse einzeln aufschreiben könnte. Es würden sich 6 Zeilen mit je 6 Paaren ergeben; also gibt es 36 Möglichkeiten. Fig. 20.4 zeigt den dazugehörigen Baum.

b) Wie viele Möglichkeiten gibt es, die Farben rot, grün, blau, gelb auf vier Felder zu verteilen?
Fig. 20.5 zeigt: Das 1. Feld kannst du auf 4 Arten färben. Bei jeder Art verbleiben 3 Möglichkeiten, das 2. Feld zu färben. Die ersten beiden Felder kann man also auf 12 Arten färben. Bei jeder Art hast du noch 2 Möglichkeiten, die restlichen Felder zu färben. Insgesamt gibt es also 24 Möglichkeiten.

④ Zeichne für das Beispiel b) ein Baumdiagramm.

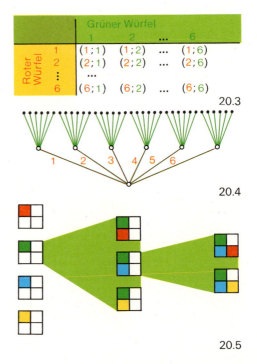

20.3
20.4
20.5

5
Fig. 21.1 zeigt einen Flußlauf mit zwei Inseln. Zeichne das Bild in dein Heft.

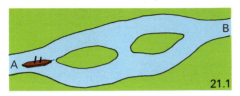

Trage in verschiedenen Farben alle Möglichkeiten ein, wie ein Floß von A nach B gelangen kann. Wie viele gibt es?

6
Du wirfst 2mal mit einem Würfel und notierst nach jedem Wurf die geworfene Augenzahl. Wie viele Möglichkeiten gibt es, in beiden Würfen zusammen
a) 6   b) mindestens 9   zu werfen?

7
Herr Weiß möchte einen Brief frankieren, der 80 Pf kostet. Er hat jedoch nur 20-Pf- und 10-Pf-Marken zur Hand. Wie viele Möglichkeiten hat Herr Weiß?

8
Ilka und Eva spielen ein Würfelspiel. Sie vereinbaren: Abwechselnd wirft jede gleichzeitig zwei Würfel; Ilka darf ein Feld vorrücken, wenn beide Würfel eine gerade Augenzahl zeigen; Eva darf ein Feld vorrücken, wenn die Augenzahlen zusammen mindestens 10 ergeben. Wer von beiden wird bei dem Spiel wahrscheinlich schneller vorankommen?

9
Ein Bekleidungshaus bietet Jeans-Hosen an in den Größen 128, 140, 152, 164 und 176, jeweils in den Farben blau und weiß, sowie mit und ohne Nieten. Unter wie vielen Sorten können die Kunden wählen?

10
Bei dem Fahrradschloß in Fig. 17.3 kann man auf jeder der 4 Scheiben die Ziffern 1, ..., 6 einstellen. Wie viele Einstellmöglichkeiten läßt das Schloß zu?

11
In Fig. 21.2 siehst du die Rückseite eines Autos mit verschiedenen Lichtern: Blinker rechts (BR) und links (BL), Bremslicht (B), Rückfahrscheinwerfer (RF) und Rücklicht (R). Für Notfälle benutzt man die Warnblinkanlage (WB): beide Blinker blinken gleichzeitig. Häufig braucht man mehrere Lichter gleichzeitig. Wie viele Möglichkeiten der Beleuchtung gibt es?

12
Deine Mutter holt dich mittags mit dem Auto von der Schule ab.
a) Deine Freunde Mark, Paul und Udo möchten gerne auch mitfahren, im Auto ist jedoch nur noch Platz für zwei von ihnen. Wie viele Möglichkeiten, zwei auszuwählen, gibt es?
b) Wie viele Möglichkeiten gibt es, wenn von vier Freunden drei mitfahren können?

13
Bärbel möchte auf der Post zwei 50er-Briefmarken kaufen. Zu ihrer Überraschung erfährt sie, daß es vier Sorten von 50er-Marken gibt. Unter wie vielen Möglichkeiten kann sie wählen?

14
Wie viele verschiedene möglichst kurze Wege führen in Fig. 21.3 von A nach B (von B nach C; von A nach C)?

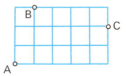

9 Auszählen von Listen

① Leni spielt mit Eva MENSCH ÄRGERE DICH NICHT (Fig. 22.1). Leni: „Bei unserem Würfel fällt die Sechs viel seltener als die Eins". Sie prüfen; Leni würfelt, Eva schreibt:
2,1,3,4,2,5,4,4,3,1,6,6,3,2,1,1,5,6,1,6, 5,3,2,4,4,4,1,2,1,2,6,5,6,6,4,1,2,6,3,4, 1,2,2,5,5,6,4,3,5,3,3,4,3,1.
Wie oft hat Leni den Würfel geworfen?
Wie oft fiel eine Eins, wie oft eine Sechs?

22.1

② Welcher der fünf Selbstlaute a, e, i, o, u kommt deiner Meinung nach in der deutschen Sprache am häufigsten vor, welcher am seltensten? Zähle, wie oft jeder der fünf Selbstlaute im Text von ① vorkommt (zähle ä als a, ü als u). Trage das Ergebnis in eine Tabelle wie Fig. 22.2 ein. Entspricht das Ergebnis deiner Vermutung?

Selbstlaute	a	e	i	o	u
Anzahl					

22.2

Note	sgt	gt	bfr	ar	mgh
Anzahl	2	7	13	5	3

22.3

In der Zeugnisliste einer Klasse sind die folgenden Mathematiknoten angegeben.
3, 3, 2, 4, 1, 4, 3, 2, 3, 3, 2, 5, 3, 2, 4, 3, 2, 2, 3, 5, 3, 1, 4, 3, 3, 4, 2, 5, 3, 3.
Um eine bessere Übersicht zu erhalten, zählen wir, wie oft jede Note in der Zeugnisliste vorkommt (Fig. 22.3).

> Kommt in einer Liste ein Ergebnis 7mal vor, so nennen wir 7 auch die **Häufigkeit** dieses Ergebnisses in dieser Liste. Eine Tabelle wie in Fig. 22.3, in der zu jedem Ergebnis dessen Häufigkeit angegeben ist, heißt **Häufigkeitstabelle.**

Beispiele:
a) Bei einer Schuluntersuchung notiert der Arzt das Alter der Schüler einer Klasse.
11, 10, 11, 11, 12, 11, 10, 10, 10, 11, 11, 12, 11, 10, 10, 10, 11, 11, 10, 11, 11, 11, 12, 11.
Er stellt eine Häufigkeitstabelle her:

Alter	10 J.	11 J.	12 J.
Häufigkeit	8	13	3

Der Arzt sieht: In der Klasse sind 8 Zehn-, 13 Elf- und 3 Zwölfjährige.
b) Unter den 26 Buchstaben des Alphabets kommen 5 Selbstlaute vor, nämlich a, e, i, o und u. Die Häufigkeit der Selbstlaute im Alphabet ist also 5; die Häufigkeit der Mitlaute 21.

③ Ein Getränkeautomat druckt bei jeder Entnahme auf einem Papierstreifen (Fig. 22.4), was entnommen wurde; bei Tee 1, bei Kakao 2, bei Milch 3, bei Limonade 4.

3 2 4 1 3 2 1 2 3 4 3 3 2 1 2 3 3 2 3 2 3 4 1 3 3 2 3 3 2

22.4

Stelle für die Angaben auf dem Streifen eine Häufigkeitstabelle her. Welches Getränk wurde am häufigsten, welches am seltensten entnommen?

4
Die Klassen 5a und 5b haben den gleichen Test geschrieben. Er bestand aus 12 Fragen. Für jede richtige Antwort gab es einen Punkt; jeder Schüler konnte also bis zu 12 Punkte erreichen. Die beiden Klassen haben folgende Ergebnisse erreicht:
5a: 3, 7, 9, 8, 11, 4, 7, 6, 4, 6, 7, 9, 8, 7, 6, 10, 7, 10, 6, 8, 12, 7, 7, 9, 3
5b: 10, 9, 9, 8, 7, 9, 7, 6, 7, 7, 8, 6, 6, 11, 7, 9, 12, 8, 9, 7.
Fertige für jede Klasse eine Häufigkeitstabelle an. Welche Punktzahl wurde in 5a (in 5b) am häufigsten erreicht?

5
Bestimme die Häufigkeit
a) der Jungen in deiner Klasse
b) des Buchstabens „e" im Text von Aufgabe 4
c) der Selbstlaute im Text von Aufgabe 4
d) der Mitlaute im Text von Aufgabe 4.

6
Eier werden nach folgender Vorschrift in 7 Gewichtsklassen eingeteilt:

Klasse	1	2	3
Gewicht in g	über 65	65–61	60–56
Klasse	4	5	6
Gewicht in g	55–51	50–46	45–41
Klasse	7		
Gewicht in g	40 und leichter		

Auf einer Hühnerfarm ergab das Auswiegen frisch gelegter Eier folgende Werte in g: 57, 62, 69, 54, 60, 63, 66, 65, 41, 54, 63, 52, 53, 59, 45, 44, 56, 57, 59, 39, 64, 61, 58, 54, 55, 58, 57, 58, 56, 61, 53, 42, 49, 67, 53, 60, 58, 62, 44, 42, 38, 57, 55, 56, 59, 59, 56, 50, 51, 45, 60, 63, 62, 63, 64, 58, 57, 51, 56, 57, 59, 60, 52.
a) Lege eine Tabelle an mit den Gewichtsklassen 1 bis 7 in der oberen Zeile. Ordne nun die Eiergewichte in die Gewichtsklassen ein.
b) Lege eine neue Tabelle an, eine Häufigkeitstabelle, aus der man ablesen kann, wie viele Eier zu jeder Klasse gehören.

7
Stelle aus einem quadratischen Stückchen Pappe und einem angespitzten Streichholz einen Kreisel her wie in Fig. 23.1. Drehe den Kreisel 60mal; notiere jedesmal das Ergebnis (Fig. 23.1 zeigt das Ergebnis 2). Lege danach eine Häufigkeitstabelle an. Entsprechen die darin auftretenden Häufigkeiten ungefähr deinen Erwartungen?

23.1

8
Laß einen Reißnagel 60mal auf eine Platte fallen. Schreibe jeweils 1, wenn er „auf dem Kopf liegt", und 0, wenn er „umkippt".

a) Wie häufig ist jede der beiden Lagen aufgetreten (Fig. 23.2)?
b) Wie häufig etwa würden die beiden Lagen vermutlich auftreten, wenn du den Reißnagel 120mal (600mal) wirfst?

9
Nimm zwei Würfel und wirf sie 70mal. Ziehe nach jedem Wurf die kleinere Augenzahl von der größeren ab; schreibe das Ergebnis in eine Liste. Notiere 0, falls beide Augenzahlen gleich sind. Treten in der Liste die möglichen Ergebnisse ungefähr gleich oft auf oder sind deutliche Unterschiede erkennbar?

10
In einem Regal mit etwa 80 Büchern hat jedes Buch einen weißen, roten oder blauen Aufkleber. Es sind ungefähr ebensoviel weiße wie rote und doppelt soviel rote wie blaue Aufkleber. Schätze, wie viele Bücher jeder Sorte vorhanden sind.

10 Auswerten von Häufigkeitstabellen

① Die folgende Tabelle gibt einen Überblick über die Mathematiknoten einer Klasse.

Note	1	2	3	4	5	6
Häufigkeit	3	5	14	8	2	1

Wie viele Schüler erhielten eine bessere Note als 3, wie viele eine schlechtere als 4? Uli meint, die Hälfte der Klasse habe eine Drei; stimmt das?

② Bei einer Verkehrskontrolle (Fig. 24.1) wurde untersucht, ob Bremsen, Licht und Reifen an Autos in Ordnung sind. Bei jeder Beanstandung stellt die Polizei einen Zettel aus, auf dem die Art der Beanstandung vermerkt ist, z. B. L: Licht, LR: Licht und Reifen.

24.1

Ein Durchschlag des Zettels verbleibt bei der Polizei. Am Abend geht ein Wachtmeister die Zettel durch: BL, B, L, BR, R, R, BLR, BL, R, R, L, B, BL, BLR, LR, R, L, B, L, BR, LR, B, BL, B, BL, R, R, BR, B, L, R, BL, LR, BLR, R, L, R, BL, LR, R, R, BL, LR, R, B, BLR, L, R, BR.
a) Lege eine Häufigkeitstabelle an.
b) Bei wie vielen Autos wurde nur das Licht beanstandet?
c) Bei wie vielen Autos war die Bereifung nicht in Ordnung?
d) Wie viele Autos wurden beanstandet? Wie viele davon hatten einwandfreie Reifen?

Einer Häufigkeitstabelle kann man nicht nur entnehmen, wie oft jedes Ergebnis in der Liste auftritt; sie gibt noch weitere Auskünfte.

> Der Häufigkeitstabelle kann man auch entnehmen
> a) wie viele Ergebnisse die Liste **insgesamt** enthält,
> b) wie oft in der Liste **zwei** (oder **mehrere**) **bestimmmte** Ergebnisse auftreten,
> c) wie oft in der Liste ein Ergebnis **nicht** auftritt.

Beispiel:
Liste von Zeugnisnoten:
3, 2, 4, 3, 4, 1, 2, 5, 3, 4, 1, 3, 3, 2, 4, 1, 3, 6, 3, 2, 2, 3, 4, 3, 2, 3, 3, 4, 4, 3.

Note	1	2	3	4	5	6
Häufigkeit	3	6	12	7	1	1

24.2

Zu dieser Liste gehört die Häufigkeitstabelle in Fig. 24.2. Ihr entnehmen wir:
a) Alle Häufigkeiten zusammen ergeben 30; die Liste enthält also 30 Ergebnisse.
b) Die Note 1 tritt 3mal auf, 6mal die Note 2; also tritt 9mal eine bessere Note als 3 auf.
c) Die Note 3 tritt 12mal auf. Da es insgesamt 30 Ergebnisse sind, muß 18mal eine Note auftreten, die keine 3 ist.

③ Bei den Bundesjugendspielen erzielten die Schüler einer Klasse die Punktzahlen: 56, 45, 41, 26, 45, 52, 57, 59, 38, 36, 44, 49, 53, 42, 55, 40, 43, 38, 37, 41, 43, 51, 42, 43, 29, 62, 37. Ab 40 Punkten erhält man eine Sieger-, ab 55 Punkten eine Ehrenurkunde.
a) Lege eine Häufigkeitstabelle an.   b) Wie viele Schüler haben teilgenommen?
c) Wie viele Schüler erhalten eine Ehren-, wie viele eine Siegerurkunde? Wie viele Schüler gehen leer aus?

4

In der folgenden Liste sind die Längen der Schulwege (in km) von Schülern einer Klasse angegeben.
5, 4, 3, 3, 2, 5, 2, 2, 4, 1, 4, 3, 1, 0, 2, 5, 1, 1, 3, 2, 2, 2, 2, 1, 3, 4, 3, 4, 4, 4, 2, 1, 1, 2
a) Lege eine Häufigkeitstabelle an.
b) Wie viele Schüler haben einen mindestens 3 km langen Schulweg?
c) Bei wie vielen Schülern ist der Schulweg kürzer als 2 km?
d) Wie viele Schüler haben einen Schulweg von mehr als 1 km, aber weniger als 4 km Länge?

5

Die Schüler einer Klasse stoppen alle am gleichen Tag, wieviel Minuten sie für das Erledigen der Hausaufgaben benötigen. Am nächsten Tag legen sie das Ergebnis (in Minuten) vor:
30, 45, 35, 20, 30, 30, 60, 25, 40, 25, 25, 20, 35, 30, 45, 40, 60, 50, 45, 25, 30, 30, 35, 40, 40, 25, 30, 35, 25, 30, 40, 45.
a) Lege eine Häufigkeitstabelle an.
b) Wie viele Schüler benötigten mehr als 45 Minuten, wie viele weniger als 30?
c) Lege eine Häufigkeitstabelle an, aus der man unmittelbar ablesen kann, wie viele Schüler höchstens 30 Minuten, zwischen 30 und 45 Minuten, mindestens 45 Minuten benötigten.

6

Bei einer Blutspendeaktion in Köln hatten die Spender folgende Blutgruppen:
A, A, 0, AB, B, A, A, 0, 0, 0, A, 0, A, 0, 0, B, AB, A, 0, A, A, 0, 0, A, B, 0, B, B, A, A, A, 0, A, A.
In der gleichen Woche wurde auch in Sydney (Australien) eine Blutspendeaktion durchgeführt.
Dort fand man:
0, A, A, 0, A, A, A, 0, 0, 0, 0, A, A, A, 0, 0, A, A, A, 0, A, A, A, 0, A, A, 0, A, A, A, 0, A, A.
a) Lege für jede Spendeaktion eine Häufigkeitstabelle an.
b) Welche Blutgruppe kam in Köln, welche kam in Sydney am häufigsten vor?
c) Welche der Blutgruppen 0 und A kam in Köln (in Sydney) häufiger vor?

7

Bei einer schulärztlichen Untersuchung werden die Schüler befragt, ob sie gegen Pocken oder Kinderlähmung (oder beides) geimpft worden sind. Die Angaben werden in einer Tabelle zusammengestellt.

	Arndt	Birgit	Else	Franz	Gabi	Gerd	Hans	Klaus	Maike	Maria	Petra	Rita	Rolf	Steffi	Timo	Udo	Wilma
Pocken	×	×	×	×	×		×	×		×	×	×	×		×	×	×
Kinderlähmung	×	×	×			×		×				×	×	×			

a) Stelle eine Häufigkeitstabelle auf.
b) Wie viele Schüler sind noch nicht gegen Pocken (noch nicht gegen Kinderlähmung) geimpft?
c) Wie viele Schüler sind weder gegen Pocken noch gegen Kinderlähmung geimpft?
d) Wie viele Schüler sind wenigstens gegen eine der beiden Krankheiten geimpft worden?

8

Zur Planung des Wandertages hat der Klassenlehrer die Schüler in einer Liste unter den vorgeschlagenen Möglichkeiten die Wünsche ankreuzen lassen.

Schüler-Nr.	1	2	3	4	5	6	7	8	9	10	11
Zu Fuß				×		×	×	×	×	×	
mit Fahrrad	×	×	×		×						×
halbtägig		×			×	×	×	×			×
ganztägig			×	×					×	×	×

Schüler-Nr.	12	13	14	15	16	17	18	19	20	21
Zu Fuß	×		×					×	×	×
mit Fahrrad		×		×	×	×	×			
halbtägig	×	×	×		×	×		×		
ganztägig				×			×		×	×

a) Gib die Menge aller Möglichkeiten an, wie ein Schüler seinen Wunsch äußern kann. Entnimm der Liste, wie oft jeder der möglichen Wünsche geäußert wird.
b) Kann der Klassenlehrer aufgrund der Liste eine Entscheidung treffen, der möglichst viele Schüler zustimmen?
c) Welcher Entscheidung würden die wenigsten Schüler zustimmen?

11 Vermischte Aufgaben

1
Bei einem Rennrad (Fig. 26.1) führt man die Kette über eines der beiden großen Zahnräder an den Pedalen und eines der 3 kleinen Zahnräder an der Hinterachse.
a) Wie viele Gänge kann man bei dem Rennrad einlegen?
b) Versuche, der Fig. 26.1 auch die Reihenfolge der Gänge vom „kleinsten" zum „größten" zu entnehmen.

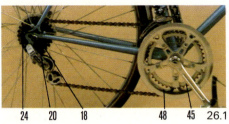

24 20 18   48 45   26.1

2
Auf wie viele Arten kann man den Portobetrag von 660 Pf mit nur 50-Pf- und 60-Pf-Marken zusammenstellen?

3
a) Prüfe mit Hilfe eines Baumes, wie viele Möglichkeiten es gibt, um in Fig. 26.2 auf möglichst kurzem Wege von A (Anfang) nach Z (Ziel) zu gelangen.
b) Wie viele solche Möglichkeiten gibt es in Fig. 26.3?

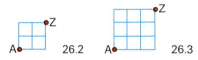

4
Wie viele höchstens 3stellige Zahlen kann man mit den Ziffern 1 und 2 aufschreiben?

5
Herr Heuer möchte ein Auto kaufen. Der Händler bietet ihm an: „Sie können den Wagen in roter, grüner oder blauer Farbe haben, die Polsterung in Velours oder Kunststoff, die Fenster aus Verbundglas oder Sicherheitsglas." Aus wie vielen Angeboten kann Herr Heuer wählen?

6
Fig. 26.4 zeigt Gleise auf einem Bahnhof. Ein von links kommender Zug kann den Bahnhof z.B. auf der Gleisfolge 4-7-9-11 passieren.

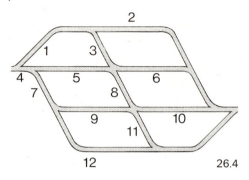

Gib alle Möglichkeiten an, wie ein von links kommender Zug den Bahnhof durchfahren kann. Wie viele sind es?

7
Vier Tennisspieler möchten auf folgende Weise gegeneinander spielen: Zunächst spielt jeder Spieler einmal gegen jeden anderen; danach spielen je zwei Spieler in einem sogenannten „Doppel" gegen die übrigen beiden. Wie viele Spiele sind insgesamt auszutragen?

8
Auf dem Tisch liegen drei Würfel, die du aber nicht sehen kannst; jemand sagt dir, daß die Augenzahlen der drei Würfel zusammen 12 ergeben.
a) Du sollst erraten, um welche Augenzahlen es sich bei den einzelnen Würfeln handelt. Wie viele Möglichkeiten gibt es?
b) Es wird dir zusätzlich gesagt, daß einer der Würfel weiß, einer schwarz und einer rot ist. Du sollst nicht nur erraten, um welche Augenzahlen es sich handelt, sondern sogar, welche der weiße, welche der schwarze und welche der rote Würfel zeigt. Wie viele Möglichkeiten gibt es jetzt? Kannst du eher in b) oder eher in a) richtig raten?

9
In einem Hotel stehen für die vier Autos A, B, C, D der eben angekommenen Gäste eine Doppelgarage und zwei Einzelgaragen zur Verfügung. Auf wie viele Arten können die vier Autos auf die drei Garagen verteilt werden?

10
Arno, Bernd, Gerd, Rolf, Udo und Thomas sind gleich gute Ruderer. Ihr Trainer überlegt, welche vier der sechs Jungen er für den Wettkampf im „Vierer" melden soll. Wie viele Möglichkeiten muß der Trainer in Betracht ziehen?

11
Wirf einen Würfel so lange, bis eine Sechs erscheint; notiere, im wievielten Wurf die Sechs fiel. Mache das gleiche 60mal. Fertige aus deiner Liste eine Häufigkeitstabelle an.
Welche Anzahlen von Würfen kommen besonders häufig vor, welche besonders selten?

12
30 Würfe mit einem weißen und einem schwarzen Würfel brachten das folgende Ergebnis; die erste Zahl ist jeweils die Augenzahl des weißen Würfels:

(4; 2), (2; 6), (6; 4), (6; 5), (6; 1), (1; 5),
(3; 1), (3; 6), (6; 6), (2; 4), (1; 2), (4; 6),
(1; 3), (2; 4), (4; 4), (1; 4), (1; 6), (1; 1),
(2; 1), (2; 2), (6; 1), (2; 4), (3; 3), (1; 1),
(5; 1), (5; 5), (4; 5), (1; 6), (2; 4), (3; 1).

a) Warum lohnt es sich hier nicht, eine Häufigkeitstabelle anzulegen?
b) Wie oft zeigten beide Würfel dieselbe Augenzahl?
c) Wie oft zeigte der weiße Würfel 6, wie oft der schwarze? Wie oft zeigte mindestens einer der Würfel eine Sechs?
d) Wie oft zeigte der weiße Würfel keine Sechs, wie oft der schwarze? Wie oft zeigte keiner der Würfel eine Sechs?
c) Bei 8 Paaren ergeben die beiden Zahlen zusammen 6, bei nur einem Paar ergeben sie 12. Wie ist das zu erklären?

13
Ute, Kai und Eva würfeln. Jeder wirft gleichzeitig zwei Würfel. Ute erhält einen Punkt, wenn beide Würfel eine gerade Augenzahl zeigen, Kai einen, wenn mindestens einer der beiden Würfel 6 zeigt, Eva einen, wenn beide Augenzahlen zusammen mindestens 9 ergeben. Wer erhält bei diesem Spiel auf lange Sicht die meisten, wer die wenigsten Punkte?

14
In einer Klasse mit 30 Schülern spielen 8 Schüler Geige und 11 Klavier, 4 davon spielen beide Instrumente.
Wie viele Schüler melden sich, wenn der Lehrer fragt,
a) wer nicht Klavier spielt
b) wer Geige oder Klavier spielt
c) wer weder Geige noch Klavier spielt?

15
Ein Klassenlehrer hat sich für seine Klasse die folgende Übersicht angefertigt.

	auswärtig	ortsansässig
Jungen	9	18
Mädchen	4	7

a) Wie viele Jungen sind in der Klasse?
b) Wie viele Schüler sind Auswärtige?
c) Wie viele Schüler hat die Klasse?
d) Lege eine Häufigkeitstabelle an, die (im Gegensatz zur obigen Tabelle) nur zwei Zeilen hat (vgl. Fig. 22.3).

16
In einer Klasse mit 30 Schülern ist die Anzahl der Auswärtigen bei den Jungen ebensogroß wie bei den Mädchen. Von den Jungen der Klasse ist die Hälfte, von den Mädchen ein Viertel auswärtig. Lege für die Klasse eine Tabelle an wie in Aufgabe 15. Fülle die Tabelle aus.

III Messen

12 Wie man große Anzahlen im Alltag angibt

① Fritz ist Lehrling in einem Papierwarengeschäft. Er soll zählen, wieviel Blatt Schreibmaschinenpapier noch im Lager sind. Nach 2 Minuten kommt er zurück und sagt: „40 000 Blatt". Kann er so schnell bis 40 000 zählen? Wie hat Fritz das gemacht?

② Fig. 28.1 zeigt einen geöffneten Karton mit Schreibmaschinenpapier.
a) Wie viele Pakete enthält der Karton? Wie viele Blätter sind das, wenn jedes Paket 500 Blatt enthält?
b) Manchmal ist Schreibmaschinenpapier auch in Pakete zu je 100 Blatt abgepackt. Wie viele solcher Pakete würde der Karton in Fig. 28.1 enthalten?

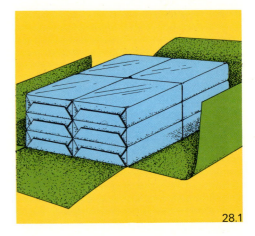
28.1

Wenn die Schule 1 Karton Schreibmaschinenpapier bestellt, so meint sie nicht die Verpackung des Papiers, sondern eine bestimmte Anzahl von Blättern.

Im Alltag gibt man große Anzahlen oft nicht direkt an, sondern z. B. in der Form 1 Karton, 3 Pakete, usw. Bei der Angabe „3 Pakete" verwenden wir 1 Paket als **Einheit**; 3 nennt man die **Maßzahl** bei dieser Einheit.
Je größer man die Einheit wählt, desto kleiner wird die Maßzahl.

Beispiele:
a) Wer beim Getränkehändler 2 Kasten Mineralwasser bestellt, weiß, daß er 24 Flaschen bekommt.
b) Im Lexikon ist die Bevölkerungsentwicklung der Erde dargestellt.

Jahreszahl	1000 v. Chr.	0	900 n. Chr.	1700	1900	1961	1978
Bevölkerung in Mio	80	160	320	600	1571	3069	4124

Jeweils 1 Million Menschen sind zu einer Einheit zusammengefaßt; die genannten Zahlen geben an, wie viele solcher Einheiten vorhanden sind. Auf diese Weise ergeben sich Maßzahlen, die leichter zu vergleichen sind.

③ Im Jahre 1978 hatte Aachen etwa 243 000 Einwohner, Augsburg 250 000, Marburg 74 000, Paderborn 113 000, Karlsruhe 286 000, Stuttgart 593 000, Ulm 99 000. Welche Maßzahlen erhält man für die Einwohnerzahlen, wenn man jeweils 1000 Einwohner zu einer Einheit zusammenfaßt? Ordne die Städte der Größe nach.

④ Beim Sportfest werden die 240 Schüler einer Schule in Riegen mit gleich vielen Schülern eingeteilt. Bildet man Zehner-Riegen, so ergeben sich 24 Riegen; kurz: 240 = 24 Z.
a) Wie viele Riegen entstehen, wenn man 5er- (8er-, 12er-, 15er-) Riegen bildet?
b) Der Sportlehrer sieht noch weitere Möglichkeiten. Er notiert: 240 = 40 S; 240 = 15 SZ; 240 = 8 D. Was bedeuten hier S, SZ und D?

5
Gib folgende Anzahlen in Zehner an (Beispiel: 120 = 12 Z).
a) 30; 50; 100; 180; 600; 1000; 1400
b) 820; 1270; 2030; 100 000; 10; 9990

6
Gib in Hunderter (H) an:
a) 1600; 34 000; 146 000; 700; 2200
b) 100 000; 123 400; 10 400; 100; 900

7
Wie viele Zehntausender (Zt) sind:
a) 60 000; 140 000; 100 000; 10 000
b) 410 000; 3 010 000; 1 030 000?

8
Gib in der Einheit 1 Fünfer (F) an:
a) 10; 30; 45; 70; 100; 150; 5; 35; 95
b) 125; 200; 500; 600; 1000; 950; 995.

9
Gib die Anzahl 60 (80; 100) in möglichst vielen verschiedenen Einheiten an.

10
Um welche Anzahlen handelt es sich im folgenden, wenn „A" Achter bedeutet?
a) 3A; 5A; 8A; 10A; 13A; 15A; 100A
b) 20A; 25A; 40A; 50A; 200A; 1000A.

11
Ulis Vater hat im Jahr 70 Werktage frei. Bei Uli ergeben die schulfreien Werktage an Weihnachten 2, an Ostern 1, im Sommer 5 Wochen; dazu kommen 9 Samstage und 5 weitere Tage. Wer hat mehr Urlaub?

12
Eine Schachtel enthält 12 Bleistifte, ein Karton 50 Schachteln. Der Lagerverwalter notiert, was abgeholt wurde:

Monat	Jan.	Feb.	März	Apr.	Mai	Juni
Kartons	2	3	4	2	3	3
Schachteln	1	2	0	18	1	2
Stifte	3	11	5	9	10	9

a) Ordne die Monate nach Verbrauch.
b) Im Juli werden 2412 Stifte verkauft. Was ist in der Liste einzutragen?

13
Ein Kasten Mineralwasser enthält 12 Flaschen, ein Kasten Bier 20 Flaschen.
a) Im Supermarkt zählt Inge 25 Kasten Mineralwasser und 30 Kasten Bier. Wie viele Flaschen sind das?
b) In der Flaschenrückgabe stehen 85 Mineralwasser- und 162 Bierflaschen. Wie viele Kasten braucht man?

14
In einer Tabelle stehen für die Einwohnerzahlen einiger Länder Vergleichszahlen: Frankreich 5, Bundesrepublik Deutschland 6, Japan 10, Indien 44, UdSSR 23, Polen 3, Ungarn 1, China 66, USA 18.
a) Ordne die Länder nach diesen Zahlen.
b) Japan hat 100 Millionen Einwohner. Auf welche Einheit beziehen sich danach die obigen Vergleichszahlen?
c) Gib die Einwohnerzahlen in Mio an.

15
Karin und Egon lesen im Schaufenster: Wer am genauesten errät, wie viele Linsen in diesem Glas sind, erhält ein Fahrrad! Egon meint: „Hier kann man nur aufs Geratewohl eine Zahl nennen." Karin aber probiert zuhause aus: In ein Schnapsglas passen 40 Linsen, 25 Schnapsgläser füllen ein Bierglas, 10 Biergläser ein Glas wie im Schaufenster. Wie wird Karin „tippen"?

16
An einer Fähre sind für einen Tag angekündigt: 420 Pkw, 27 Motorräder, 13 Wohnwagen. Die Fähre kann 24 Pkw aufnehmen. 1 Wohnwagen benötigt so viel Platz wie 2 Pkw oder 6 Motorräder. Wie oft muß die Fähre mindestens fahren?

17
Ulrike soll 2 Pakete Kerzen der Marke „Lux" kaufen. Im Geschäft sind jedoch nur Pakete der Marke „Hell" vorrätig; sie enthalten 2 Kerzen weniger als bei der Marke „Lux". Ulrike nimmt deshalb 3 Pakete mit. Wie viele Kerzen sind in einem Paket der Marke „Lux" (der Marke „Hell")? Wieviel Kerzen kauft Ulrike?

13 Messen mit dem Meterstab

① Wie kann man Länge und Breite eines Tisches vergleichen, wenn man keinen Meterstab zur Hand hat (Fig. 30.1)?

② Miß die Länge deines Schultisches wie in Fig. 30.1. Vergleiche die Ergebnisse beim kleinsten und beim größten Schüler der Klasse. Welchen Vorteil bringt es, wenn beide Schüler statt der „Spanne" ihrer Hand deinen Farbstift verwenden?

30.1

Ist die Bank 9mal so lang wie ein Stift, so sagen wir: die **Länge** der Bank beträgt 9 Stiftlängen. Wir haben die Länge der Bank in der **Einheit** 1 Stiftlänge **gemessen**; 9 ist die **Maßzahl** der Banklänge bei dieser Einheit.

Beispiel:
Wenn Maike vor dem Völkerballspiel das Spielfeld abschreitet, so mißt sie die Länge des Spielfeldes in der Einheit 1 Schrittlänge.

Im Alltag verwendet man beim Messen von Längen stets dieselben Einheiten. Einige von ihnen sind auf dem Meterstab zu erkennen (Fig. 30.2).

▫ 1 Millimeter
▬ 1 Zentimeter
▬▬▬▬▬▬▬▬ 1 Dezimeter   30.2

```
    1 mm                                    mm: Millimeter
 10 mm =  1 cm                              cm: Zentimeter
       10 cm =  1 dm                        dm: Dezimeter
             10 dm =  1 m                    m: Meter
                   10 m = 1 dam            dam: Dekameter
                        10 dam = 1 hm       hm: Hektometer
                              10 hm = 1 km  km: Kilometer
```
Merke: Das 10fache einer Einheit ergibt jeweils die nächstgrößere Einheit.

Beispiele:
a) Ein großer Schritt ist etwa 1 m, ein langer Eisenbahnzug mit 50 Wagen etwa 1 km lang.
b) Axel wartet am Zebrastreifen. Er zählt 10 weiße und 10 schwarze Streifen. Die Breite eines Streifens schätzt er auf 40 cm. Also ist die Straße etwa 40 cm · 20 = 800 cm breit. Er rechnet um: 800 cm = 80 dm = 8 m. Die Straße ist ungefähr 8 m breit.

③ Gib die folgenden Längen mit kleinerer Maßzahl an.
   a) 1000 cm   b) 100 000 mm   c) 34 000 dm   d) 410 000 m   e) 1 000 000 cm

4
Schreibe die folgenden Längenangaben in der nächstkleineren und in der nächstgrößeren Einheit.
(Beispiel: 80 dm = 800 cm = 8 m)
a) 70 cm; 900 cm; 340 cm; 50 dm; 110 dm; 650 dm; 1200 cm; 7300 dm
b) 20 m; 230 m; 7500 m; 30 dam; 70 hm; 40 m; 620 cm; 770 dm; 490 m; 990 cm.

5
Es ist 200 cm = 2 m. Gib entsprechend an
in m: 400 cm; 20 dm; 3000 cm; 750 dm; 43 000 cm; 170 dm; 12 000 mm; 30 dm; 90 dm; 2 km; 15 km; 301 km; 800 cm; 800 km; 700 dm; 8500 cm; 1010 km
in cm: 20 mm; 180 mm; 2000 mm; 40 mm; 3 dm; 7 m; 15 m; 300 m; 23 dm; 31 m; 3 m; 4 km; 5000 mm; 104 m; 10 mm; 1 km.

6
Schreibe wie in Aufgabe 5
in dm: 50 cm; 1020 cm; 1000 cm; 500 mm; 600 cm; 600 mm; 9500 mm; 80 cm; 1030 m; 150 m; 8 km; 1200 mm; 7 m; 850 m; 70 km; 990 cm; 99 m; 1 km
in km: 2000 m; 13 000 m; 200 000 cm; 2 000 000 m; 800 000 dm; 100 000 cm.

7
Schreibe mit möglichst kleiner Maßzahl (Beispiel: 700 mm = 7 dm):
a) 80 mm; 300 cm; 850 cm; 3700 cm; 45 000 m; 1010 cm; 1100 mm; 110 dm.
b) 40 000 dm; 120 000 m; 1100 cm; 90 dm; 300 mm; 4050 dm; 1 000 000 cm.

8
715 cm = 7 m 1 dm 5 cm. Behandle ebenso:
a) 813 cm; 537 dm; 1836 mm; 504 cm
b) 4003 mm; 3 002 582 mm; 903 cm.

9
8 m 7 cm = 807 cm. Behandle ebenso:
a) 4 m 3 dm; 6 m 5 cm; 5 dm 1 mm;
5 m 3 cm; 2 m 7 mm; 6 dm 9 mm;
5 m 4 mm; 7 m 8 cm; 9 m 4 mm
b) 6 km 6 m; 7 km 8 dm; 13 km 8 m;
4 km 5 dm; 7 m 5 cm; 8 m 9 mm;
15 km 7 dm; 5 m 8 dm; 1 km 11 m.

10
Ordne der Größe nach.
a) 17 cm; 20 mm; 3 dm; 1 dm 8 cm; 9 cm 8 mm; 7 dm 11 mm; 4 cm 8 mm
b) 3 m 2 mm; 302 cm; 3 m 2 cm 2 mm; 3 m 2 dm 2 mm; 32 dm; 3222 mm; 322 cm.

11
Es ist: 8 dm + 9 dm = 17 dm = 1 m 7 dm.
Vereinfache entsprechend:
a) 4 cm + 7 cm; 93 cm + 64 cm + 56 cm;
15 dm + 6 dm; 230 m + 450 m + 320 m;
17 cm + 3 dm + 13 cm; 999 dm + 111 dm
b) 4 dm + 23 cm; 19 m + 24 dm + 8 m;
84 cm + 46 mm; 3 m 4 cm + 8 dm 6 cm;
17 dm + 17 cm; 3 m + 14 dm.

12
Ein Sammler legt zwischen je zwei 4 mm dicke Münzen ein Samttuch, das halb so dick ist wie eine Münze. Zuunterst liegt ein Tuch mit 1 mm Dicke. 9 Münzen liegen aufeinander. Wie hoch ist der Stapel?

13
Herr Müller will sich ein Segelflugzeug kaufen. Der Katalog nennt die Länge (L) und Spannweite (SW) der Typen in cm.

Typ	A	B	C	D	E
SW	1500	1540	1515	1525	1515
L	625	615	659	622	651

Welche Typen passen in den 15 m 20 cm breiten und 6 m 30 cm tiefen Schuppen?

14
In Fig. 31.1 gibt es viele Möglichkeiten, um auf den eingezeichneten Linien von A nach B zu gelangen.

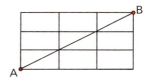

31.1

a) Gibt es unter den Wegen solche, die gleich lang sind?
b) Wie viele verschiedene Längen kommen bei allen möglichen Wegen vor?

14 Längen im Alltag

① Am Eingangstor zu einer Burg sind die beiden Schilder in Fig. 32.1 angebracht. Was bedeuten sie? Wie lauten die Längenangaben auf den Schildern, wenn man sie ohne Komma schreibt? Welchen Vorteil bringt die Kommaschreibweise?

32.1

② Nenne Gegenstände in deiner Umgebung, die etwa folgende Länge haben:
a) 405 cm   b) 5932 mm   c) 102 dm   d) 132 mm.

Will man bei der Längenangabe 635 cm die größere Einheit 1 m verwenden, so muß man ein Komma setzen: 635 cm = 6,35 m. Die Ziffer 6 vor dem Komma zeigt an, wie viele ganze Meter in der Länge enthalten sind.

Kommaschreibweise bei Längen

	km	hm	dam	m	dm	cm	mm	
36 m 7 cm 8 mm =			3	6 ,	0	7	8	m (Angabe in Meter)
=			3	6	0 ,	7	8	dm (Angabe in Dezimeter)
=			3	6	0	7 ,	8	cm (Angabe in Zentimeter)

Beispiele:
a) 2307 m = 2 km 3 hm 0 dam 7 m = 2,307 km
b) 23 070 cm = 2307 dm = 230,7 m
c) 806 cm = 80,6 dm = 8,06 m
d) 3,042 m = 3 m 4 cm 2 mm

e) 4,5 m + 7,5 dm = 45 dm + 75 cm
   = 450 cm + 75 cm
   = 525 cm
   = 5,25 m

③ Gib die folgenden Längen zunächst in m, danach auch in dm und cm an.
a) 4 m 5 dm 2 cm 7 mm   b) 4 m 5 cm 7 mm   c) 4 m 5 dm 2 mm   d) 4 dm 2 cm
e) 2356 mm   f) 17 230 mm   g) 345 mm   h) 20 mm

Im Alltag kommen auch Längenangaben vor wie „ein halber Meter" (geschrieben: $\frac{1}{2}$ m) oder „dreiviertel Meter" ($\frac{3}{4}$ m). Fig. 32.2 zeigt die Längen 1 dm, $\frac{1}{4}$ dm und $\frac{3}{4}$ dm.

[Figur 32.2: drei Linien – 1 dm, $\frac{1}{4}$ dm, $\frac{3}{4}$ dm]

32.2

Teilt man 1 m in 4 gleiche Teile, so heißt jeder Teil $\frac{1}{4}$ m (es ist also $\frac{1}{4}$ m = 25 cm). Setzt man 3 solche Teile zusammen, so entsteht die Länge $\frac{3}{4}$ m (es ist also $\frac{3}{4}$ m = 75 cm).

Beispiele:
a) $\frac{1}{4}$ km = 250 m; $\frac{3}{4}$ km = 750 m   b) $\frac{1}{2}$ m + $\frac{3}{4}$ m = 50 cm + 75 cm = 125 cm = $1\frac{1}{4}$ m.

④ Gib mit natürlichen Zahlen als Maßzahlen an: a) $\frac{4}{5}$ km   b) $\frac{3}{4}$ dm   c) $2\frac{1}{2}$ km.

5
Schreibe die folgenden Längenangaben ohne Komma (Beispiel: 3,6 m = 36 dm).
a) 4,2 m; 1,25 m; 0,6 m; 0,05 m; 1,01 m; 0,02 m; 1,04 m; 0,8 m; 0,5 m; 0,04 m; 4,2 m
b) 3,5 dm; 0,5 cm; 2,8 km; 0,08 km; 5,5 cm; 0,02 dm; 14,5 dm; 23,1 cm; 0,045 km; 0,7 km; 1,04 dm; 0,004 m.

6
Schreibe mit Komma
a) **in m:** 250 cm; 1310 cm; 84 315 cm; 20 cm; 5 cm; 3 mm; 84 mm; 250 mm; 15 dm; 3 dm; 5 mm; 17 cm; 23 dm
b) **in km:** 2400 m; 13 450 m; 570 m; 243 m; 50 m; 6 m; 8 dm; 94 dm; 75 cm; 750 dm; 70 m; 150 m; 7320 dm.

7
Gib in m an:
a) 2 km; 2,4 km; 4,09 km; 0,05 km; 40 dm; 4,5 dm; 80 cm; 2,4 cm; 5 m 37 cm; 9 m 5 cm
b) 125 cm; 30 cm; 2 m 5 cm; 5 m 8 dm.

8
Gib in km an:
6000 m; 6500 m; 400 m; 50 m; 8 m; 10,5 m; 5,5 m; 8 km 350 m; 6 m 8 dm; 25 dm; 850 m; 7 m; 18 dm; 13 m.

9
Schreibe mit natürlichen Maßzahlen:
a) $\frac{1}{2}$ km; $\frac{1}{4}$ km; $\frac{1}{5}$ km; $\frac{1}{10}$ km; $\frac{3}{4}$ km; $\frac{2}{5}$ km; $\frac{3}{5}$ km; $\frac{4}{5}$ km; $2\frac{1}{2}$ km; $3\frac{1}{4}$ km; $4\frac{3}{4}$ km; $1\frac{1}{2}$ km; $1\frac{1}{10}$ km;
b) $\frac{1}{4}$ m; $\frac{1}{2}$ m; $\frac{2}{5}$ m; $\frac{4}{5}$ m; $2\frac{1}{2}$ m; $1\frac{1}{4}$ m; $3\frac{1}{2}$ m; $\frac{1}{2}$ cm; $\frac{1}{4}$ dm; $2\frac{1}{2}$ cm; $3\frac{1}{5}$ dm; $1\frac{1}{2}$ m; $1\frac{3}{4}$ m; $\frac{1}{5}$ dm.

10
Gib mit Komma an
(Beachte: $\frac{3}{5}$ m = 60 cm = 0,6 m)
in m: 20 cm; $\frac{1}{2}$ m; $\frac{1}{4}$ m; $\frac{3}{4}$ m; $\frac{1}{10}$ m; $\frac{1}{5}$ m; $9\frac{1}{2}$ m
in km: 50 m; $1\frac{1}{2}$ km; $\frac{1}{4}$ km; $\frac{3}{4}$ km; $\frac{1}{5}$ km; $\frac{1}{8}$ km; $\frac{1}{10}$ km; $\frac{3}{10}$ km; $2\frac{3}{4}$ km.

11
Ordne folgende Längen der Größe nach.
(Beispiel: 7 dm < 1,7 m < $\frac{1}{2}$ km):
a) 2,6 m; 2,06 m; 2,09 m; 2,9 m; 2,69 m
b) 0,002 km; 2 m 3 dm; 20,6 dm; 0,2 m
c) 3 dm; $\frac{1}{2}$ m; $\frac{1}{4}$ m; $1\frac{1}{2}$ m; 26 dm; 1,2 m.

12
Berechne wie in Beispiel e) auf S. 32:
a) 2 m + 1,5 m; 3,2 m + 4 m; 1,5 m + 0,8 m
b) 3 m + 3,8 m; 4,4 m + 9 dm; 3,2 m + 4 dm
c) $\frac{1}{2}$ m + 1,5 m; $\frac{3}{4}$ m + 7 dm; $\frac{3}{4}$ km + $\frac{1}{2}$ km
d) 3 m + 2,5 m; 2,6 m + 0,8 m; 1,4 m + $\frac{1}{2}$ m.

13
Zeichne eine 10 cm lange gerade Linie. Schreibe unter den Endpunkt 100, unter die Mitte 50. Wo befinden sich auf diesem „Zahlenstrahl" die Zahlen 10, 20, 30, ..., 90, 25, 75, 5?

14
Else geht durch eine Unterführung und zählt im Vorbeigehen die Kacheln an der Wand; es sind 210 Stück. Eine Kachel ist 10 cm breit. Die Fuge zwischen zwei Kacheln ist $\frac{1}{2}$ cm breit. Wie lang ist die Unterführung?

15
Fig. 33.1 zeigt einen Ausschnitt aus einem Lageplan. Man erkennt vier Möglichkeiten, um auf den eingezeichneten Fußwegen von A nach E zu gelangen.

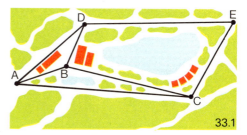

33.1

a) Miß die Längen der vier möglichen Wege auf dem Plan. Welcher ist am kürzesten, welcher ist am längsten?
b) Wie groß ist der Unterschied zwischen dem längsten und dem kürzesten Weg, wenn ein Millimeter auf dem Lageplan in Wirklichkeit einer Länge von 10 m entspricht?
c) Entnimm dem Lageplan die ungefähre Länge des eingezeichneten Sees.
d) Wie lang ist der Umweg, wenn man statt von A direkt nach C von A über B nach C geht?

15 Messen mit der Waage

① In einem sehr alten Kochbuch ist bei einem Kuchenrezept unter „Zutaten" zu lesen: 3 Eier, 3 Eiergewichte Mehl, 2 Eiergewichte Zucker, 3 Eiergewichte Butter. Weshalb werden hier die Zutaten in Eiergewichten angegeben? Wie würdest du die vorgeschriebene Menge Mehl ermitteln?

② Wo Waagen verwendet werden, kontrolliert von Zeit zu Zeit ein Beamter vom Eichamt Waagen und Gewichtsstücke. Wie prüft er die Waage, wie die Gewichtsstücke?

34.1

> Wenn die Waage anzeigt, daß ein Stück Butter gleichviel wiegt wie 4 gleichgroße Eier, so sagen wir: Das **Gewicht** der Butter beträgt 4 Eiergewichte. Wir haben das Gewicht der Butter in der **Einheit** 1 Eiergewicht **gemessen**.

Beispiel:
Die Schüler der Wiesenschule haben bei einem Fernsehquiz gewonnen. Zur Belohnung wird der Schulleiter in Schokolade aufgewogen. Er wiegt soviel wie 750 Tafeln. Bei dieser Gewichtsangabe ist 750 die Maßzahl, 1 Tafelgewicht ist die Einheit.

Im Alltag verwendet man beim Wiegen stets dieselben Einheiten. Sie heißen 1 Milligramm, 1 Gramm, 1 Kilogramm, 1 Tonne. Ein Liter Wasser wiegt 1 Kilogramm.

>   1 **mg**   mg: **Milligramm**
> 1000 mg =   1 **g**   g: **Gramm**
>   1000 g =   1 **kg**   kg: **Kilogramm**
>   1000 kg = 1 **t**   t: **Tonne**
>
> **Merke:** Das 1000fache einer Einheit ergibt die nächstgrößere Einheit.

Beispiele:
a) Eine (volle) Tintenpatrone deines Füllers wiegt etwa 1 g; 1 Liter Milch wiegt etwa 1 kg; ein Mittelklasseauto wiegt etwa 1 t.
b) Iris soll für ihren Vater aus dem Schreibwarengeschäft nebenan ein Paket mit zehn 1000er-Packungen Büroklammern holen. Kann sie das Paket überhaupt tragen?
    10 Büroklammern wiegen etwa 5 g.
10 000 Büroklammern wiegen dann 5 g · 1000 = 5000 g = 5 kg.
Iris kann das etwa 5 kg schwere Paket wohl tragen.

③ a) Schreibe **in g** (Beispiel: 2 kg 400 g = 2000 g + 400 g = 2400 g):
3 kg; 17 kg; 6 t; 3 kg 500 g; 5 kg 40 g; 8 kg 5 g; 1 kg 12 g; 2 t 80 g; 4 kg 50 g.
b) Schreibe **in kg**: 6000 g; 250 000 g; 4 t; 7 t; 5000 g; 8 t 9 kg; 50 t; 50 000 g.
c) Schreibe **in t**: 5000 kg; 63 000 kg; 210 000 kg; 1 000 000 kg; 18 000 kg; 1000 kg.

4
Schreibe die folgenden Gewichtsangaben sowohl in g als auch in t.
(Beispiel: 5000 kg = 5 000 000 g = 5 t)
7000 kg; 15 000 kg; 310 000 kg; 1000 kg.

5
Es ist 2 kg 30 g = 2030 g. Gib die folgenden Gewichte entsprechend an
in g: 3 kg 100 g; 7 kg 30 g; 9 kg 5 g
in kg: 5 t 400 kg; 2 t 8 kg; 18 000 g
in t: 7000 kg; 1 000 000 g; 101 000 kg.

6
Rechne um
in g: 4 kg; 6000 mg; 2 kg 4000 mg
in mg: 3 g; 40 g; 500 g; 145 g; 2 kg 20 g
in kg: 7 t; 2000 g; 6 t 20 kg; 10 t 5 kg.

7
Schreibe mit möglichst kleiner Maßzahl
(Beispiel: 80 000 mg = 80 g):
4000 g; 30 000 kg; 15 000 mg; 60 000 g;
2 000 000 mg; 1 600 000 g; 12 000 kg.

8
Es ist 7500 g = 7 kg 500 g. Gib in entsprechender Weise an:
a) 2700 g; 4580 kg; 8213 g; 10 100 g;
15 345 kg; 2 850 480 g; 1 111 111 mg;
3048 mg; 90 090 kg; 122 114 g
b) 6523 kg; 7048 g; 6005 g; 5840 mg;
2040 g; 13 005 g; 38 520 mg; 46 300 g;
101 001 g; 8 635 427 mg; 101 010 g.

9
Ordne folgende Gewichte der Größe nach
(Beispiel: 850 g < 1 kg 50 g < 2020 g).
8520 g; 3050 kg; 2 t 500 kg; 13 kg;
5870 g; 1 g 10 mg; 1 kg 8 g; 180 mg;
380 g; 4730 kg; 1080 g; 3 kg 55 g.

10
Kurt hat für seine Spielzeugwaage farbige Gewichtsstücke. Ein blaues wiegt soviel wie 2 rote, ein grünes soviel wie ein blaues und ein rotes zusammen, ein schwarzes soviel wie ein grünes und ein blaues zusammen. Vergleiche die Gewichte der verschiedenfarbigen Gewichtsstücke.

11
Stelle mit den Gewichtsstücken in Fig. 35.1 folgende Gewichte zusammen:
(Beispiel: 800 g = 500 g + 200 g + 100 g).
128 g; 340 g; 498 g; 1768 g; 603 g;
1 kg 7 g; 956 g; 2109 g; 1 kg 999 g.

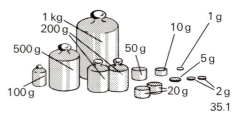
35.1

12
Von 5 Kugeln, die sich im Aussehen vollkommen gleichen, wiegen 4 gleichviel; eine Kugel wiegt etwas weniger. Wie kann man durch zweimaliges Wiegen mit einer Waage wie in Fig. 35.2 diese Kugel finden?

13
In Fig. 35.2 siehst du rechts eine gefüllte, links 3 leere Milchflaschen.

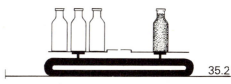
35.2

a) Vergleiche das Gewicht einer leeren Flasche mit dem Gewicht der Milch.
b) Wieviel wiegt die Milch, wenn die gefüllte Flasche 1 kg 200 g wiegt?

14
In Fig. 35.3 stehen links 2 gleiche Flaschen, rechts 3 gleiche Milchdosen.

35.3

a) Wohin neigt sich die Waage, wenn man 1 Flasche und 1 Dose wegnimmt?
b) Links befindet sich nun 1 Flasche, rechts 2 Dosen. Wohin neigt sich die Waage, wenn man links eine Dose zufügt?

16 Gewichte im Alltag

① Darf ein Lastwagen mit 3 t Leergewicht, der 60 Säcke Zement mit je 50 kg geladen hat, beim Schild in Fig. 36.1 weiterfahren?

② Im Anzeigenteil einer Tageszeitung wird ein neues Waschmittel in 1-kg-Paketen und als Großpackung mit 3,5 kg Inhalt angeboten (Fig. 36.2). Das kleine Paket kostet 4 DM, das große 10 DM. Wieviel sparst du, wenn du statt kleiner Pakete zwei Großpakete kaufst?

36.1

36.2

Um für uns ungewohnte große Zahlen zu vermeiden, geben wir Gewichte wie 3250 kg mit Hilfe eines Kommas an: 3250 kg = 3,250 t. Hier gibt die Ziffer 3 vor dem Komma an, wie viele ganze Tonnen in dem Gewicht enthalten sind.

Kommaschreibweise bei Gewichten

2 t 379 kg 500 g = 2 3 7 9 , 5 0 0   kg (Angabe in Kilogramm)
              = 2 , 3 7 9 5 0 0   t (Angabe in Tonnen)

Beispiele:
a) 15 300 g = 15,3 kg   b) 250 g = 0,25 kg   c) 4,05 t = 4050 kg   d) 0,08 kg = 80 g

③ Gib die folgenden Gewichte zunächst in kg, danach auch in g und t an.
a) 2 t 500 kg   b) 4 t 50 kg

Im Alltag kommen auch Bruchteile der üblichen Gewichtseinheiten vor wie „ein halbes Kilogramm" (geschrieben: $\frac{1}{2}$ kg) oder „dreiviertel Tonnen" ($\frac{3}{4}$ t; Fig. 36.3).

36.3

Teilt man 1 kg in 4 gleiche Teile, so heißt jeder Teil $\frac{1}{4}$ kg; es ist also $\frac{1}{4}$ kg = 250 g.
3 solche Teile ergeben das Gewicht $\frac{3}{4}$ kg; es ist also $\frac{3}{4}$ kg = 750 g.

Beispiele:
a) $\frac{2}{5}$ kg = 400 g   b) 0,5 kg + $\frac{3}{4}$ kg = 500 g + 750 g = 1250 g = 1 kg + $\frac{1}{4}$ kg = $1\frac{1}{4}$ kg.

④ a) Gib mit natürlichen Zahlen als Maßzahlen an: $\frac{1}{5}$ kg; $2\frac{1}{4}$ kg; $2\frac{3}{4}$ g; $1\frac{3}{5}$ t; $3\frac{1}{2}$ kg; $4\frac{3}{4}$ kg.
b) Gib als Bruchteil der nächstgrößeren Einheit an: 750 g; 400 kg; 500 mg; 250 g.

5
Schreibe die folgenden Gewichte ohne Komma (Beispiel: 3,5 t = 3500 kg).
a) 2,4 t; 3,6 kg; 0,5 t; 0,3 kg; 1,2 g; 1,05 t; 2,08 kg; 0,005 t; 2,09 kg; 3,005 t
b) 13,8 t; 230,5 t; 0,035 kg; 1,008 g; 4,702 kg; 5,5 g; 0,075 kg; 0,0005 kg.

6
Schreibe mit Komma
a) **in kg:** 1500 g; 2850 g; 3200 g; 17 500 g; 500 g; 250 g; 750 g; 200 g
b) **in t:** 4050 kg; 3005 kg; 500 kg; 20 kg; 5 kg; 3000 g; 60 000 g; 107 kg
c) **in g:** 4000 mg; 25 000 mg; 500 mg; 80 mg; 2 mg; 15 250 mg; 50 060 mg.

7
Gib in kg an:
a) 3 t; 2,5 t; 4,08 t; 25 000 g; 0,4 t; 4 t 680 kg; 5 kg 600 g; 1 kg 20 g; 4 g
b) 3000 mg; 50 mg; 70 g; 3 g 8 mg; 5 mg
c) 3 kg 50 g; 10 kg 200 g; 50 g.

8
Gib in t an:
5000 kg; 5600 kg; 800 kg; 50 kg; 8 kg; 45 kg; 38 kg; 20 t 500 kg; 3 t 450 kg; 500 kg; 3050 kg; 10 kg; 2 t 10 kg.

9
Gib mit natürlichen Maßzahlen an:
a) $\frac{1}{2}$ kg; $\frac{1}{4}$ kg; $\frac{3}{4}$ kg; $\frac{1}{2}$ t; $\frac{3}{4}$ t; $\frac{3}{5}$ t; $\frac{1}{2}$ g
b) $1\frac{1}{4}$ kg; $2\frac{1}{2}$ t; $3\frac{3}{4}$ kg; $4\frac{1}{2}$ g; $6\frac{1}{2}$ t; $5\frac{1}{5}$ t
c) $\frac{1}{4}$ g; $\frac{1}{5}$ kg; $\frac{3}{5}$ kg; $\frac{7}{10}$ t; $1\frac{1}{2}$ kg; $2\frac{3}{4}$ kg.

10
Schreibe mit Komma.
a) **in kg:** $\frac{1}{2}$ kg; $\frac{3}{4}$ kg; $2\frac{1}{2}$ kg; $3\frac{1}{4}$ kg; $\frac{3}{5}$ kg; $\frac{1}{10}$ kg; $5\frac{1}{2}$ kg; $1\frac{1}{2}$ kg; $2\frac{4}{5}$ kg; $7\frac{3}{5}$ kg; $2\frac{1}{4}$ kg; $\frac{3}{5}$ kg
b) **in t:** $2\frac{1}{2}$ t; $3\frac{1}{4}$ t; $1\frac{3}{4}$ t; $\frac{4}{5}$ t; $\frac{3}{4}$ t; $\frac{1}{5}$ t; $4\frac{1}{5}$ t; $2\frac{3}{5}$ t; $2\frac{3}{4}$ t; $1\frac{1}{10}$ t; $1\frac{2}{5}$ t; $\frac{3}{10}$ t; $4\frac{1}{2}$ t; $\frac{5}{10}$ t; $\frac{9}{10}$ t.

11
Schreibe die folgenden Gewichtsangaben als Bruchteile von 1 kg.
(Beispiel: 500 g = $\frac{1}{2}$ kg)
250 g; 750 g; 200 g; 400 g; 800 g; 100 g; 300 g; 600 g; 900 g; 700 g; 50 g; 150 g; 350 g; 450 g; 20 g; 25 g.

12
Ordne die folgenden Gewichte der Größe nach (Beispiel: 70 g < $\frac{1}{2}$ kg < 0,8 kg).
a) 1,6 kg; 0,9 kg; 2,1 kg; 1,05 kg; 0,09 kg
b) 0,05 t; 55 kg; 5500 g; 0,5 kg; 5,05 kg
c) $2\frac{1}{2}$ kg; $\frac{1}{5}$ kg; $\frac{1}{5}$ t; 2,55 kg; $\frac{3}{4}$ kg; 2 kg 80 g.

13
a) 3 kg + 1,5 kg; 2,3 kg + 4,2 kg; 1 t + 0,5 t
b) 0,8 t + 0,5 t; 1,7 t + 0,9 t; 0,4 t + 0,8 t
c) $\frac{1}{2}$ kg + 0,8 kg; $\frac{3}{4}$ t + 50 kg; $\frac{1}{4}$ kg + 1,8 kg.

14
Jochen kauft ein: 2,5 kg Kartoffeln, 1 Beutel Orangen mit 1,5 kg; 2 Stücke Butter mit je 250 g; 200 g Wurst; $\frac{1}{2}$ kg Zucker und eine 100-g-Tafel Schokolade. Wieviel hat er zu tragen?

15
Im Kraftfahrzeugbrief eines Autos steht: Leergewicht 1100 kg; zulässiges Gesamtgewicht 1550 kg. Auf einer Ferienreise ist das Auto mit zwei Erwachsenen (80 kg und 65 kg) und zwei Kindern (45 kg und 30 kg) besetzt. Im Tank sind 50 Liter Benzin, sie wiegen 38 kg. Wieviel darf an Gepäck noch zugeladen werden?

16
Peter wiegt 41,5 kg; Karin 36,6 kg; Ruth 41,2 kg; Kurt 42,8 kg; Ilse 44,5 kg; Lars 46,1 kg.
1976 wurde der Weltrekord im Superschwergewicht beim Gewichtheben (Stoßen) auf 255 kg verbessert. Vergleiche.

37.1

17 Messen mit der Uhr

① Die Klasse 5b spielt in der Pause Versteckspiel. Hans muß suchen. Er zählt bis 20. Weshalb muß er zählen?

② Beim Schiffschaukeln (Fig. 38.1) meint Jan zu beobachten, daß sein Schiff immer früher gestoppt wird als das von Peter. Leider hat er keine Uhr. Wie kann er den Verdacht überprüfen, auch wenn er und Peter nicht gleichzeitig beginnen?

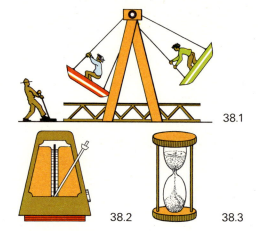

38.1

Beim Musizieren ist es wichtig, daß man im Takt bleibt. Anfangs nimmt man deshalb ein Metronom (Taktgeber; Fig. 38.2) zu Hilfe; es tickt gleichmäßig bei jeder Hin- und Herbewegung des Zeigers.

38.2   38.3

Wenn Tina sagt, sie habe genau 10 Schläge lang gespielt, so gibt sie die Dauer ihres Spiels mit Hilfe der Zeitdauer zwischen zwei Schlägen des Metronoms (Schlagdauer) an. Sie **mißt** die **Zeitdauer** ihres Spiels in der **Einheit** 1 Schlagdauer.

Beispiel:
Zum Messen der Zeit beim Eierkochen werden oft Sanduhren verwendet (Fig. 38.3). Einheit bei dieser Zeitmessung ist die Zeitdauer, bis der Sand vom oberen Teil des Glasgefäßes in den unteren gerieselt ist.

Im allgemeinen prüfen wir mit einer Uhr, wie lange etwas dauert. Die meisten Uhren (Fig. 38.4) haben einen Sekunden-, Minuten- und einen Stundenzeiger. Beim Sekundenzeiger dauert ein Umlauf 1 Minute, beim Minutenzeiger 1 Stunde.

38.4

1 **s**	s: **Sekunde**
60 s = 1 **min**	min: **Minute**
60 min = 1 **h**	h: **Stunde**
24 h = 1 **d**	d: **Tag**

Beispiele:
a) Wenn du das Wort „einundzwanzig" laut und deutlich aussprichst, so dauert dies etwa 1 Sekunde. Zählen von 1 bis 100 dauert etwa 1 Minute.
b) 1 h 15 min = 60 min + 15 min = 75 min   c) 150 s = 120 s + 30 s = 2 min 30 s

③ Gib in h, min und s an (Beispiel: 75 min = 1 h 15 min): 90 min; 120 min; 1 h 70 min; 220 min; 80 s; 100 s; 2 min 90 s; 400 s; 500 min; 4 h 130 min; 124 min; 158 s.

4
Schreibe in h und in s.
(Beispiel: 60 min = 1 h = 3600 s).
120 min; 300 min; 600 min; 180 min; 240 min; 540 min; 720 min; 960 min.

5
Rechne um
a) **in d:** 48 h; 96 h; 1440 h; 192 h
b) **in h:** 8 d; 120 min; 720 min; 360 min
c) **in min:** 3 h; 5 h; 180 s; 600 s; 10 h
d) **in s:** 5 min; 1 h; 10 min; 3 min; 3 h.

6
Schreibe in der kleineren Einheit.
(Beispiel: 1 h 12 min = 72 min)
a) 2 h 20 min; 4 h 8 min; 6 h 40 min; 5 min 30 s; 10 min 7 s; 2 d 5 h; 8 d 7 h
b) 2 h 8 min 40 s; 5 d 10 h 20 min; 4 d 1 h; 3 h 10 s; 1 h 1 min 1 s.

7
Gib mit möglichst kleinen Maßzahlen an.
(Beispiel: 90 min = 1 h 30 min)
a) 100 s; 80 min; 30 h; 50 h; 100 min; 84 min; 72 s; 36 h; 64 min; 250 s
b) 300 s; 253 min; 50 h; 120 h; 480 s; 90 h; 75 s; 70 min 80 s; 250 h 90 min
c) 100 h 99 min; 1 d 24 h 61 s.

8
Ordne der Größe nach.
(Beispiel: 240 min < 7 h 30 min < 1 d)
a) 70 s; 1 min; 2 min 10 s; 1 min 20 s
b) 90 h; 3 d; 2 d 15 h; 1500 min; 12 h
c) 12 500 s; 2 d 10 min; 444 min.

9
Es ist 1 min 45 s + 2 min 30 s = 3 min 75 s = 4 min 15 s. Berechne entsprechend:
a) 40 min + 30 min; 52 s + 18 s; 27 min + 48 min; 18 h + 12 h; 35 s + 40 s
b) 1 h 40 min + 40 min; 2 h 50 min + 1 h 40 min; 30 min 50 s + 45 min 20 s.

10
Berechne wie in Aufgabe 9.
a) 3 min 40 s + 2 min 50 s + 5 min 30 s
b) 4 h 30 min + 8 h 40 min + 15 h 50 min
c) 2 d 6 h + 5 d 8 h + 9 d 10 h + 5 d 8 h.

11
Für einen Schulausflug gibt der Klassenlehrer folgendes Programm bekannt:
40 Minuten Anreise; 2 Stunden Wanderung; 1 Stunde Mittagessen; 2 Stunden 45 Minuten zur freien Verfügung; 30 Minuten Wanderung; 40 Minuten Rückfahrt.
Wie lange ist die Klasse unterwegs?

12
Otto fährt täglich mit dem Fahrrad zur Schule. In der ersten Woche fährt er durch die verkehrsreiche Hauptstraße und stoppt von Montag bis Samstag folgende Zeiten: 20 min; 25 min; 23 min; 18 min; 22 min; 18 min. In der nächsten Woche benutzt er eine weniger befahrene Nebenstraße und stoppt folgende Zeiten: 21 min; 18 min; 23 min; 20 min; 16 min; 16 min. Braucht Otto auf beiden Wegen im Durchschnitt gleichlang, um zur Schule zu kommen?

13
Die unterbrochenen weißen Striche auf der Autobahn sind gleichlang wie die Zwischenräume. Fritz stoppt vom Anfang des ersten bis zum Ende des fünften weißen Striches 3 Sekunden. An wie vielen Strichen fährt er in einer Minute vorbei?

14
Ein Fallschirmspringer steigt in 800 m Höhe aus dem Flugzeug aus. Nach 10 s öffnet er den Fallschirm; er fällt dann nur noch 5 m je Sekunde. 80 s nach dem Absprung landet er. Wie lang ist die Strecke, die er ohne geöffneten Schirm gefallen ist?

15
Wie oft läuft der Sekundenzeiger einer Uhr zwischen 12.00 Uhr und 13.00 Uhr über den Stundenzeiger (über den Minutenzeiger) hinweg?

16
Bei einem Radrennen kam A 4 min vor B, C 3 min vor B und D 3 min nach A ins Ziel. In welcher Reihenfolge und mit welchen zeitlichen Abständen gingen die vier Fahrer durchs Ziel?

18 Zeitangaben im Alltag

① Daniels Armbanduhr zeigt 11 Uhr. Sie geht 3 Minuten nach. Wie spät ist es in Wirklichkeit? Welche Zeit zeigt die Uhr, wenn es nach Radiozeit 12 Uhr ist?

② Ingo ist vor Spielbeginn im Fußballstadion. Es fällt ihm auf, daß über der Tribüne zwei Uhren angebracht sind (Fig. 40.1).
a) Welchem Zweck dienen die Uhren?
b) Fig. 40.2 zeigt die Uhren gegen Ende der ersten Halbzeit. Wie lange dauert es noch bis zur Pause? Wann hat das Spiel begonnen?

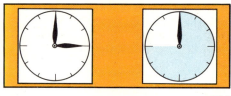

40.1

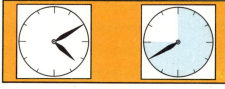

40.2

Wenn du fragst „Wann beginnt das Spiel?", so fragst du nach der Uhrzeit (nach einem Zeitpunkt); die Antwort lautet z.B. „Um 15 Uhr 30" (geschrieben: 15.30 Uhr).
Wenn du fragst „Wie lange dauert das Spiel ohne Pause?", so fragst du nach der Zeitdauer; die Antwort lautet z.B. „1 Stunde 30 Minuten" (geschrieben: 1 h 30 min).

> Die Armbanduhr zeigt die **Uhrzeit** an. Zeigt sie z.B. 9.30 Uhr, so ist seit Mitternacht (0.00 Uhr) die **Zeitdauer** 9 h 30 min vergangen.

Beispiele:
a) Anfang: 8.15 Uhr   8.45 Uhr   11.15 Uhr   17.45 Uhr   1.30 Uhr
   Ende: 8.45 Uhr   9.30 Uhr   14.30 Uhr   23.30 Uhr   19.45 Uhr
   Zeitdauer: 30 min   45 min   3 h 15 min   5 h 45 min   18 h 15 min
b) Um die Zeitdauer von 8.45 Uhr bis 11.15 Uhr zu bestimmen, rechnen wir:
11 h 15 min − 8 h 45 min = 10 h 75 min − 8 h 45 min = 2 h 30 min.

Im Alltag gibt man die Zeitdauer oft auch als Bruchteil einer Stunde, eines Tages oder einer Minute an, z.B. wenn man von „einer halben Stunde" spricht.

> Die Zeitdauer 15 min nennen wir auch eine **viertel Stunde** (geschrieben: $\frac{1}{4}$ h), 30 min eine **halbe Stunde** ($\frac{1}{2}$ h), 45 min eine **dreiviertel Stunde** ($\frac{3}{4}$ h).

Beispiele:
a) $\frac{1}{2}$ min = 30 s; $\frac{3}{4}$ min = 45 s; $\frac{1}{2}$ d = 12 h; $\frac{1}{4}$ d = 6 h; $\frac{3}{4}$ d = 18 h; $1\frac{1}{2}$ h = 1 h 30 min
b) $\frac{3}{4}$ h + 20 min = 45 min + 20 min = 65 min = 1 h 5 min.

③ Berechne die Zeitdauer zwischen Anfang und Ende.
   Anfang   a) 7.20 Uhr   b) 10.45 Uhr   c) 16.25 Uhr   d) 21.05 Uhr
   Ende   8.05 Uhr   12.10 Uhr   18.15 Uhr   23.40 Uhr

4
Übertrage die folgende Tabelle ins Heft und ergänze sie an den Stellen*.
Beginn   9.18 Uhr   12.17 Uhr   *
Ende   10.04 Uhr   *   14.35 Uhr
Dauer   *   50 min   1 h 32 min

5
Berechne die Zeitdauer
a) von 6.15 Uhr bis 8.24 Uhr; von 8.32 Uhr bis 10.44 Uhr; von 9.34 Uhr bis 11.00 Uhr; von 12.24 bis 14.15 Uhr
b) von 7.53 Uhr bis 9.14 Uhr; von 6.45 Uhr bis 10.31 Uhr; von 5.22 Uhr bis 11.11 Uhr; von 16.41 Uhr bis 21.23 Uhr.

6
Wie spät ist es
a) 25 min nach 14.11 Uhr; 37 min nach 5.13 Uhr; 37 min nach 11.42 Uhr
b) 1 h 30 min nach 9.45 Uhr; 2 h 25 min nach 10.52 Uhr; 6 h 14 min nach 7.53 Uhr; 3 h nach 0.54 Uhr; 2 h 26 min nach 17.52 Uhr; 1 h 12 min nach 9.53 Uhr?

7
Eine Uhr zeigt 9.40 Uhr. Welche Uhrzeit zeigt sie nach einer halben Stunde (nach $\frac{1}{4}$ h; nach $\frac{3}{4}$ h; nach $2\frac{1}{2}$ h; nach $1\frac{1}{2}$ d)?

8
Der Unterricht beginnt 7.45 Uhr. Eine Schulstunde dauert 45 min. Nach der 2. Stunde ist 20 min Pause, nach der 1. und 3. Stunde je 5 min.
a) Wann endet die 4. Stunde?
b) Frau Meyer möchte ihrem Sohn die vergessenen Turnschuhe in der großen Pause bringen. Wann muß sie kommen?

9
Auszug aus dem Fahrplan zweier Züge.

		D 514	E 2364
München	ab:	9.45	1.15
Stuttgart	an:	12.11	5.13

a) Vergleiche die Fahrtdauer beider Züge.
b) Wann würde ein E-Zug, der um 9.45 Uhr in München abfährt, in Stuttgart ankommen?

10
Fig. 41.1 zeigt einen Ausschnitt aus einem Kursbuch der Deutschen Bundesbahn.

41.1 Zug Nr		IC 570	E 3148	IC 108	3460
Basel SBB E 6.E 7.F 1	ab	9.08	...	10.08	...
Basel Bad Bf	an	9.13		10.13	...
Basel Bad Bf	ab	9.14		10.14	...
Weil (Rhein)		↓		↓	...
Müllheim (Baden)	an				...
Müllheim (Baden)	ab				...
Bad Krozingen					...
Freiburg (Brsg) Hbf	an	9.48		10.48	...
Freiburg (Brsg) Hbf	ab	9.50	9.54	10.53	11.05
Emmendingen		↓	10.04	11.02	11.19
Riegel					11.26
Kenzingen					11.30
Herbolzheim (Brsg)					11.33
Lahr (Schwarzw)			10.22	11.17	11.46
Offenburg	an	10.18	10.33	11.27	11.57

a) Wie lange brauchen die Züge Nr. 570 und Nr. 108 von Basel SBB bis Offenburg?
b) Du fährst mit dem Zug um 9.08 Uhr (10.08 Uhr) von Basel SBB ab nach Emmendingen. Wo mußt du umsteigen? Wieviel Zeit hast du dazu? Wie lange bist du unterwegs?

11
Wenn es bei uns 13 Uhr ist, ist es in San Francisco erst 4 Uhr, in Tokio schon 21 Uhr.
a) Wie spät ist es in San Francisco (in Tokio), wenn es bei uns 9 Uhr ist?
b) Wie spät ist es bei uns, wenn die Uhren in San Francisco 20 Uhr zeigen? Wie spät ist es dann in Tokio?

12
Wenn es bei uns 12 Uhr ist, so ist es in New York erst 6 Uhr.
a) Ein Flugzeug startet in Frankfurt/M. um 10 Uhr und landet nach einem Flug von 7 Stunden in New York. Welche Uhrzeit zeigen die Uhren in New York bei der Landung?
b) Ein Flugzeug startet in Frankfurt/M. um 8.42 Uhr und landet in New York um 9.12 Uhr Ortszeit. Wie lange war die Maschine unterwegs?

41.2

19 Vom Geld

① Udo und Uwe tauschen Briefmarken. Für eine Vogel-Marke (Fig. 42.1) gibt Udo 3 Pferde-Marken, für eine Schmetterling-Marke 2 Vogel-Marken. Welchen Tauschwert hat eine Schmetterling-Marke gegenüber einer Pferde-Marke?

② Uwe ist auch damit einverstanden, daß Udo die Marken mit Geld bezahlt. Sie vereinbaren, daß eine Pferde-Marke 60 Pf wert ist. Welchen Geldwert hat eine Vogel-Marke (Schmetterling-Marke)?

Im Kaufhaus haben viele Waren Aufkleber, aus denen zu ersehen ist, was sie kosten. Am Preis erkennen wir den Wert einer Ware.

42.1

> Der **Wert** einer Ware wird in Geldwerten angegeben. Die **Einheit** ist in der Bundesrepublik Deutschland **1 DM (Deutsche Mark)** oder **1 Pf (Pfennig)**. 1 DM = 100 Pf.

Beispiel:
In einer Schaufensterauslage steht bei einer Tube Zahnpasta ein Schildchen mit der Aufschrift 1,80 DM; sie kostet also 1 DM 80 Pf. Die Haarbürste daneben kostet 3,60 DM, also 3 DM 60 Pf; ihr Wert entspricht dem von zwei Tuben Zahnpasta.

Jedes Land hat sein eigenes Geld. Die Grundeinheit des Geldes ist z. B. in

| England: 1 Pfund | Holland: 1 Gulden | Österreich: 1 Schilling | UdSSR: 1 Rubel |
| Frankreich: 1 Franc | Italien: 1 Lira | Schweiz: 1 Franken | USA: 1 Dollar |

Vor einer Reise ins Ausland wechseln deine Eltern auf der Bank DM um in ausländisches Geld (Hintausch). Wenn sie nicht alles ausländische Geld ausgeben, so wechseln sie den Rest nach der Reise wieder um in DM (Rücktausch). Fig. 42.2 zeigt, daß der „Wechselkurs" beim Hintausch günstiger ist als beim Rücktausch.

Land	Hintausch		Rücktausch	am 31.5.1978
England	100 DM →	25,38 Pfund	→ 95,43 DM	
Frankreich	100 DM →	213,90 Francs	→ 99,19 DM	
Holland	100 DM →	105,54 Gulden	→ 97,62 DM	
Italien	100 DM →	40 160,64 Lire	→ 93,68 DM	
Österreich	100 DM →	711,74 Schilling	→ 98,29 DM	
Schweiz	100 DM →	89,49 Franken	→ 97,32 DM	
UdSSR	100 DM →	166,67 Rubel	→ 75,00 DM	
USA	100 DM →	46,51 Dollar	→ 95,81 DM	42.2

Beispiel:
Uschi möchte im Schüleraustausch nach England. Sie wechselt auf der Bank 100 DM um in englisches Geld. Sie erhält dafür 25,38 Pfund. Wenn Uschis englische Partnerin Mary am gleichen Tag in Deutschland eintrifft, so erhält sie auf der Bank für 25,38 Pfund nicht 100 DM, sondern nur 95,43 DM. – Beachte: Der Wechselkurs kann sich von Tag zu Tag ändern; in Fig. 42.2 ist deshalb das Datum angegeben.

③ Gib die folgenden Geldbeträge (mit Hilfe eines Kommas) in DM an.
a) 2 DM 45 Pf   b) 8 DM 5 Pf   c) 130 Pf   d) 50 Pf   e) 2510 Pf   f) 5 Pf

4
Schreibe in Pf. (Beispiel: 2 DM = 200 Pf)
a) 3 DM; 10 DM; 17 DM; 20 DM; 50 DM
b) 1 DM 50 Pf; 3 DM 10 Pf; 9 DM 5 Pf; 5 DM 2 Pf; 13 DM 50 Pf; 50 DM 5 Pf
c) 1,50 DM; 2,75 DM; 15,70 DM; 25,40 DM; 0,25 DM; 0,62 DM; 0,05 DM.

5
Gib in DM an. (Beispiel: 400 Pf = 4 DM)
a) 200 Pf; 500 Pf; 1000 Pf; 2500 Pf; 350 Pf; 5500 Pf; 800 Pf; 7000 Pf
b) 3 DM 40 Pf; 5 DM 10 Pf; 14 DM 15 Pf; 2 DM 5 Pf; 37 DM 35 Pf; 100 DM 5 Pf
c) 85 Pf; 73 Pf; 45 Pf; 15 Pf; 5 Pf; 7 Pf; 1 Pf; 125 Pf; 368 Pf; 405 Pf; 201 Pf; 1250 Pf; 2405 Pf; 18 Pf

6
Berechne in DM und Pf (Beispiel: 5 DM 80 Pf + 3 DM 40 Pf = 9 DM 20 Pf).
a) 2 DM 30 Pf + 5 DM 5 Pf; 4 DM 2 Pf + 6 DM 5 Pf; 5 DM 75 Pf + 2 DM 5 Pf; 2 DM 25 Pf + 11 DM 90 Pf; 3 DM 85 Pf + 1 DM 7 Pf; 14 DM 5 Pf + 3 DM 95 Pf
b) 5 DM 5 Pf + 6 DM 88 Pf; 7 DM 4 Pf + 4 DM 9 Pf; 33 DM 70 Pf + 12 DM 45 Pf; 8 DM 35 Pf + 80 Pf; 9 DM 65 Pf + 95 Pf.

7
Gib in DM an (Beispiel: 1,80 DM + 0,90 DM = 2,70 DM).
a) 3,50 DM + 2,25 DM; 15,75 DM + 12,25 DM; 4,80 DM + 3,45 DM; 0,95 DM + 0,35 DM; 5,65 DM + 80 Pf
b) 2,85 DM + 3 DM 60 Pf; 7 DM 2 Pf + 6,90 DM; 3,45 DM + 37 DM 75 Pf.

8
Berechne wie in Aufgabe 7.
85 Pf + 1,50 DM + 70 Pf + 3 DM 25 Pf; 45 Pf + 60 Pf + 1,20 DM + 14,75 DM; 6,25 DM + 5,30 DM + 8 DM 45 Pf + 75 Pf + 0,55 DM + 2,95 DM.

9
a) Wie viele Pfennige sind $\frac{1}{2}$ DM; $\frac{1}{4}$ DM; $\frac{3}{4}$ DM; $2\frac{1}{2}$ DM; $5\frac{1}{4}$ DM; $2\frac{3}{4}$ DM?
b) Schreibe die in a) genannten Geldbeträge mit Komma.

10
Ordne die folgenden Geldbeträge der Größe nach:
2,80 DM; $2\frac{3}{4}$ DM; 2 DM 90 Pf; 3 DM 20 Pf; 3,02 DM; $2\frac{1}{2}$ DM; 305 Pf; 2,95 DM; 4,03 DM; $3\frac{3}{4}$ DM; 478 Pf; 4 DM 1 Pf.

11
Ein Heft kostet 40 Pf, ein Notizblock 2,50 DM, ein Bleistift 50 Pf und ein Radiergummi 60 Pf. Ilse kauft 3 Hefte, einen Notizblock, 2 Bleistifte und einen Radiergummi. Wieviel muß sie bezahlen? Sie bezahlt mit einem 10-DM-Schein. Wieviel Geld erhält sie zurück?

12
Herr Weiß braucht für eine Reise nach Frankreich 200 Francs. In der Schalterhalle einer Bank entnimmt er einer Tabelle, daß er 45 Pf für 1 Franc bezahlen muß. Herr Weiß reicht dem Bankangestellten einen 100-DM-Schein.
a) Wieviel DM bekommt Herr Weiß zurück?
b) Wie viele (ganze) Francs würde Herr Weiß für 100 DM bekommen? Wieviel Pf würden übrigbleiben?

13
Frau Schnell holt für eine Wochenendfahrt nach Frankreich 300 Francs. Für 1 Franc muß sie 45 Pf bezahlen. Eine Woche später bringt sie 120 Francs, die sie nicht verbraucht hat, zurück. Die Bank bezahlt 42 Pf für 1 Franc.
Wieviel Geld hätte Frau Schnell sparen können, wenn sie nur die tatsächlich benötigten 180 Francs von der Bank geholt hätte?

14
Hein soll seinem Vater für 5 DM sowohl 60er- als auch 50er- Sonderbriefmarken mitbringen.
a) Wie viele Marken jeder Sorte muß er kaufen, damit diese gerade 5 DM kosten?
b) Wie muß er einkaufen, wenn von den 60er-Marken nur Wohlfahrtsmarken mit 30 Pf Aufschlag vorrätig sind?

20 Vermischte Aufgaben

1
Bei den Bundesjugendspielen erhalten 10jährige im Hochsprung für 87 cm Höhe 44 Punkte; für jeden weiteren cm gibt es zwei Punkte dazu (Fig. 44.1).
a) Stelle für die Höhen von 87 cm bis 95 cm eine Tabelle auf, in der man zu jeder Höhe die Punktzahl ablesen kann.
b) Wie viele Punkte erhält man für 92 cm (für 95 cm; für 1 m 10 cm)?
c) Rainer möchte im Hochsprung 100 Punkte erzielen. Wie hoch muß er springen?

2
Ein Heim kauft Stühle zu je 48 DM.
a) Schreibe in einer Tabelle auf, wieviel 2, 3, ..., 10 Stühle kosten.
b) Beim Räumungsverkauf erhält man zu je 3 Stühlen einen vierten kostenlos dazu. Lege eine Tabelle an wie in a). Vergleiche die Kosten für 10 Stühle im normalen Verkauf und im Räumungsverkauf.

3
In einer Zeitung steht: Am vergangenen Sonntag ereignete sich auf den Straßen des Landes alle 2 Minuten ein Unfall. Wie viele Unfälle wurden an diesem Tag gezählt?

4
Auszug aus einem Omnibusfahrplan:

km		Fahrt Nr. 7348	
0,0	Oberberg	ab	5.25
4,0	Mühlen		5.31
10,0	Taldorf		5.40
19,0	Bergen		5.54
24,0	Birkheim	an	6.00

a) 1 km Fahrt kostet 14 Pf. Berechne den Fahrpreis zwischen je zwei der angegebenen Orte. Beachte: Der Fahrpreis wird auf ganze 10-Pf-Beträge aufgerundet; der Fahrer verlangt 60 Pf statt 56 Pf; 90 Pf statt 84 Pf, 50 Pf statt 42 Pf (warum?).
b) Wie weit gelangt der Omnibus in einer Stunde, wenn er die zwischen Oberberg und Taldorf eingehaltene Geschwindigkeit auch weiterhin beibehält?

44.1

5
a) Lies aus Fig. 44.2 die Höhen der einzelnen Berge ab.

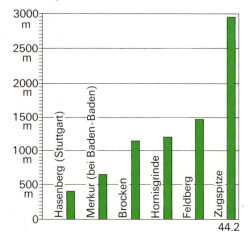
44.2

b) Die Elbe ist 1200 km, der Rhein 1300 km, die Donau 2900 km, die Oder 900 km, die Weser 700 km lang. Veranschauliche die Längen wie in Fig. 44.2. (Anleitung: 1 cm soll 200 km Flußlänge entsprechen.)

6
a) Veranschauliche die Höhe der folgenden Bauwerke wie in Fig. 44.2.
(Anleitung: Überlege, welche Höhe der Länge 1 cm entsprechen soll.) Kölner Dom 160 m; Eiffelturm (Paris) 318 m; Fernsehturm (Stuttgart) 210 m; Ulmer Münster 161 m; Cheopspyramide 137 m.
b) Veranschauliche wie in Fig. 44.2: 2 h; 4 h; 3 h 30 min; 2 h 15 min; 90 min.

7
Fig. 45.1 zeigt eine Anzeige in einer Tageszeitung.

a) Wieviel spart eine Hausfrau, wenn sie die Kartoffeln nicht kg-weise kauft, sondern im 5-kg- (10-kg-; 15-kg-; 20-kg-) Beutel?
b) Wie teuer ist 1 kg Kartoffeln im 1-kg- (5-kg-; 10-kg-; 15-kg-; 20-kg) Beutel?

8
a) Ein Schwarz-weiß-Film kostet im Geschäft nebenan 3,50 DM. Schreibe in einer Tabelle auf, wieviel 2, 3, …, 10 Filme kosten. Veranschauliche das Ergebnis wie in Fig. 44.2 (1 DM sollen 5 mm entsprechen).
b) Im Versandhaus kostet derselbe Film nur 3 DM. Allerdings muß man hier noch 2 DM für Porto bezahlen. Trage die Kosten für 2, 3, …, 10 Filme (einschließlich Porto) in die bereits vorhandene Zeichnung mit anderer Farbe ein. Von welcher Stückzahl ab ist der Kauf im Versandhaus günstiger?

9
Ein Gärtnermeister und seine beiden Gehilfen legen einen Garten an. Sie arbeiten am Montag von 7.30 Uhr bis 12.00 Uhr und von 13.00 Uhr bis 17.00 Uhr, am Dienstag von 8.45 Uhr bis 12.30 Uhr und von 13.30 Uhr bis 15.45 Uhr.
Der Meister berechnet bei sich 28 DM und bei jedem Gehilfen 16 DM für eine Arbeitsstunde. Wieviel ist an Arbeitslohn zu bezahlen?

10
In Fig. 45.2 ist ein Eisenbahnnetz dargestellt, das von drei Zügen (rot, grün, blau) befahren wird. Die Fahrzeiten für die Teilstrecken sind angegeben. Alle drei Züge fahren in A gleichzeitig ab. Auf den kleinen Stationen hat jeder Zug 5 min Aufenthalt. In B müssen Fahrgäste umsteigen; die Züge dürfen deshalb erst 5 min nach Ankunft des langsamsten Zuges weiterfahren.

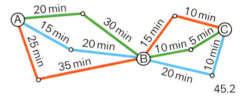

a) Welcher Zug ist als erster in B (in C)?
b) Wie lange braucht der rote Zug (der grüne Zug) von A bis C?
c) Der blaue Zug fährt in A um 8.30 Uhr ab. Wann kommt er in C an, wenn der rote Zug mit 8 min Verspätung in B eintrifft?

11
Eine Luftfahrtgesellschaft brachte in der Zeitung folgende Anzeige (Fig. 45.3).

a) Wie ist es möglich, daß die Maschine „früher" ankommt als sie startet?
b) Wie lange dauert der Flug von London nach New York? (Beachte: Die Uhren in London gehen gegenüber unseren Uhren 1 h nach; vgl. S. 41, Aufgabe 12.)

12
1923 wurde in Ägypten das Grab des Pharaos Tut-ench-Amun gefunden. Von ihm wußte man aus früheren Funden, daß die Jahre 1345–1342 v. Chr. in seine Regierungszeit fielen. Nun zeigte die Untersuchung der Mumie, daß der Pharao schon mit 18 Jahren starb. In welchem Zeitraum muß er danach gelebt haben?

IV Rechnen
21 Addition

46.1

① Autos haben oft neben einem km-Zähler noch einen Tages-km-Zähler (Fig. 46.1).
a) Erläutere die Anzeigen in Fig. 46.1.
b) Vor der nächsten Fahrt wird der Tages-km-Zähler in Fig. 46.1 auf 000 gestellt; nach der Fahrt zeigt er 152. Was zeigt der km-Zähler jetzt an?

Wenn wir auf dem Zahlenstrahl (Fig. 46.2) von der Zahl 3 aus um 5 Schritte weitergehen, so sagen wir: Wir addieren zur Zahl 3 die Zahl 5.

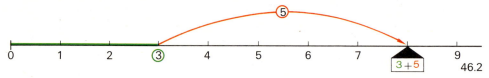

46.2

> **Addieren** wir zur Zahl 3 die Zahl 5, so schreiben wir $3+5$ für die Zahl, zu der wir gelangen. $3+5$ bedeutet also dieselbe Zahl wie 8. Wir drücken dies so aus:
> $$3+5=8 \quad \text{(lies: 3 plus 5 gleich 8).}$$
> $3+5$ heißt **Summe**, 3 heißt **1. Summand**, 5 heißt **2. Summand**.

Addieren wir zur Zahl 3 die Zahl 5 und danach zu $3+5$ die Zahl 4, so schreiben wir $(3+5)+4$ oder kurz: $3+5+4$. Die Klammer zeigt an, was zuerst berechnet wird.

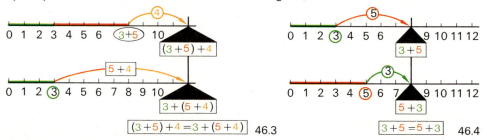

46.3   46.4

Fig. 46.3 und Fig. 46.4 zeigen:

> Bei Summen darf man
> beliebig Klammern umsetzen oder weglassen   die Summanden vertauschen.

Beispiele:
a) $(14+27)+13=14+(27+13)$
b) $7+58=58+7$

② Schreibe 10 auf drei verschiedene Arten als Summe von zwei (von drei) Summanden.

3
Zeichne entsprechende Bilder wie Fig. 47.1, wenn 13 und 18 beibehalten werden, aber 34 ersetzt wird durch
a) 27 b) 52 c) 64 d) 43 e) 78.

 47.1

4
Berechne: (Beispiel: 18+23+14=55)
a) 23+16   b) 34+26
c) 45+37+15   d) 51+48+17
e) 17+58+16   f) 24+13+36
g) 23+14+17   h) 28+15+42

5
a) Addiere alle geraden Zahlen zwischen 15 und 25 (zwischen 51 und 59).
b) Wie groß ist die Summe der ungeraden Zahlen zwischen 14 und 24 (52 und 68)?

6
23+18+17+22+36+24 = 40+40+60
                  = 140
Berechne ebenso möglichst geschickt:
a) 17+19+21+16+13+31+28+32
b) 28+15+24+36+45+27+15+12
c) 19+23+45+17+31+18+5+62
d) 8+23+46+17+32+54+15+40.

7
a) Addiere zur Summe der Zahlen 21 und 17 die Summe der Zahlen 24 und 38.
b) Welche Zahl ist um 25 größer als die Summe der Zahlen 13 und 44?
c) Wie ändert sich die Summe zweier Zahlen, wenn man den ersten Summanden um 13 vergrößert und den zweiten um 17?

8
Ordne die folgenden Summen der Größe nach. (Beispiel: 3+12<5+11<9+8)
17+18; 13+5; 12+29; 18+5+14;
4+5; 24+7+16; 4+11; 13+6+7;
8+1+14+9.

9
Schreibe 50 (120; 198) auf drei verschiedene Arten als Summe mit 5 Summanden.

10
Wie viele von zehn Gewichtsstücken mit den Gewichten 1 kg, 2 kg, …, 10 kg brauchst du mindestens, damit du mit ihnen jedes der Gewichte 1 kg, …, 10 kg zusammenstellen kannst?

11
Der Filmsaal einer Schule hat 100 Sitzplätze. Für die 5. und 6. Klassen soll ein Film vorgeführt werden.

Klasse	5a	5b	5c	6a	6b	6c
Schüler	32	35	39	30	33	31

Wie kann man die Klassen so auf zwei Vorführungen verteilen, daß alle Schüler den Film sehen können?

12
Jürgen würfelt mit einem Würfel 6mal, dabei treten zwei Augenzahlen 2mal auf. Wie groß ist die Augensumme aller 6 Würfe höchstens (mindestens)?

13
Wie viele Schläge macht eine Turmuhr im Laufe eines Tages, wenn sie
a) nur die ganzen Stunden schlägt
b) zusätzlich viertel, halbe, dreiviertel und ganze Stunden mit 1, 2, 3 oder 4 Schlägen anzeigt?

14
Jörg addiert zu einer Zahl die nächste und die übernächste; er erhält 54 (93; 111). Welche Zahlen hat er addiert?

15
Fülle die leeren Felder des „Zauberquadrates" in Fig. 47.2 so mit den Ziffern 4 bis 9 aus, daß jeweils die Summe von 3 Zahlen auf einer geraden Linie 15 ist.

 47.2

22 Subtraktion

① Ute geht mit einem 10-DM-Schein zum Einkaufen. Wieviel hat sie noch übrig, wenn sie für 6,30 DM einkauft? Wie rechnet die Verkäuferin beim Herausgeben?

② Vor Antritt einer Fahrt stellt Herr Moll den Tages-km-Zähler seines Autos (Fig. 46.1) auf 000. Am Ziel zeigt der km-Zähler 67 865, der Tages-km-Zähler 235.
Was zeigte der km-Zähler bei Fahrtbeginn?

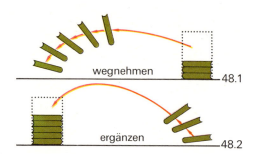

48.1
48.2

Wenn wir am Zahlenstrahl (Fig. 48.3) von der Zahl 8 aus um 5 Schritte zurückgehen, so sagen wir: Wir subtrahieren von der Zahl 8 die Zahl 5.

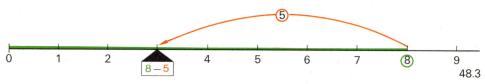

48.3

Subtrahieren wir von der Zahl 8 die Zahl 5, so schreiben wir $8-5$ für die Zahl, zu der wir dabei gelangen. Es ist also
$$8-5=3 \quad \text{(lies: 8 minus 5 gleich 3).}$$
$8-5$ heißt **Differenz**, 8 heißt **Minuend**, 5 heißt **Subtrahend**.

Die Differenz $8-5$ gibt z. B. an, wie viele Bücher
a) übrig bleiben, wenn du von 8 Büchern 5 Bücher wegnimmst (Fig. 48.1)
b) fehlen, wenn du 5 Bücher auf 8 Bücher ergänzen willst (Fig. 48.2).

Beachte: Es ist $\quad (8-5)-2=1, \qquad 8-5$ bedeutet 3,
dagegen $8-(5-2)=5$. $\qquad 5-8$ bedeutet keine natürliche Zahl.
Bei Differenzen ist
Verändern der Klammersetzung $\qquad$ Vertauschen von Minuend und Subtrahend
nicht erlaubt.

Beispiele:
a) Welche Zahl muß man zur Summe $18+13$ addieren, um 50 zu erhalten?
$$50-(18+13)=50-31$$
$$=19$$
b) Ein Briefträger hat 285 DM bei sich. Familie Holz bringt er 142 DM, Herrn Weber 53 DM. Wieviel DM hat er danach noch?
Er hatte bei sich $\qquad\qquad\qquad$ 285 DM,
er zahlt aus $\qquad$ 142 DM + 53 DM = 195 DM,
es verbleiben $\qquad$ 285 DM − 195 DM = 90 DM.
Der Briefträger hat noch 90 DM.

③ Berechne: $32-17$; $45-18$; $56-37$; $76-(52-26)$; $(55-32)-13$; $34-15-9$.

4
Berechne:
a) 27−18; 62−53; 45−16; 38−24;
48−35; 65−38; 87−52; 54−27
b) 74−55; 67−49; 94−76; 87−49;
78−45; 59−26; 65−37; 43−28.

5
Berechne (vgl. Beispiel a)):
a) 64−(43−17)   b) 85−(23−18)
c) 87−(34+23)   d) 94−(54+23)
e) 68+(56−37)   f) 35+(48−26)

6
Wieviel fehlt
von 24 13 48 52 48 45 89
bis 43 65 72 69 126 72 182?

7
Gib heraus
a) von 13,60 DM; 9,48 DM; 17,48 DM
auf 20 DM
b) von 27,60 DM; 30,25 DM; 14,86 DM
auf 50 DM.

8
Erich sägt von einer 2,80 m langen Latte ein 87 cm langes Stück (zwei 65 cm lange Stücke; ein 95 cm und ein 1,28 m langes Stück) ab. Wie lang ist das Reststück?

9
a) Welche Zahl muß man zu 24 (49) addieren, um 62 (98) zu erhalten?
b) Zu welcher Zahl muß man 38 (67) addieren, um 97 (111) zu erhalten?
c) Welche Zahl muß man von 88 (139) subtrahieren, um 19 (85) zu erhalten?
d) Von welcher Zahl muß man 17 (79) subtrahieren, um 51 (188) zu erhalten?

10
An einem Tag im Oktober ist in der Tageszeitung zu lesen:
    Sonnenaufgang   6.28 Uhr
    Sonnenuntergang   17.15 Uhr.
Wie lange dauert es
a) von Sonnenauf- bis Sonnenuntergang
b) von Sonnenuntergang bis Mitternacht?

11
Zwei Zahlen unterscheiden sich um 78. Auf dem Zahlenstrahl sind sie gleich weit von der Zahl 57 entfernt. Wie heißen die Zahlen?

12
Von zwei Gefäßen enthält das eine 25 Liter Wasser, das andere 63 Liter. Wieviel Liter muß man umgießen, damit beide gleich viel Wasser enthalten?

13
Eva hat 8 Murmeln. Sie sagt zu Ute: „Wenn du mir von deinen Murmeln 6 abgibst, haben wir gleich viel." Wie viele Murmeln hat Ute?

14
Bärbel hat 80 DM auf ihrem Sparbuch, Seppl 60 DM. Der Vater will 50 DM so an die beiden verteilen, daß sie danach gleich viel auf ihren Sparbüchern haben. Wieviel bekommt Bärbel, wieviel Seppl?

15
Großmutter und Mutter haben denselben Altersunterschied wie Mutter und Tochter. Zusammen sind alle drei 90 Jahre alt. Die Tochter ist 5 (3) Jahre alt. Wie alt sind Mutter und Großmutter?

16
Karl sagt zu Fritz: „Gibst du mir 3 DM, dann haben wir beide gleich viel." Fritz meint: „Wenn du mir dein Geld gibst, dann habe ich 8 DM."
Wieviel Geld besitzt jeder der beiden?

17
Eine Flasche Wein kostet 6 DM. Die leere Flasche kostet 5,50 DM weniger als der Wein.
Was kostet der Wein und was kostet die leere Flasche?

18
Du hast zwei Gefäße, die 3 l bzw. 5 l fassen. Wie kannst du damit genau 4 Liter (1 Liter) abmessen?

23 Summen und Differenzen. Klammern

① Jochen bekommt für Besorgungen öfters kleinere Geldbeträge. Immer, wenn er Geld bekommt oder ausgibt, schreibt er auf, wieviel er noch hat (Fig. 50.1). Wieviel DM hat er bisher im Oktober eingenommen, wieviel hat er ausgegeben?

② In einen leeren Bus mit 54 Plätzen steigen 38 Personen ein. An der ersten Haltestelle steigen 15 Fahrgäste aus und 7 ein. Wieviel Plätze sind noch frei?

50.1

Mit Summen und Differenzen können wir neue Summen oder neue Differenzen bilden. Wir schreiben dann die ursprünglichen Summen oder Differenzen in Klammern.

Beispiele:
Rechenausdruck: **a)** $(27+14)-(44-28)$ **b)** $94+(50-(38-15))$

Gliederung:
a) Summe, Differenz → Differenz
b) Differenz, Differenz → Summe

Berechnung:
$$(27+14)-(44-28)$$
$$= 41 - 16$$
$$= 25$$

$$94+(50-(38-15))$$
$$=94+(50- 23)$$
$$=94+ 27$$
$$= 121$$

Merke: Die zuletzt ausgeführte Rechenart bestimmt, ob der Rechenausdruck Summe oder Differenz heißt.

> Klammern legen die **Reihenfolge der Rechenschritte** fest, die bei der Berechnung eines Rechenausdrucks eingehalten werden soll. Wir vereinbaren:
> Was in **Klammern** steht, wird zuerst berechnet (vgl. Beispiel a)); bei ineinandergeschachtelten Klammern (vgl. Beispiel b)) wird die innerste Klammer zuerst berechnet.

Rechenausdrücke wie $(((45-18)+24)-31)-14$, die in der natürlichen Reihenfolge von links nach rechts zu berechnen sind, schreiben wir meist ohne Klammern
$$45-18+24-31-14$$
und nennen sie „mehrgliedrige Ausdrücke"; 45 und 24 nennen wir „Plusglieder", 18, 31 und 14 „Minusglieder". Solche Ausdrücke lassen sich oft einfacher berechnen, indem man die Summe der Minusglieder von der Summe der Plusglieder subtrahiert.

Berechnung:
$$45-18+24-31-14 \quad \text{oder} \quad 45-18+24-31-14$$
$$= 27 +24-31-14 \quad\quad =(45+24)-(18+31+14)$$
$$= 51 -31-14 \quad\quad = 69 - 63$$
$$= 20 -14 \quad\quad = 6$$
$$= 6$$

③ Gliedere und berechne: a) $(64-25)+(23-9)$ b) $(34-(11-9))+14$.

4
Gliedere wie in den obigen Beispielen und berechne:
a) $54 + (62 - 38)$ b) $86 - (64 - 18)$
c) $65 - (18 + 23)$ d) $35 + (17 + 28)$
e) $(76 + 23) - (48 - 33)$
f) $(87 - 33) - (58 - 13)$
g) $(78 - 43) - (18 + 13)$.

5
Gliedere und berechne:
a) $78 - (27 + (14 - 8))$
b) $83 + (54 - (38 - 17))$
c) $(35 - 18) - (27 - (28 - 9))$
d) $(53 - (18 + 5)) - (18 - 12)$.

6
a) $23 + (14 - (28 - 19))$
b) $(48 - 17) - (55 - (18 + 17))$
c) $68 - 17 + 38 + 15 - 23 - 15$
d) $74 - 9 - 15 - 26 + 14 - 12$
e) $56 - 43 + 62 + 17 - 28 - 43 + 14$

7
a) $(45 - 13) - (23 - 15 + 19 - 8)$
b) $67 - (37 + 16 - 15 - 23 + 12)$
c) $78 - 27 - (34 - 28 - 3 + 15 - 11)$
d) $56 - (45 - 36 + 17) + 16 - 24$
e) $95 - (23 - 16 + 5) + (54 - 32)$

8
Schreibe zunächst einen Rechenausdruck.
a) Addiere zur Differenz von 28 und 17 die Summe von 24 und 13.
b) Subtrahiere von der Summe von 64 und 23 die Differenz von 31 und 13.
c) Subtrahiere von 76 die Differenz von 37 und 28 und die Summe von 14 und 38.
d) Subtrahiere 28 von der Differenz der Zahlen 57 und 23.

9
Schreibe zunächst einen Rechenausdruck.
a) Welche Zahl erhält man, wenn man zur Summe von 36 und 49 die Differenz von 39 und 28 addiert?
b) Welche Zahl muß man zur Summe von 24 und 17 addieren, um 68 zu erhalten?
c) Welche Zahl muß man von $45 + 28$ subtrahieren, um $37 - 19$ zu erhalten?

10
Die Tageszeitung bringt folgende Anzeige.

Sonderangebot
$\frac{1}{2}$ kg Butter   ~~4,30 DM~~ 3,68 DM
100 g Fleischwurst   ~~0,80 DM~~ 0,69 DM
500 g Schweinehals   ~~5,50 DM~~ 3,90 DM

a) Was bedeuten die ausgestrichenen Preisangaben? Weshalb werden sie aufgeführt?
b) Wieviel Geld sparst du, wenn du 500 g Butter, 100 g Fleischwurst und 500 g Schweinehals im Sonderangebot kaufst?

11
Familie Nagel läßt in ihrem Haus einen neuen Öltank einbauen. Er faßt 6000 Liter. In den neuen Tank werden 5400 Liter Öl eingefüllt. Im Frühjahr läßt Herr Nagel nachfüllen; jetzt wird der Tank mit 3200 Liter voll aufgefüllt. Wieviel Liter Öl hat Familie Nagel seit der ersten Füllung verbraucht?

12
In Stuttgart fährt um 15.10 Uhr ein D-Zug ab nach München; er kommt dort planmäßig um 17.43 Uhr an.
a) Wie lange braucht der Zug von Stuttgart bis München?
b) Neulich fuhr der Zug in Stuttgart mit 17 min Verspätung ab. Bis Ulm konnte er 8 min aufholen, dort mußte er 4 min auf einen anderen Zug warten. Schließlich konnte er bis München nochmals 9 min aufholen. Wann kam der Zug an?

13
Die Summe zweier Zahlen beträgt 131, ihre Differenz 25. Wie heißen die Zahlen?

14
Eine Schnecke kriecht an einer 5 m hohen Mauer jeden Tag 90 cm hoch, rutscht aber nachts wieder 30 cm herab. Am wievielten Tag gelangt sie oben an?

24 Multiplikation

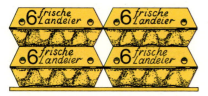
52.1

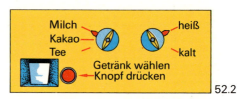
52.2

① Wie viele Eier enthält der in Fig. 52.1 abgebildete Eiervorrat?

② a) Was liefert der Getränkeautomat in Fig. 52.2 bei der angegebenen Einstellung?
b) Wie viele Einstellungen sind möglich? Gib die Menge aller Möglichkeiten mit einem Baum und mit Hilfe von Paaren an.

Statt $3+3+3+3+3$ schreiben wir auch $5\cdot 3$ (lies: 5 mal 3). 5 gibt an, wie viele Summanden die Summe hat; 3 gibt an, um welche Summanden es sich handelt.
$5\cdot 3$ heißt **Produkt**, 5 heißt **1. Faktor**, 3 heißt **2. Faktor**.
Wir sagen: Die Zahl 3 wird mit der Zahl 5 **multipliziert**.

Durch $1\cdot 3$ drücken wir aus, daß die 3 nur 1mal auftritt; es ist also $1\cdot 3 = 3$.

Beispiele:
a) An einem Turnfest nehmen 18 Riegen mit je 12 Turnern teil. Das sind $18\cdot 12 = 216$ Teilnehmer.
b) Inge hat für ein Spiel aus weißer Pappe viereckige, dreieckige und runde Plättchen ausgeschnitten (Fig. 52.3). Um sie anzumalen, kauft sie gelbe und blaue Farbe (Fig. 52.4). Die Baumdarstellung in Fig. 52.5 zeigt, daß Inge $3\cdot 2$ Sorten farbiger Plättchen erhält.

52.3   52.4

(v; g)
(v; b)
(d; g)
(d; b)
(r; g)
(r; b)

52.5

Fig. 52.6 zeigt:

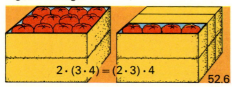
$2\cdot(3\cdot 4) = (2\cdot 3)\cdot 4$
52.6

Fig. 52.7 zeigt:

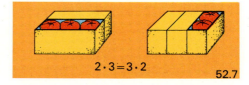
$2\cdot 3 = 3\cdot 2$
52.7

Bei Produkten darf man
beliebig Klammern umsetzen oder weglassen   die Faktoren vertauschen.

---

③ Schreibe 60 auf drei verschiedene Arten als Produkt von zwei (von drei) Faktoren.

4
Schreibe als Produkt und berechne:
a) 7+7+7+7+7
b) 3+3+3+3+3+3+3
c) 6+6+6+6+6+6+6
d) 9+9+9+9+9+9.

5
Schreibe als Summe:
a) 5·9 b) 8·4 c) 7·3 d) 9·8.

6
Berechne:
a) 7·4   b) 6·5·2   c) 15·3·2
d) 3·7·5   e) 24·3   f) 4·15·8
g) 22·3   h) 6·5·4   i) 8·2·3
k) 10·17   l) 32·10   m) 17·100
n) 5·2·18   o) 37·10·10 p) 16·1000.

7
Achte auf Rechenvorteile.
a) 2·7·5   b) 26·5·2   c) 5·3·2·8
d) 6·25·4   e) 2·7·50   f) 7·25·2
g) 9·10·8   h) 8·5·5·3   i) 5·12·4

8
Berechne: (Beispiel:
5·34 = 5·2·17 = 10·17 = 170)
a) 5·62   b) 82·5   c) 5·76
d) 25·16   e) 36·25   f) 60·25
g) 24·15   h) 32·35   i) 52·75.

9
Schreibe als Produkt (von Zahlen >1):
a) mit 2 Faktoren: 27; 32; 49; 56; 82
b) mit 3 Faktoren: 32; 60; 72; 84; 96
c) mit möglichst vielen Faktoren:
30; 42; 55; 64; 72; 80; 85; 91; 92; 95.

10
a) Berechne das Produkt von 16 und 9 sowie die Summe von 16 und 9.
b) Multipliziere das Produkt von 3 und 4 mit dem Produkt von 5 und 6.
c) Wie ändert sich ein Produkt mit zwei Faktoren, wenn du den ersten Faktor verdoppelst und den zweiten verdreifachst?
d) Prüfe an Beispielen, ob sich ein Produkt ändert, wenn man den ersten Faktor verdoppelt und den zweiten halbiert.

11
Schreibe zunächst mit natürlichen Zahlen als Maßzahlen und rechne dann. Gib das Ergebnis in der ursprünglichen Einheit an.
a) 10·6,40 DM   b) 10·23,04 DM
c) 10·2,25 m   d) 10·0,45 m
e) 100·0,05 t   f) 10·0,750 kg
g) 1000·0,05 m   h) 1000·0,8 kg

12
a) 10·4 m 50 cm   b) 10·2 m 25 cm
c) 10·6 kg 200 g   d) 10·6 DM 20 Pf
e) 100·7 DM 5 Pf   f) 100·3 km 450 m

13
a) 500 g Bananen kosten 35 Pf. Wieviel kosten 2 kg (3 kg; 5 kg; 10 kg; 1½ kg)?
b) Wieviel kostet ein Karton mit 3 (6; 10; 12; 20) Eiern, wenn ein Ei 25 Pf kostet?
c) Ein Facharbeiter arbeitet von Montag bis Freitag jeweils von 8 Uhr bis 12 Uhr und von 13 Uhr bis 17 Uhr. Sein Stundenlohn beträgt 12 DM. Wieviel verdient er in der Woche?

14
Fig. 53.1 zeigt einen Ausschnitt aus einem Stadtplan. Er ist mit einem Gitternetz überzogen (warum?).

53.1

a) Es werden die Buchstaben A bis M und die Zahlen 1 bis 8 verwendet. In wieviel Felder ist das Stadtgebiet eingeteilt?
b) Der gleiche Plan soll nun in viermal so viele quadratische Felder eingeteilt werden. Reichen die Buchstaben des Alphabets?

15
Auf einem Bahnhof fährt 20 min nach einem E-Zug ein D-Zug ab. Nach 40 min Fahrt überholt er den E-Zug. Vergleiche die Wegstrecken, welche die beiden Züge jeweils in einer Stunde zurücklegen.

25 Vielfache einer Zahl. Vielfachenmenge

① Tintenpatronen werden im Schreibwarengeschäft nur in 6er-Packungen abgegeben. Welche Anzahlen von Patronen sind erhältlich?

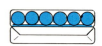

54.1

② Eine Maschine füllt und verschließt je Sekunde 4 Tintenpatronen.
a) Wie viele Patronen füllt die Maschine in 5 s (15 s; 1 min; $\frac{1}{4}$ h; 1 h)?
b) Wie lange dauert es, bis 40 (100; 600; 1000; 5000) Patronen gefüllt sind?

Die 6er-Zahlen 6, 12, 18, 24, ... nennen wir **Vielfache** von 6 (Fig. 54.2), die 4er-Zahlen Vielfache von 4, usw. Die Zahl 20 ist Vielfaches von 4, jedoch nicht von 6.

0 1 2 3 4 5 **6** 7 8 9 10 11 **12** 13 14 15 16 17 **18** 19 20 21 22 23 **24** 25 26 27 28 29 **30** 31

Vielfache von 6   54.2

Für die Menge aller Vielfachen einer Zahl schreiben wir ein besonderes Zeichen:

Vielfachenmengen: $V_6 = \{6, 12, 18, 24, ...\}$; $V_5 = \{5, 10, 15, 20, ...\}$
Statt   „48 ist Vielfaches von 6" schreiben wir auch kurz:
   $48 \in V_6$ (lies: 48 ist ein **Element** der Menge V_6, oder: 48 ist aus V_6);
mit $50 \notin V_6$ drücken wir aus, daß 50 nicht Vielfaches von 6 ist.

Beispiele:
a) $V_8 = \{8, 16, 24, ...\}$; $56 \in V_8$ $V_{10} = \{10, 20, 30, ...\}$; $75 \notin V_{10}$
b) $V_2 = \{2, 4, 6, 8, ...\}$; V_2 ist also die Menge der „geraden" Zahlen.
   $V_1 = \{1, 2, 3, 4, ...\}$; V_1 ist also die Menge $\mathbb{N}$ der natürlichen Zahlen.

In Fig. 54.3 sind die Vielfachen von 3 und die Vielfachen von 4 eingetragen. Wir erkennen, daß es Zahlen gibt, die sowohl Vielfache von 3 sind als auch von 4.

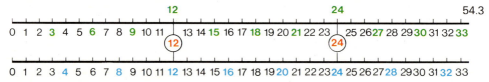

54.3

Jede der Zahlen 12, 24, 36, ... nennen wir ein **gemeinsames Vielfaches (gV)** von 3 und 4. Die Zahl 12 ist das **kleinste gemeinsame Vielfache (kgV)** von 3 und 4; alle gemeinsamen Vielfachen von 3 und 4 sind Vielfache von 12.

Beispiel:
60 ist Vielfaches von 5 und von 6, also gV von 5 und 6; 30 ist kgV von 5 und 6.

③ Gib das kgV und drei weitere gV an von 8 und 12 (14 und 21; 18 und 24).

4
Gib von jeder der folgenden Zahlen alle Vielfachen zwischen 50 und 100 an.
5, 7, 9, 11, 14, 15, 21, 26, 73.

5
Drücke in Worten aus:
a) $36 \in V_9$ b) $71 \notin V_8$
c) $14 \in V_7$ d) $91 \in V_{13}$
e) $17 \in \mathbb{N}$ f) $3 \notin V_2$.

6
Welches der Zeichen $\in, \notin$ ist anstelle von □ zu setzen?
a) $52 \square V_4$ b) $48 \square V_{16}$
c) $78 \square V_4$ d) $76 \square V_{19}$

7
Drücke in mathematischer Kurzschrift mit Hilfe der Zeichen $\in, \notin$ aus:
a) 42 ist Vielfaches von 7
b) 84 ist Vielfaches von 12
c) 94 ist nicht Vielfaches von 4
d) 96 ist kein Vielfaches von 5
e) 7 ist eine natürliche Zahl
f) 0 ist keine natürliche Zahl.

8
Bestimme das kleinste gemeinsame Vielfache der folgenden Zahlen.
(Beispiel:
$V_{12} = \{12; 24; 36; \mathbf{48}; 60; ...\}$
$V_{16} = \{16; 32; \mathbf{48}; 64; ...\}$
kgV von 12 und 16 ist 48.)
a) 10, 15   b) 9, 12
c) 5, 7   d) 8, 16
e) 24, 32   f) 16, 24
g) 18, 28   h) 28, 42
i) 3, 4, 5 k) 6, 15, 25
l) 7, 4, 2 m) 8, 12, 14

9
Gib die Menge aller Zahlen an, welche 15 (18, 24, 60) als Vielfaches haben.

10
a) Nenne zwei Zahlen, die 24 (36, 45, 56, 64) als kgV haben.
b) Gib drei Zahlen an, für welche 60 das kgV ist.

11
Utz will 5-DM-Scheine in 2-DM-Stücke umwechseln. Bei welchen Beträgen geht es, bei welchen geht es nicht?

12
Elmar verbringt seine Ferien in Frankreich. Dort erfährt er, daß eine 1-Franc-Münze 45 Pf wert ist. Welchen Geldbetrag muß er mindestens umwechseln, wenn er Franc-Münzen gegen 1-DM-Stücke eintauschen will? Gib weitere Beträge an, bei denen ein solcher Umtausch möglich ist.

13
Vom Hauptbahnhof fährt alle 15 min ein Wagen der Linie 3 und alle 25 min ein Wagen der Linie 7 ab. Um 8.00 Uhr fahren zwei Wagen gleichzeitig ab. Um wieviel Uhr wiederholt sich dies?

14
Der 1. Januar 1978 war ein Sonntag.
a) Auf welchen Wochentag fiel der 1. Februar 1978? (Beachte: Der Monat Januar hat 31 Tage.)
b) Auf welchen Wochentag fiel der letzte Tag des Jahres 1978? (Das Jahr 1978 hatte 365 Tage.)

15
In Fig. 55.1 hat das große Zahnrad 32, das kleine 24 Zähne. Das große Zahnrad dreht sich alle 10 Sekunden 1mal. Immer dann, wenn die roten Marken der beiden Zahnräder Kontakt haben, leuchtet die Lampe auf.

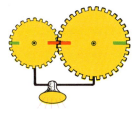

55.1

a) In welchen zeitlichen Abständen leuchtet die Lampe auf?
b) Was ändert sich, wenn auf den Zahnrädern zwei weitere (grün eingezeichnete) Kontaktmarken angebracht werden?

26 Division

① a) Eine Familie hat 60 Frühstückseier vorrätig. Wie lange reichen diese, wenn sie täglich 4 Eier braucht (Fig. 56.1)?
b) Nach 14 Tagen werden wiederum 60 Stück bestellt. Sie werden in 5 gleichen Kartons geliefert. Wie viele Eier sind in jedem Karton (Fig. 56.2)?

56.1

56.2

Sollen z. B. 60 Brötchen in gleiche Beutel abgepackt werden, so können zwei „Verpackungsprobleme" auftreten:
a) In jeden Beutel kommen 5 Brötchen. Wieviel Beutel brauchen wir?
b) Es sind 15 Beutel vorrätig. Wieviel Brötchen kommen in jeden Beutel?

   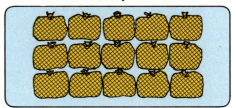

? · 5 = 60   56.3   15 · ? = 60   56.4

In beiden Fällen suchen wir einen Faktor; wir finden ihn durch Dividieren.

Dividieren wir die Zahl 60 durch die Zahl 5, so schreiben wir 60 : 5 für die Zahl, die wir erhalten. Es ist also
　　　60 : 5 = 12　　(lies: 60 durch 5 gleich 12).
60 : 5 heißt **Quotient**, 60 heißt **Dividend**, 5 heißt **Divisor**.

Beispiele:
a) 80 Schrauben sollen in kleine Klarsichtbeutel abgepackt werden.
In jeden Beutel gehören 4 Schrauben.　　Es sind 16 Beutel vorhanden. Wie viele
Wie viele Beutel erhält man?　　　　　　Schrauben gehören in jeden Beutel?
　　? · 4 = 80　　　　　　　　　　　　　　16 · ? = 80
　　80 : 4 = 20　　　　　　　　　　　　　　80 : 16 = 5
Man erhält 20 Beutel.　　　　　　　　　　In jeden Beutel gehören 5 Schrauben.
b) Es ist 7 · 13 = 91, also 91 : 7 = 13 und 91 : 13 = 7.

Weil 7 · 1 = 7, ist 7 : 7 = 1 und 7 : 1 = 7.

Beachte: Es ist　　(80 : 20) : 4 = 1,　　　　8 : 2 bedeutet die Zahl 4,
　　　　dagegen 80 : (20 : 4) = 16.　　　　2 : 8 bedeutet keine natürliche Zahl.
Verändern der Klammersetzung　　oder　　Vertauschen von Dividend und Divisor
　　　　　　　　　ist bei Quotienten **nicht** erlaubt.

② a) Berechne: 28 : 4; 48 : 6; 14 : 14; 23 : 1; (48 : 4) : 3; 48 : (6 : 2); (56 : 7) : (24 : 6).
b) Schreibe 12 auf 3 verschiedene Arten als Quotient (als Produkt; als Differenz).

3
Dividiere: (Beispiel: 36:9=4)
a) 54 durch 2, 3, 6, 9, 18, 27, 54
b) 72 durch 2, 3, 4, 8, 9, 12, 36, 72
c) 84 durch 2, 3, 6, 7, 12, 14, 21, 42
d) 100 durch 2, 4, 5, 10, 20, 25, 50.

4
Berechne folgende Quotienten:
a) 27:9; 35:7; 52:13; 55:11; 42:7; 34:17; 65:13; 56:14; 72:12; 49:7
b) 45:15; 64:8; 66:6; 88:11; 54:9; 68:4; 75:15; 80:16; 36:18; 56:4
c) 10:5; 10:1; 10:10; 100:10; 1:1; 100:100; 100:20; 25:5; 75:25.

5
Berechne:
a) (48:3):4; 75:(30:2); 84:(21:3); (72:12):(12:4); 90:(45:5)
b) 24:(60:15); 6:(13:13); (56:4):7; (63:7):(18:6); 57:(38:2).

6
a) Zu 18:6=3 lautet die „Probe": 3·6=18. Kontrolliere ebenso: 27:9=3; 65:13=5; 54:27=2.
b) Wegen 3·7=21 ist 21:3=7 und 21:7=3. Forme entsprechend um: 4·8=32; 8·12=96; 5·17=85.

7
Durch welche Zahlen zwischen 1 und 20 kann man folgende Zahlen (ohne Rest) dividieren?
a) 18; 21; 25; 28; 35; 48; 49; 50
b) 64; 65; 68; 72; 75; 84; 88; 96

8
Wie oft kannst du subtrahieren
a) 7 von 42 b) 12 von 84
c) 9 von 72 d) 3 von 87?

9
Schreibe den unbekannten Faktor △ als Quotient und berechne ihn.
(Beispiel: 8·△=32; △=32:8; △=4)
a) 9·△=63 b) 6·△=78
c) △·7=98 d) △·13=65
e) 18·x=72 f) △·23=92

10
a) (63:9)·8 b) (23·4):46
c) 17·(95:19) d) 96:(4·12)
e) (75+6):9 f) 56:(17+11)
g) (85−21):(19+13)
h) (4·18):(23−14)
i) (133−34):(9·12−97)
k) (14·14−15·13):(12·12−13·11)
l) (153:17)·(143:13)

11
Berechne:
(Beispiel: 385:5=(385·2):(5·2)
　　　　　　=770:10=77)
a) 715:5 b) 495:5
c) 1015:5 d) 875:25
e) 1325:25 f) 2225:25.

12
Schreibe zunächst einen Rechenausdruck.
a) Dividiere das Produkt von 15 und 5 durch den Quotienten dieser Zahlen.
b) Berechne den Quotienten aus der Summe und der Differenz von 25 und 15.
c) Mit welcher Zahl mußt du die Summe von 18 und 14 multiplizieren, um das Produkt von 8 und 12 zu erhalten?

13
Eine Familie mit 3 Kindern fährt mit der Bahn. Die Fahrt kostet insgesamt 84 DM. Die Kinder zahlen nur „halbe Preise". Was kostet die Fahrt für jeden?

14
Eine Klasse mit 33 Schülern plant eine Busfahrt. Jeder muß 20 DM bezahlen. Zwei Tage vor der Fahrt werden 3 Schüler krank. Sie erhalten ihr Geld zurück. Wieviel DM muß nun jeder mitfahrende Schüler hinzubezahlen?

15
Fritz, Ernst und Hans füllen gemeinsam einen Totoschein aus. Fritz zahlt 1,50 DM, Ernst 3 DM und Hans 6 DM für den Einsatz. Falls sie gewinnen, wollen sie den Gewinn entsprechend ihrer Einlage teilen. Tatsächlich gewinnen sie 3500 DM. Wie ist nun der Gewinn zu verteilen?

27 Teiler einer Zahl. Teilermengen

① a) Zeichne die sechs Knöpfe aus Fig. 58.1 in dein Heft. Bilde nun (durch Umranden) kleinere Packungen so, daß in jeder Packung gleichviel Knöpfe sind. Auf wie viele Arten läßt sich dies erreichen?

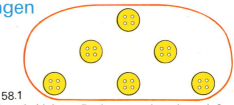

58.1

b) Auf wie viele Arten lassen sich 24 (7) Knöpfe so in kleinere Packungen abpacken, daß in jeder Packung gleich viele Knöpfe sind?

Weil sich 6 (ohne Rest) durch 2 teilen läßt, nennen wir 2 einen **Teiler** von 6. Auch 1, 3 und 6 sind Teiler von 6 (Fig. 58.2); 4 ist nicht Teiler von 6.

58.2

Die Zahl 6 hat die Teiler 1, 2, 3 und 6. Wir schreiben
$$T_6 = \{1, 2, 3, 6\}$$
und nennen T_6 die **Teilermenge** von 6.
Zahlen wie 2, 3, 5, 7, 11, 13, …, deren Teilermenge nur zwei Teiler enthält, heißen **Primzahlen**.

Beispiele:
a) $T_{24} = \{1, 2, 3, 4, 6, 8, 12, 24\}$; $T_{25} = \{1, 5, 25\}$; $T_{26} = \{1, 2, 13, 26\}$
b) $T_{23} = \{1, 23\}$; die Zahl 23 ist eine Primzahl; $T_4 = \{1, 2, 4\}$; die Zahl 4 ist keine Primzahl; $T_1 = \{1\}$; die Zahl 1 ist keine Primzahl.

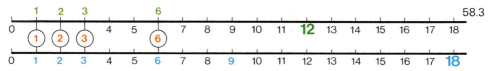

58.3

Auf den Zahlenstrahlen in Fig. 58.3 sind die Teiler von 12 und von 18 eingetragen. Wir sehen: 1, 2, 3 und 6 sind Teiler sowohl von 12 als auch von 18.

Jede der Zahlen 1, 2, 3, 6 nennen wir einen **gemeinsamen Teiler (gT)** von 12 und 18. Die Zahl 6 ist der **größte gemeinsame Teiler (ggT)** von 12 und 18; alle gemeinsamen Teiler von 12 und 18 sind Teiler von 6.

Beispiele:
a) 4 ist Teiler von 24 und von 32, also gT von 24 und 32; 8 ist der ggT von 24 und 32.
b) 12 ist ggT von 36 und 60, also sind 1, 2, 3, 6 und 12 (die Teiler von 12) ebenfalls gemeinsame Teiler von 36 und 60.

② a) Suche alle Primzahlen zwischen 50 und 100.
b) Gib den ggT an von 20 und 30 (16 und 24; 28 und 42; 36 und 45; 32 und 48).

3
Schreibe alle Teiler auf von 20 (von 28, 36, 40, 42, 48, 54, 60, 70, 84, 90).

4
Gib die folgenden Teilermengen in aufzählender Form an.
(Beispiel: $T_{14} = \{1, 2, 7, 14\}$)
T_{16}, T_{17}, T_{21}, T_{32}, T_{45}, T_{72}, T_{96}

5
Drücke in Worten aus:
a) $7 \in T_{21}$ b) $8 \notin T_{12}$
c) $3 \in T_{15}$ d) $6 \notin T_{56}$.

6
Drücke in mathematischer Kurzschrift aus (schreibe P für die Menge der Primzahlen):
a) 7 ist Teiler von 63
b) 17 ist eine Primzahl
c) 14 ist nicht Teiler von 40
d) 52 ist keine Primzahl.

7
Gib eine Teilermenge an, welche genau 2 (genau 3, genau 4, genau 5, genau 7, genau 8) Elemente enthält.

8
a) Prüfe, ob die Menge $\{1, 3, 5, 6, 15\}$ eine Teilermenge ist.
b) Ergänze die Menge $\{1, 3, 8\}$ durch zusätzliche Elemente zu einer Teilermenge.

9
Welches ist die kleinste Zahl, deren Teilermenge außer 2, 3 und 5 keine weiteren Primzahlen enthält?

10
Schreibe von den beiden genannten Zahlen die Teilermengen auf, und gib danach ihren größten gemeinsamen Teiler an.
a) 15, 20   b) 18, 30
c) 36, 54   d) 40, 49
e) 56, 70   f) 46, 69
g) 84, 63   h) 75, 90
i) 70, 105   k) 19, 31
l) 57, 76   m) 51, 68
n) 48, 72   o) 42, 56

11
Welchen ggT haben zwei Primzahlen? Gib drei Beispiele an.

12
a) Gib die Teilermengen der Zahlen 36, 60 und 84 an. Welches ist der größte gemeinsame Teiler aller drei Zahlen?
b) Bestimme ebenso den ggT von 45, 75, 90 und 60.

13
Zwei Zahlen haben den ggT 24. Gib alle gemeinsamen Teiler der beiden Zahlen an.

14
Zahlen, die keine Primzahlen sind, kann man als Produkte schreiben, z.B. $20 = 2 \cdot 10$. Schreibe die folgenden Zahlen als Produkte mit möglichst vielen (von 1 verschiedenen) Faktoren.
a) 28   b) 36   c) 42   d) 60
Um was für Zahlen handelt es sich bei den Faktoren?

15
Schreibe 34 (42, 55, 56, 64, 72, 80) als Produkt von Primzahlen.

16
Herr Schick möchte ein Kellerzimmer mit Fliesen belegen. Das Zimmer ist 4,80 m lang und 2,80 m breit. Im Heimwerkermarkt sind quadratische Fliesen vorrätig mit den Seitenlängen 25 cm, 30 cm, 40 cm und 60 cm. Welche Fliese wird Herr Schick wählen?

17
Die Strecke AB in Fig. 59.1 soll so in gleichlange Stücke unterteilt werden, daß der Teilpunkt C erhalten bleibt.
Wieviel (ganze) mm lang kann jedes Teilstück höchstens werden?

59.1

28 Verbindung von Addition und Multiplikation

① Berechne möglichst geschickt im Kopf:
a) 6 · 42   b) 8 · 53   c) 4 · 49.
Schreibe auf, wie du gerechnet hast.

② Herr Schnell ist Klassenlehrer von 5b. Am Wandertag möchte die Klasse im Freien Würste braten. Herr Schnell kauft 26 Würste zu je 80 Pf und 26 Brötchen zu je 20 Pf. Wieviel hat er insgesamt zu bezahlen? (Beachte: Du kannst auf zwei Arten rechnen.)

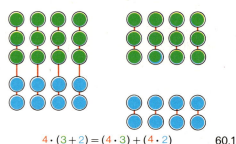

4 · (3 + 2) = (4 · 3) + (4 · 2)   60.1

Die folgenden Beispiele zeigen, wie man viele Rechenaufgaben vereinfachen kann.
a) 8 · 52 = (8 · 50) + (8 · 2)   b) (7 · 26) + (7 · 4) = 7 · (26 + 4)
   = 400 + 16   = 7 · 30
   = 416   = 210

Beidemal rechnen wir anders, als es die Klammern zunächst vorschreibt. Wir rechnen:
8 · (50 + 2) = (8 · 50) + (8 · 2)   oder   (7 · 26) + (7 · 4) = 7 · (26 + 4).
("Ausmultiplizieren")   ("Ausklammern")

> Eine Summe (Differenz) wird mit einer Zahl multipliziert, indem man **jeden** der beiden Summanden mit der Zahl multipliziert und danach die Teilprodukte addiert (subtrahiert). (Distributivgesetz, Fig. 60.1.)

Beispiele:
a) 9 · (70 + 4) = 630 + 36   b) (40 + 3) · 8 = 320 + 24   c) 7 · (50 − 1) = 350 − 7
   = 666   = 344   = 343
d) 6 · (100 + 20 + 4) = 600 + 120 + 24   e) (8 · 5) + (8 · 2) + (8 · 3) = 8 · (5 + 2 + 3)
   = 744   = 80

f) Wird eine Summe durch eine Zahl dividiert, so gilt Entsprechendes wie beim Multiplizieren: Statt 9 · (70 + 4) = 630 + 36 können wir schreiben: (630 + 36) : 9 = 70 + 4; es ist also (630 + 36) : 9 = (630 : 9) + (36 : 9).

Um Klammern einzusparen, schreiben wir statt (630 : 9) + (36 : 9) einfacher 630 : 9 + 36 : 9 und vereinbaren:

> Enthält ein Rechenausdruck sowohl **Punktrechnungen** (· oder :) als auch **Strichrechnungen** (+ oder −), so sind die Punktrechnungen zuerst auszuführen.
> **Merke:** Punktrechnung **vor** Strichrechnung!

Beispiele:
a) 7 + 5 · 9 = 7 + 45   b) 80 − (16 + 3 · 5) = 80 − (16 + 15)
   = 52   = 49

③ Berechne: a) 27 + 5 · 7   b) 7 · (5 + 4 · 3)   c) 34 − 35 : (9 − 2).

4
Berechne durch Ausmultiplizieren:
a) 5 · (20 + 3)   b) (30 + 4) · 8
c) 9 · (40 + 1)   d) 12 · (10 + 3)
e) 14 · (20 + 2)   f) 15 · (10 + 6).

5
Berechne durch Ausklammern:
a) 4 · 13 + 4 · 7   b) 6 · 12 + 8 · 6
c) 8 · 7 + 7 · 2   d) 3 · 7 + 3 · 3
e) 12 · 13 + 7 · 12 f) 3 · 45 + 55 · 3.

6
a) (50 + 35) : 5   b) (40 + 32) : 8
c) (49 + 35) : 7   d) (36 + 27) : 9
e) (48 + 56) : 8   f) (28 + 63) : 7

7
Berechne im Kopf: (Beispiel:
47 · 6 = (50 − 3) · 6 = 300 − 18 = 282)
a) 31 · 8   b) 42 · 7   c) 38 · 4
d) 93 · 3   e) 83 · 6   f) 89 · 9.

8
a) (37 + 3) : 8   b) (28 + 7) : 5
c) (84 + 16) : 20   d) (18 + 32) : 25
e) (63 + 14) : 11   f) (24 + 18) : 6

9
a) 55 + 5 · 7   b) 3 · 8 + 9
c) 5 · 7 + 2 · 8   d) 7 · 6 − 2 · 4
e) 65 − 4 · 9   f) 43 − 5 · 3
g) 53 − 7 · 2   h) 38 − 17 · 2

10
a) 53 + 8 · 3 − 4 · 2 + 11
b) 8 · 7 − 4 · 3 + 7 · 9 − 2 · 8
c) 4 · 9 + 24 − 28 : 7
d) 72 − 45 : 15 + 44 : 4 + 3 · 8

11
a) 60 + (4 · 8 + 3)
b) 100 − (16 + 3 · 8)
c) 84 − (52 − 4 · 7)
d) (25 − 3 · 7) + 15
e) (34 − 2 · 9) + (28 − 3 · 7)
f) 72 − (25 − 3 · 8) + (17 + 48 : 6)
g) (24 + 32) : 7 + 3 · (17 + 15)
h) 58 − (45 + 19) : 8 − 72 : (8 + 4)
i) (42 + (25 − 3 · 4)) : 11

12
a) Welche Zahl ergibt sich, wenn man alle ungeraden einstelligen Zahlen mit 4 multipliziert und die Produkte addiert?
b) Welche Zahl ergibt sich, wenn man alle geraden einstelligen Zahlen mit 5 multipliziert und die Produkte addiert?

13
Walter hat eine Ferienarbeit angenommen. Er arbeitet vormittags von 8.30 bis 12.15 Uhr und nachmittags von 14 bis 17.15 Uhr. Sein Stundenlohn beträgt 7,20 DM. Wie hoch ist sein Tagesverdienst?

14
Eine Baufirma beschäftigt 12 Maurer und 12 Hilfsarbeiter. Die Maurer haben einen Stundenlohn von 16 DM, die Hilfsarbeiter von 9 DM. Wieviel wird für eine 40-Stunden-Woche an die Arbeiter insgesamt ausbezahlt?

15
Eine Rösterei hat ihre Kaffeepreise gesenkt. 3 Dosen, die früher zusammen 32,70 DM kosteten, bekommt man jetzt für 28,50 DM.
Um wieviel wird eine Dose jetzt billiger angeboten?

16
Volker wohnt von seinem Brieffreund Erwin 85 km entfernt. Beide brechen um 7 Uhr morgens mit dem Fahrrad von zuhause auf, um sich zu treffen. Volker fährt im Durchschnitt 16 km, Erwin 18 km in der Stunde.
a) Um wieviel Uhr treffen sich die beiden?
b) Veranschauliche die Fahrtstrecke durch eine gerade Linie geeigneter Länge. Trage auf ihr den Treffpunkt ein.

17
Im Supermarkt sind Wischtücher teurer geworden. Eine 4er-Packung kostet gleichviel wie früher eine 5er-Packung. Frau Roth rechnet aus, daß die Erhöhung bei jedem Tuch 40 Pf ausmacht. Wie teuer ist ein Tuch?

29 Verbindung von Addition, Subtraktion, Multiplikation und Division

① Klaus soll die Flaschen in Fig. 62.1 in 3er-Packungen abpacken. Wie viele 3er-Packungen erhält er?

② Monika sagt: „Ich denke mir eine Zahl. Wenn ich sie mit 4 multipliziere, dann 2 subtrahiere und das Ergebnis durch 3 dividiere, so erhalte ich 10."
An welche Zahl hat Monika gedacht? Gib mit einem Rechenausdruck an, wie du die Zahl berechnet hast.

62.1

Wir stellen die bisherigen Rechenarten übersichtlich zusammen:

Addition	+	Summe	Strichrechnung
Subtraktion	−	Differenz	
Multiplikation	·	Produkt	Punktrechnung
Division	:	Quotient	

Bei der Berechnung eines Rechenausdrucks müssen wir insbesondere darauf achten, daß die einzelnen **Rechenschritte in der richtigen Reihenfolge** ausgeführt werden. Die Reihenfolge der Rechenschritte ist festgelegt durch die beiden Regeln:
1. Was in Klammern steht, wird zuerst berechnet.
2. Punktrechnung vor Strichrechnung.

Merke: Regel 1 hat Vorrang vor Regel 2.

Beispiel:
Rechenausdruck: $(50-(3\cdot 8+2\cdot 6)):2$

Gliederung: im Ausdruck $(50-(3\cdot 8+2\cdot 6)):2$ sind $3\cdot 8$ und $2\cdot 6$ Produkte, deren Summe den Subtrahenden bildet; die Differenz $50-(3\cdot 8+2\cdot 6)$ ist der Dividend des Quotienten.

Der Rechenausdruck ist ein Quotient; der Dividend ist eine Differenz, deren Subtrahend ist eine Summe mit Produkten als Summanden.

Berechnung:
$(50-(3\cdot 8+2\cdot 6)):2 = (50-(24+12)):2$
$= (50-36):2$
$= 14:2$
$= 7$

③ Gabi hat 5 DM, um eine Glühbirne für 3,80 DM und zwei 40er-Briefmarken zu kaufen. Den Rest des Geldes darf sie mit ihrer Schwester teilen. Wieviel bekommt jede?

④ a) $24\cdot 3-2\cdot(56:4-2\cdot 3)$ b) $100-8\cdot 7-(18+2\cdot 9)$
c) $18-(92-4\cdot 3):(3\cdot 14-8\cdot 4)$ d) $(90-2\cdot(43-2\cdot 6)):7$

5
Berechne die folgenden Rechenausdrücke. Gib an, ob es sich um Summen, Differenzen, Produkte oder Quotienten handelt.
a) $2 \cdot 7 + 13$ b) $5 \cdot 14 - 4$
c) $(9-3) \cdot 2$ d) $9 - 3 \cdot 2$
e) $8 + 6 : 2$ f) $(8+6) : 2$
g) $(25+75) : 25$ h) $90 : (18-8)$
i) $(20+6) \cdot 3 + 10$ k) $(96 : 16) \cdot 2$
l) $(20+6) \cdot (3+10)$

6
Gliedere und berechne:
a) $(75-15) : (3+2)$
b) $(36+36) : 12 - 3 \cdot 2$
c) $(36+36) : (12 - 3 \cdot 2)$
d) $((36+36) : (12-3)) \cdot 2$
e) $36 + (96 : 12 - 3 \cdot 2)$
f) $36 + 36 : (12 - 3 \cdot 2)$.

7
Berechne:
a) $84 - 72 : (43-31) + 22$
b) $40 + (13 + 21 : 3) \cdot (9 - 48 : 8)$
c) $45 \cdot 2 - 18 \cdot 3 + 2 \cdot (4 + 3 \cdot 7)$
d) $62 - 8 \cdot ((32 : 4 + 2) : 2) + 28$.

8
Stelle bei den folgenden Aufgaben zunächst einen Rechenausdruck auf.
a) Subtrahiere vom Produkt der Zahlen 7 und 6 den Quotienten der Zahlen 75 und 3.
b) Subtrahiere den Quotienten der Zahlen 76 und 4 vom Produkt der Zahlen 8 und 9.
c) Dividiere die Summe von 48 und 24 durch die Differenz dieser Zahlen.
d) Multipliziere den Quotienten der Zahlen 51 und 17 mit der Differenz dieser Zahlen.

9
a) Dividiere das Produkt aus Summe und Differenz der Zahlen 9 und 3 durch den Quotienten dieser Zahlen.
b) Addiere zur doppelten Differenz der Zahlen 27 und 49 die halbe Summe dieser Zahlen.
c) Subtrahiere den Quotienten der Zahlen 56 und 14 vom Produkt der Zahlen 14 und 7.

10
a) Welche Zahl mußt du zum Quotienten von 56 und 14 addieren, um das Produkt von 7 und 12 zu erhalten?
b) Wie oft kann man den Quotienten von 36 und 4 von 63 subtrahieren?
c) Um wieviel wird das Produkt der Zahlen 4 und 14 verkleinert, wenn man den 1. Faktor um 3 vergrößert und den 2. Faktor um 7 verkleinert?

11
Elke kassiert Zeitungsgeld. Bei vier Familien kassiert sie jeweils 8,60 DM, bei einer Familie 5,40 DM. Insgesamt bekommt sie 2,50 DM Trinkgeld. Den 20. Teil der Zeitungsgelder darf sie als Kassierlohn behalten. Welchen Betrag muß Elke abliefern, wieviel bleibt ihr?

12
Bei einer Klassenarbeit erhielten 3 Schüler die Note 1, 6 Schüler die Note 2, 13 Schüler die Note 3, 8 Schüler die Note 4 und 2 Schüler die Note 5. Um den „Klassendurchschnitt" zu ermitteln, addiert der Lehrer alle Noten und dividiert die Summe durch die Anzahl der Schüler. Zu welchem Ergebnis kommt er?

13
Inge sagt zu ihrer Freundin Hella: „Denke dir eine Zahl. Addiere 5, multipliziere das Ergebnis mit 4, subtrahiere nun 20, dividiere danach durch 2."
a) Zu welcher Zahl gelangt Hella, wenn sie sich die Zahl 6 (7; 8; 10) denkt? Welche Vermutung drängt sich auf?
b) Versuche, Inges Rechenanweisungen als Rechenausdruck aufzuschreiben. Prüfe mit seiner Hilfe, ob deine Vermutung richtig oder falsch war.
c) Hella gelangt zur Zahl 42. Welche Zahl hat sie sich gedacht?

14
Schreibe 85 als Summe von zehn Summanden, von denen jeder um 1 größer ist als sein Vorgänger.

30 Rechnen mit Größen

① Für eine Wohltätigkeitsveranstaltung werden Päckchen hergerichtet und verschnürt (Fig. 64.1). Jedes Päckchen ist 25 cm lang, 15 cm breit und 10 cm hoch.
a) Wieviel m Schnur braucht man für ein Päckchen, wenn für die Schlaufe am Ende 10 cm zugegeben werden?
b) Reicht eine Rolle mit 40 m Schnur zum Verschnüren von 25 Päckchen?

64.1

Längen, Gewichte, Zeitspannen und Geldbeträge sind Beispiele für „Größen". Gleichartige Größen, z.B. zwei Längen, können wir addieren; ungleichartige Größen, z.B. eine Länge und ein Gewicht, können wir nicht addieren.
Vor dem Rechnen mit Größen müssen wir diese in der gleichen Maßeinheit ausdrücken.

Beispiele:
a) Addieren von Längen
2,5 m + 40 cm + 3 dm
= 250 cm + 40 cm + 30 cm
= 320 cm
= 3,20 m

b) Subtrahieren von Zeitspannen
3 h 15 min − 1 h 10 min
= 195 min − 70 min
= 125 min
= 2 h 5 min

Für 3 cm + 3 cm + 3 cm + 3 cm + 3 cm schreiben wir kürzer 5 · 3 cm; es ist also 5 · 3 cm = 15 cm = (5 · 3) cm.

> Eine **Größe** wird mit einer **Zahl** multipliziert, indem man ihre Maßzahl mit der Zahl multipliziert und die Einheit beibehält.

Beispiele:
a) 8 · 400 g = 3200 g
= 3,2 kg
b) 65 cm · 3 = 195 cm
= 1,95 m
c) Eine 1,80 m lange Latte soll in 45 cm lange Teile zersägt werden (Fig. 64.2). Wie viele Teile erhält man?
d) Eine 1,80 m lange Latte soll in 12 gleichlange Teile zersägt werden (Fig. 64.3). Wie lang wird ein Teil?

64.2

64.3

Wir schreiben: 180 cm : 45 cm = 4.
Man erhält 4 Teile.

Wir schreiben: 180 cm : 12 = 15 cm.
Ein Teil wird 15 cm lang.

② a) 4 · 1 h 20 min   b) 1,50 m : 30 cm   c) 1 h 30 min : 15 min   d) 1 kg 200 g : 4

③ a) Wie lange reichen 20 kg Kartoffeln, wenn täglich 500 g verbraucht werden?
b) 6 l Milch werden gleichmäßig auf 12 Becher verteilt. Wieviel enthält jeder Becher?

4
a) 2 m 10 cm + 80 cm + 3 dm + 0,5 m
b) 250 g + 1,2 kg + 300 g + 1 kg 100 g
c) 2 h 15 min + 40 min + 1 h 30 min
d) 4 DM 20 Pf + 1 DM 90 Pf − 3 DM 50 Pf
e) 3 h 10 min − 45 min − 1 h 10 min
f) 4 h − (1 h 5 min − 20 min)

5
a) 6 · 1 m 20 cm   b) 8 · 1,5 m
c) 4 · 3,50 DM   d) 7 · 1 h 15 min
e) 3 · (1 DM 10 Pf + 2 DM 40 Pf)
f) 5 · (2,40 m + 30 cm + 8 dm)
g) (45 min + 1 h 30 min + 15 min) · 2

6
a) 85 Pf : 5   b) 2 DM 40 Pf : 8
c) 3 DM 5 Pf : 5 Pf d) 225 DM : 25 DM
e) 84 cm : 6   f) 1 m 25 cm : 25 cm
g) 4 km 800 m : 16 h) 72 cm : 12 mm
i) 250 g : 125   k) 1 kg 20 g : 4
l) 3 t 600 kg : 12 kg m) 16 kg : 200 g
n) 45 min : 9   o) 1 h 40 min : 25
p) 8 h : 1 h 20 min q) 2,80 m : 7 dm

7
a) 3 · (2 DM 40 Pf + 80 Pf)
b) (2,60 DM + 0,70 DM) · 2
c) (4 m 5 cm + 1 m 55 cm) : 4
d) (4,30 m + 0,50 m) : 3 dm
e) (2 t 400 kg + 0,8 t) : 200 kg
f) (2,4 km + 400 m) : (0,2 km + 500 m)
g) (2 h 20 min + 40 min) : (1 h 30 min)

8
a) Eine Kiste Apfelsinen kostet 44 DM. 1 kg kostet 2,20 DM. Wieviel kg sind es?
b) Die Brüder Karl, Heinz und Albert erben zusammen 6390 DM. Wieviel bekommt jeder, wenn keiner bevorzugt wird?

9
Ein Tunnel soll 12 km lang werden. Er wird von beiden Seiten gleichzeitig gebaut. Auf der einen Seite werden täglich 24 m, auf der andern 26 m gebaut.
a) Nach wieviel Tagen treffen die Bautrupps zusammen?
b) Wieviel m werden von jedem Bautrupp gebaut?

10
a) Auf einer Karte im Maßstab 1 : 50 000 ist eine Straße 4 cm lang. Wie lang ist die Straße in Wirklichkeit?
b) Ein Zaun, in Wirklichkeit 20 m lang, soll auf einem Plan mit dem Maßstab 1 : 400 eingezeichnet werden. Wie lang wird der Zaun auf dem Papier?

11
a) Zu einem Marathonlauf (42 km) braucht ein Läufer 3 Stunden. Vergleiche seine Geschwindigkeit mit der eines Radfahrers, der in 1 Stunde 16 km zurücklegt.
b) Wie viele Runden müssen die Läufer beim 10 000-m-Lauf zurücklegen, wenn die Bahn 400 m lang ist?

12
Um die Tiefe des Meeres zu bestimmen, wird mit einem Echolot Ultraschall ausgesandt. Der Schall legt in 1 s im Wasser 1500 m zurück. Wie tief ist das Meer an einer Stelle, an welcher der Schall nach 5 s zurückkommt?

13
Ein Buch hat 140 Seiten. Es ist (ohne Umschlag) 7 mm dick. Wie dick ist ein Blatt?

14
a) Kann man die Streifen in Fig. 65.1 (ohne neue Löcher zu bohren) durch weitere Schrauben verbinden?
b) In der Mitte zwischen je zwei Löchern des grünen Streifens wird ein weiteres Loch gebohrt. Trifft eines dieser neuen Löcher mit einem Loch des braunen Streifens zusammen?

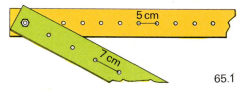

65.1

31 Zweisatzaufgaben

① a) Ein Autofahrer will 25 Liter Superbenzin tanken (Fig. 66.1). Reichen 27 DM?
b) An einer andern Tankstelle muß er für 30 Liter Superbenzin 32,70 DM bezahlen. Wieviel kostet hier 1 Liter?

② Herr Braun braucht für den elektrischen Rasenmäher ein Kabel. Ein Fachgeschäft bietet von der Rolle an:

m	5	10	30	50
kg	2	4	12	20
DM	8	16	45	70

66.1

Weitere Längen gibt es nach Wunsch.
a) Wieviel wiegt ein 20-m-Kabel? Wieviel wiegt 1 Meter Kabel?
b) Wieviel kostet 1 Meter Kabel? Weshalb kann man der Tabelle nicht entnehmen, wieviel ein 20-m-Kabel kostet? Wie müßten die Preisangaben bei 30 m und 50 m Länge lauten, damit wir berechnen könnten, wieviel ein 20-m-Kabel (40-m-Kabel) kostet?

Wenn wir wissen, wieviel 1 Tintenpatrone wiegt, so können wir berechnen, wieviel z. B. 60 Patronen wiegen. Wissen wir umgekehrt, wieviel 25 Patronen wiegen, so können wir berechnen, wieviel 1 Patrone wiegt. Solche Rechnungen heißen Zweisatzrechnungen.

> Bei Zweisatzaufgaben schließen wir
> durch Multiplizieren   oder   durch Dividieren
> von der **Einheit** auf eine **Vielheit**   von einer **Vielheit** auf die **Einheit**.

Beispiele:
a) 1 kg Kartoffeln kostet 80 Pf. Wieviel muß man für 30 kg bezahlen?
    1 kg kostet   80 Pf,
    30 kg kosten 30 · 80 Pf = 24 DM.
30 kg Kartoffeln kosten 24 DM.

b) Frau Weiß bezahlt für 20 kg Waschpulver 50 DM. Wie teuer ist 1 kg?
    20 kg kosten 50 DM,
    1 kg kostet 50 DM : 20 = 2,50 DM.
1 kg des Waschpulvers kostet 2,50 DM.

c) Nach einer Überschwemmung muß ein Keller leergepumpt werden. Die Pumpe der Feuerwehr schafft 150 l in jeder Minute. Wie lange hat sie zu tun, wenn rund 12 000 l Wasser eingedrungen waren?
    Für 150 l braucht sie   1 min,
    für 12 000 l braucht sie (12 000 : 150) min = 80 min.
    Die Feuerwehr braucht etwa 1 h 20 min, um den Keller leerzupumpen.

Merke: Bei Zweisatzaufgaben formulieren wir den ersten Satz stets so, daß die gesuchte Größenart am Ende des Satzes steht.

③ a) Ein Heft kostet 35 Pf. Hans braucht 6 Hefte. Wieviel kosten sie?
b) Auf dem Wochenmarkt bezahlt Frau Alber für 15 kg Beeren 22,50 DM. Ihre Nachbarin hat für 20 kg Beeren 28 DM bezahlt. Wer hat günstiger eingekauft?

4
a) 1 l Milch kostet 1,05 DM. Wieviel kosten 2 l (5 l; 8 l; 10 l; 15 l)?
b) Eine Baufirma verrechnet bei einem 8-Stunden-Arbeitstag für den Facharbeiter 280 DM, für den Hilfsarbeiter 144 DM. Mit welchen Stundenlöhnen rechnet die Firma?

5
Beim Werbefernsehen kostet 1 s Sendezeit 2400 DM. Wie teuer wird eine Sendung von einer viertel Minute?

6
Ein Satellit benötigt für einen Umlauf um die Erde 1 h 30 min. Wie lange braucht er für 6 Umläufe?

7
Der Schall legt in der Luft in 1 s eine Strecke von 333 m zurück. Wie weit ist ein Gewitter entfernt, wenn du 5 s nach dem Blitz den Donner hörst?

8
Wie lange dauert das Abspielen eines Tonbandes von 900 m Länge, wenn in 1 s 18 cm abrollen?

9
Beim Bergsteigen nimmt man an, daß man 300 m Höhenunterschied in etwa einer Stunde schafft. Wie lange braucht man zur Besteigung eines Dreitausenders, wenn der Aufstieg aus 1200 m Höhe erfolgt?

10
Ein Bäcker backt täglich 200 Brote zu 2 kg. Er braucht für 1 kg Brot 750 g Mehl. Wie groß ist der tägliche Mehlbedarf?

11
a) Eine Werksküche bezog 200 kg Kartoffeln zu je 25 Pf und 300 kg zu je 20 Pf. Wie teuer war durchschnittlich 1 kg?
b) Wie ändert sich der durchschnittliche kg-Preis, wenn statt 25 Pf künftig 32 Pf und statt 20 Pf künftig 22 Pf berechnet werden?

12
Ein Sessellift braucht für eine Berg- und Talfahrt 8 min.
a) Wie viele Fahrten schafft der Lift in der Zeit von 8.30 bis 16.30 Uhr?
b) Von 10.44 bis 11.24 Uhr fiel der Strom aus. Wie viele Fahrten sind es an diesem Tag?

13
In einem Saal brennen von 8–16 Uhr 20 Glühlampen. Von 16–22 Uhr werden weitere 10 Lampen eingeschaltet. Die Brennkosten betragen für eine Lampe 4 Pf pro Stunde. Was kostet die Beleuchtung täglich?

14
Die Kosten einer Straße zwischen den Orten A und B betragen 360 000 DM. Sie sollen entsprechend den Einwohnerzahlen aufgeteilt werden. A hat 500, B 2500 Einwohner.
a) Wieviel hat jedes Dorf zu bezahlen?
b) Wieviel DM kommen auf jeden Einwohner?

15
a) Übernimm die folgende Preistabelle in dein Heft und ergänze sie.

kg	1	2	3	5
DM			2,25	3,75	11,25

b) In einem Gartengeschäft ist folgende Preistabelle für Kunstdünger ausgehängt:

kg	2	10	20	50
DM	1,20	5	9	21

Wieviel sparst du, wenn du anstelle von zehn 2-kg-Beuteln einen 20-kg-Sack Kunstdünger kaufst?
c) Zeichne einen Zahlenstrahl, auf dem du die Maßzahlen der Gewichte aus der Tabelle in Teilaufgabe b) eintragen kannst. Veranschauliche nun den jeweiligen Preis durch eine Strecke wie in Fig. 44.2. Wie erkennst du mit Hilfe dieser Strecken, ob das Geschäft Mengenrabatt gewährt?

32 Potenzieren

① Falte ein Blatt Zeitungspapier 1mal, 2mal, 3mal, 4mal (Fig. 68.1).
a) Wie viele Lagen gibt dies jeweils?
b) 16 Lagen ergeben zusammen eine Dicke von etwa 1 mm. Wie oft mußt du falten, bis die entsprechenden Lagen zusammen mehr als 1 cm dick sind?

② a) Ein Vorhängeschloß (Fig. 17.3) hat vier Ziffernscheiben, auf denen man jeweils die Ziffern 1, 2, ..., 9, 0 einstellen kann. Wie viele verschiedene Einstellungen sind bei diesem Schloß möglich?
b) Wie viele Einstellungen sind möglich, wenn jede Scheibe nur 3 Ziffern hat?

68.1

Eine Summe wie $3+3+3+3+3$ aus lauter gleichen Summanden schreiben wir kürzer als Produkt $5 \cdot 3$. Entsprechend vereinbaren wir nun auch für Produkte wie $3 \cdot 3 \cdot 3 \cdot 3 \cdot 3$ mit lauter gleichen Faktoren eine Kurzschreibweise.

Für $3 \cdot 3 \cdot 3 \cdot 3 \cdot 3$ schreiben wir auch 3^5 (lies: 3 hoch 5). Die hochgestellte Zahl 5 gibt an, wie viele Faktoren das Produkt hat; 3 gibt an, um welche Faktoren es sich handelt.
3^5 heißt **Potenz** (genauer: Potenz von 3 oder Dreierpotenz), 3 heißt **Grundzahl** (oder Basis), 5 heißt **Hochzahl** (oder Exponent).
Wir sagen: Die Zahl 3 wird mit der Zahl 5 **potenziert**.

Manchmal schreiben wir statt 3 auch 3^1.

Beispiele:
a) Für $5 \cdot 5$ oder 25 schreiben wir 5^2, für $2 \cdot 2 \cdot 2 \cdot 2$ oder 16 schreiben wir 2^4; 13^2 bedeutet dieselbe Zahl wie $13 \cdot 13$ oder 169.
b) $10^1 = 10$; $10^2 = 100$; $10^3 = 1000$; ...
$10\,000 = 10^4$; $100\,000 = 10^5$; ...
Bei Zehnerpotenzen gibt die Hochzahl an, wieviel Nullen die Zahl hat.

c) Potenzen mit der Hochzahl 2 lassen sich wie in Fig. 68.2 veranschaulichen: $1^2 = 1$; $2^2 = 4$; $3^2 = 9$; $4^2 = 16$; ... Die Zahlen 1, 4, 9, 16, 25, 36, 49, 64, 81, 100, ... nennt man deshalb auch Quadratzahlen.

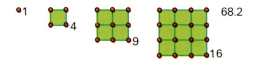

68.2

Beachte: Es ist $2^5 = 2 \cdot 2 \cdot 2 \cdot 2 \cdot 2 = 32$, dagegen $5^2 = 5 \cdot 5 = 25$.
Du siehst: Bei Potenzen darf man Grund- und Hochzahl **nicht** vertauschen.
Es ist: $2 \cdot 3^4 = 2 \cdot 81 = 162$; merke: Potenzieren **vor** Multiplizieren.

③ Schreibe die folgenden Produkte als Potenzen. Welche Zahl ist jeweils gemeint?
a) $5 \cdot 5 \cdot 5$ b) $2 \cdot 2 \cdot 2 \cdot 2 \cdot 2 \cdot 2 \cdot 2$ c) $10 \cdot 10 \cdot 10 \cdot 10$ d) $11 \cdot 11$

④ Berechne: a) 3^4 b) 4^3 c) 2^8 d) 7^2 e) 10^1 f) 1^{10}.

⑤ Gib als Potenz an: a) 81   b) 1000   c) 144   d) 125   e) 225   f) 13.

6
a) Schreibe als Produkte:
2^3, 3^3, 4^3, 5^4, 6^2, 1^5, 10^2, 14^5, 20^3.
b) Berechne:
2^5, 3^5, 4^2, 5^3, 8^2, 7^3, 2^9, 1^7, 10^4.
c) Schreibe als Potenzen:
25, 36, 9, 100, 196, 1 000 000.

7
Es ist $2 \cdot 2 \cdot 2 \cdot 3 \cdot 3 = 2^3 \cdot 3^2$. Schreibe entsprechend als Produkte von Potenzen:
a) $3 \cdot 3 \cdot 4 \cdot 4 \cdot 4$ b) $2 \cdot 2 \cdot 2 \cdot 7 \cdot 7 \cdot 7$
c) $5 \cdot 5 \cdot 5 \cdot 6 \cdot 6 \cdot 6$ d) $3 \cdot 8 \cdot 8 \cdot 3 \cdot 8 \cdot 3$
e) $9 \cdot 2 \cdot 9 \cdot 2 \cdot 2 \cdot 2 \cdot 9$ f) $4 \cdot 10 \cdot 10 \cdot 4 \cdot 4$.

8
a) 64 läßt sich in der Form 4^3 oder 8^2 als Potenz schreiben. Suche 3 weitere Zahlen, die sich auf verschiedene Arten als Potenz schreiben lassen.
b) Welches ist die höchste Potenz von 2 (von 3), die kleiner ist als 100?

9
a) Gib die Menge aller Quadratzahlen an, die nicht größer sind als 400.
b) Gib die Menge aller Potenzen von 3 an, die kleiner sind als 1000.
c) Von welcher Hochzahl an unterscheiden sich zwei aufeinanderfolgende Viererpotenzen um mehr als 500?

10
Es ist $30\,000 = 3 \cdot 10\,000 = 3 \cdot 10^4$. Schreibe ebenso mit Hilfe einer Zehnerpotenz:
a) 3000   b) 7000   c) 800
d) 20 000   e) 130 000   f) 400 000
g) 5 000 000   h) 600 000   i) 90 000.

11
Berechne:
a) $3^2 \cdot 5^2$ b) $4^2 \cdot 3^3$ c) $5 \cdot 2^4$
d) $6 \cdot 2^2 \cdot 3$ e) $7 \cdot 3^2 \cdot 2^2$ f) $5 \cdot 8 \cdot 3^2$
g) $2^5 + 3^2$ h) $4^3 + 5^2$ i) $3^3 + 2^6$
k) $5^2 + 3 \cdot 2^3$ l) $15 + 3^2$ m) $4^3 - 2 \cdot 5^2$.

12
a) $(14 + 2 \cdot 3^3) : 4 + 2^5$
b) $(89 - 3 \cdot 2^4) : (5 \cdot 3^2 - 4^3 : 2^4)$
c) $(6 + 8 \cdot 2^3) \cdot (4 \cdot 5^2 - 5 \cdot 4^2) - 20^2$

13
a) Berechne $1+3, 1+3+5, 1+3+5+7$ usw. bis $1+3+5+\ldots+19$. Prüfe, ob man die Ergebnisse als Potenzen schreiben kann.
b) Berechne $1^3 + 2^3$, $1^3 + 2^3 + 3^3$ und $1^3 + 2^3 + 3^3 + 4^3$. Versuche, die Ergebnisse als Potenzen zu schreiben. Welche Gesetzmäßigkeit vermutest du? Überprüfe sie anhand der Summe $1^3 + 2^3 + 3^3 + 4^3 + 5^3$.

14
Versuche, jede Zahl zwischen 100 und 110 als Summe von höchstens vier Quadratzahlen aufzuschreiben.
(Beispiel: $119 = 9^2 + 6^2 + 1^2 + 1^2$
oder: $119 = 7^2 + 6^2 + 5^2 + 3^2$)

15
Albert hat ein schönes Mäppchen mit 10 Farbstiften. Otto möchte gerne auch so eines haben, es kostet im Laden aber 3,50 DM. Albert macht ihm ein Angebot: „Du bekommst mein Mäppchen, wenn du mir für den ersten Farbstift 1 Pf bezahlst, für den zweiten doppelt soviel wie für den ersten, für den dritten doppelt soviel wie für den zweiten usw." Würdest du das Angebot annehmen?

16
In Fig. 69.1 ist ein „Wunderbaum" abgebildet. Er treibt in der ersten Woche die braunen Zweige, in der zweiten die grünen, in der dritten die roten, usw. Nach vier Wochen erscheint an jedem der äußersten Zweigenden eine Blüte. Wie viele Blüten hat dann der Baum?

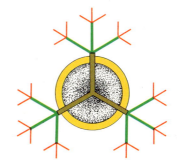

69.1

33 Vermischte Aufgaben

1
a) 7 14 27 48 59 65 86 · 2
b) 8 23 32 15 26 37 48 · 3
c) 2 13 15 23 34 45 67 · 4
d) 7 12 16 18 23 27 48 · 5
e) 5 17 22 36 41 57 62 · 6
f) 9 14 29 39 43 64 82 · 7
g) 6 19 31 42 53 69 74 · 8
h) 3 13 24 33 47 52 65 · 9

2
a) 28 46 82 54 76 92 98 : 2
b) 18 24 42 48 54 57 87 : 3
c) 24 32 48 84 60 72 96 : 4
d) 35 60 75 90 55 40 95 : 5
e) 42 54 84 102 126 162 186 : 6
f) 56 63 91 112 147 161 182 : 7
g) 48 64 88 112 136 152 176 : 8
h) 54 72 81 108 126 144 171 : 9

3
a) $(8+6 \cdot 4) \cdot 3$ b) $5 \cdot 3 + 2 \cdot 8 - 4 \cdot 6$
c) $3 \cdot (38-36:2)$ d) $(14 \cdot 5):7 - 36:4$
e) $9 \cdot 5 - 3 \cdot 5 + 7 \cdot 5$ f) $(5 \cdot 8 - 2 \cdot 7):13$

4
a) $38+13-24+15-27-6-3$
b) $45-33+78-23-28+34-17$
c) $19+43+22-38+7-2+11$
d) $63-23+18-24+17-11+50$

5
a) $3 \cdot (15 + 2 \cdot (26-12) + 7)$
b) $(27-(48:16+4)) \cdot 4 - 60:15$
c) $(24+5 \cdot 3):(28-3 \cdot 5)$
d) $3^4 - 2 \cdot 5^2 + 3^2 \cdot (30-5^2)$

6
a) Dividiere die halbe Summe der Zahlen 17 und 15 durch ihre Differenz.
b) Subtrahiere vom doppelten Produkt der Zahlen 8 und 4 den halben Quotienten dieser Zahlen.
c) Multipliziere den Quotienten der Zahlen 66 und 11 mit dem Produkt der Zahlen 8 und 2.
d) Dividiere das Produkt der Zahlen 5 und 18 durch den Quotienten von 60 und 4.

7
a) Welche Zahl muß man zur Summe von 17 und 32 addieren, um das Produkt von 8 und 9 zu erhalten?
b) Durch welche Zahl muß man 25+11 dividieren, um 54:3 zu erhalten?

8
Von zwei Zahlen liegt die eine ebensoviel über 50 wie die andere unter 50.
a) Wie groß ist die Summe beider Zahlen?
b) Die Differenz der Zahlen beträgt 44. Wie heißen die Zahlen?

9
Auf der linken Seite einer Balkenwaage liegen 80 g, auf der rechten 54 g. Wieviel g muß man von der linken auf die rechte Waagschale legen, um Gleichgewicht herzustellen?

10
Von einem Futtervorrat von 100 kg werden jede Woche 8 kg verfüttert. Wieviel ist nach 12 Wochen noch vorhanden?

11
In einer Klasse sitzen 40 Schüler in 3 Reihen. In der mittleren Reihe sitzen 4 Schüler mehr als in jeder der beiden andern. Wie viele Schüler sitzen in jeder Reihe?

12
Ein Hotel hat 14 Zimmer. Insgesamt sind es 22 Betten. Wie viele Einbettzimmer und wie viele Zweibettzimmer hat das Hotel?

13
Gabriele ist 17 Jahre alt, Helmut 13 Jahre, Annette 10 Jahre. In wieviel Jahren werden sie zusammen 100 Jahre alt sein?

14
Ein Reitpferd bekommt täglich 4 kg 250 g Hafer. Wieviel bekommen 8 Pferde in einer Woche?

15
Frau Heck hat drei volle Fässer Apfelsaft mit 54, 50 und 36 Liter Inhalt. Ein weiteres leeres Faß kann 60 Liter aufnehmen. Sie möchte nun in dieses vierte Faß 24 Liter abfüllen. Wie kann sie das machen?

16
Eine Orange wiegt 210 g, ihre Schale 60 g. Wie viele Orangen muß man mindestens schälen, um 4,5 kg Fruchtfleisch zu erhalten?

17
Ein Radfahrer braucht für eine Strecke fünf Stunden. Wie lange braucht ein Auto, das 6mal so schnell fährt, für die gleiche Strecke?

18
Herr Manz kauft einen Kühlschrank für 720 DM. Den vierten Teil bezahlt er sofort, den Rest in 12 Monatsraten.
a) Wie hoch ist eine Monatsrate?
b) Nach wieviel Monaten wäre der Rest bei Raten von 60 DM abbezahlt?

19
An einem Ausflug nahmen doppelt so viele Kinder teil wie Erwachsene. Die Fahrtkosten betrugen 180 DM. Ein Erwachsener mußte 6 DM bezahlen, ein Kind die Hälfte. Wieviel Erwachsene und wieviel Kinder waren es?

20
Ein Vortrag wird in Schreibmaschinenschrift 20 Seiten lang, wenn jede Seite 40 Zeilen hat. Wie viele Seiten werden es, wenn auf jede Seite 50 Zeilen geschrieben werden?

21
Elke schlägt Achim folgendes Spiel vor: „Du nennst mir eine beliebige einstellige Zahl. Wir zählen dann abwechselnd immer eine einstellige Zahl dazu. Wer zuerst 100 erreicht, hat gewonnen." Achim wundert sich, daß Elke ständig gewinnt. Welchen Gewinnplan (Strategie) verfolgt Elke?

22
Das „magische" Zahlenfünfeck (Fig. 71.1).

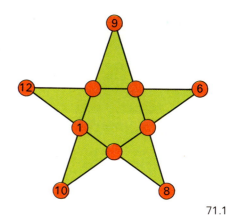

71.1

Setze in die leeren Kreise Zahlen so ein, daß die Summe aller auf einer geraden Linie liegenden Zahlen 24 ergibt.

23
Holger hilft Gabi beim Rechnen; er bedient ihren Taschenrechner. Sie gibt ihm nacheinander folgende Anweisungen: „Tippe 12 ein. Multipliziere mit 7. Subtrahiere 75. Potenziere mit 2. Dividiere durch 27."
a) Was zeigt der Taschenrechner an?
b) Schreibe die Anweisungen Gabis in Form eines Rechenausdrucks auf.

24
a) Suche eine 3er-Zahl (Vielfaches von 3) und eine 7er-Zahl, deren Differenz 1 ist. Kannst du auch eine 5er-Zahl und eine 11er-Zahl finden, deren Differenz 1 ist?
b) Untersuche, ob die Differenz einer Zahl aus V_4 und einer Zahl aus V_6 (einer Zahl aus V_8 und einer Zahl aus V_{12}) die Zahl 1 sein kann.

25
Aus dem Rechenbuch des Adam Riese von 1574: Item ein Son fragt seinen Vatter / wie alt er sey / Der Vatter antwort jhm / sprechende: Wann du werest noch so alt / halb so alt / ein viertheil so alt / vnd ein Jar aelter / so werest du gerad 100 Jar alt. Die frag wie alt der Son sey?

V Schriftliches Rechnen
34 Zehnersystem

① Im Schreibwarengeschäft sind Kugelschreiberminen, Farbstifte und Füller in Behälter eingeordnet (Fig. 72.1).
a) Welchen Wert stellt der Vorrat dar?
b) Die Minen schlagen um 5 Pf, die Farbstifte um 20 Pf, die Füller um 50 Pf je Stück auf. Welchen Wert hat der Vorrat jetzt?

72.1

Fig. 72.2 zeigt ein „Rechenbrett". Auf ihm ist mit Plättchen die Zahl eintausenddreiundzwanzig notiert. Die Bedeutung eines Plättchens richtet sich nach der Stelle, an der es liegt; man nennt deshalb diese Darstellung von Zahlen eine **Stellenschreibweise**.

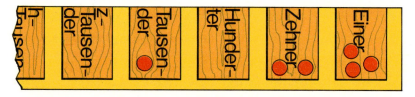

72.2

Eine Stelle ist höchstens mit neun Plättchen besetzt. Wir können also mit den **Ziffern** 1, 2, 3, 4, 5, 6, 7, 8, 9 angeben, wieviel Plättchen an jeder Stelle sind.

72.3

Das Rechenbrett brauchen wir nicht zu zeichnen, wenn wir deutlich machen, daß die 3. Stelle nicht besetzt ist. Wir schreiben an diese Stelle das Zeichen 0 (null).

1 0 2 3

72.4

Übersicht über die Bedeutung der Stellen im **Zehnersystem (Dezimalsystem)**														
…	10^{14}	10^{13}	10^{12}	10^{11}	10^{10}	10^9	10^8	10^7	10^6	10^5	10^4	10^3	10^2	10^1	1
	H	Z	E	H	Z	E	H	Z	E	H	Z	E	H	Z	E
	Billionen			Milliarden			Millionen			Tausend					

Die Zahlen 1, 10, 10^2, 10^3, … heißen auch **Stufenzahlen** des Zehnersystems.

Beispiele:
a) $5308 = 5 \cdot 10^3 + 3 \cdot 10^2 + 8 \cdot 1$
b) $24\,050\,000 = 2 \cdot 10^7 + 4 \cdot 10^6 + 5 \cdot 10^4$

② Schreibe wie in den Beispielen: zweitausendfünfhundertdreizehn, achthundertneun, viertausendfünfzig, zwei Millionen fünftausend, acht Billionen fünfzigtausend.

3
a) Lies: 4385; 706; 760; 76; 7600; 45 600; 40 080; 11 000 000; 3 050 060; 8 004 030; 1 000 010; 4 650 080 000; 15 060 450 000 000; 10 000 800 000 000.
b) Schreibe die in Teilaufgabe a) genannten Zahlen mit Worten.

4
$4378 = 4 \cdot 10^3 + 3 \cdot 10^2 + 7 \cdot 10 + 8 \cdot 1$
Schreibe entsprechend:
a) 3 185 629
b) 24 045 376
c) 6 030 000 058
d) 400 050 000 000 000.

5
$3 \cdot 10^4 + 8 \cdot 10^2 + 5 \cdot 10 + 9 = 30859$
Schreibe entsprechend:
a) $4 \cdot 10^5 + 3 \cdot 10^4 + 6 \cdot 10^3 + 7 \cdot 10^2 + 5$
b) $8 \cdot 10^6 + 7 \cdot 10^4 + 9 \cdot 10^2 + 3 \cdot 10 + 2$
c) $5 \cdot 10^{11} + 3 \cdot 10^3 + 9 \cdot 10^2$
d) $9 \cdot 10^{13} + 8 \cdot 10^9 + 7 \cdot 10^8$.

6
Schreibe mit Ziffern:
a) vierunddreißigtausendundachtzig
b) dreiundachtzig Millionen achtzehntausendunddrei
c) zwei Milliarden zehn Millionen
d) neun Billionen zwei Millionen
e) elf Billionen drei Millionen fünfundsechzigtausend.

7
Gib jeweils Vorgänger und Nachfolger an.
a) 10 000   b) 100 000
c) 500 900   d) 10 099
e) 9 990 000   f) 37 909 999
g) 99 999   h) 999 899 999
i) 10 000 000 000   k) 1 001 000 000

8
a) Notiere alle 3stelligen Zahlen, die an jeder Stelle entweder die Ziffer 1 oder 2 haben. Wie viele sind es?
b) Wie viele 6stellige Zahlen kann man mit den Ziffern 1, 2 schreiben?
c) Wie viele 4stellige Zahlen kann man mit den Ziffern 1, 2, 3 schreiben?

9
Wie viele 3stellige Zahlen haben
a) 5 als Einerziffer (E)
b) keine 5 als E
c) 2 als Hunderterziffer (H)
d) 5 als E und 2 als H
e) 5 als E oder 2 als H
f) keine 5 als E und keine 2 als H
g) genau eine 5
h) mindestens zweimal eine 5
i) höchstens zweimal eine 8?

10
Wir sagen: Die Zahl 758 hat die „Quersumme" $7+5+8=20$. Die Zahlen 497 und 668 haben auch die Quersumme 20.
a) Wie heißt die kleinste (größte) 3stellige Zahl mit der Quersumme 20?
b) Wie heißt die größte (kleinste) 4stellige Zahl mit der Quersumme 11?
c) Ermittle mit einem Baum, wie viele 3stellige Zahlen die Quersumme 6 haben.

11
Der Mond ist von der Erde etwa 400 000 km entfernt, die Sonne etwa 150 Millionen km. Zum Vergleich sollen die Entfernungen durch Papierstreifen veranschaulicht werden.
a) Wie lang sind die Streifen zu machen, wenn 100 000 km einer Streifenlänge von 1 mm entsprechen?
b) Wie lang wird der Streifen für die Sonnenentfernung, wenn die Entfernung des Mondes durch einen 1 cm langen Streifen veranschaulicht wird?

12
Die größte Zahl, die man mit drei Ziffern schreiben kann, ist $9^{(9^9)}$. Sie hat im Zehnersystem etwa 370 Millionen Ziffern. Wie lang müßte ein Papierstreifen sein, um die Zahl aufzuschreiben, wenn man für jede Ziffer 3 mm Platz braucht?

13
Es gibt mehrere 11stellige Zahlen, bei denen nur eine Ziffer doppelt vorkommt. Wie groß ist die Quersumme einer solchen Zahl mindestens (höchstens)?

35 Stellenwertsysteme

① Der Erfinder des Schachspiels soll sich als Belohnung für seine Erfindung Weizenkörner gewünscht haben; für das erste Feld (Fig. 74.1) 1 Korn, für das zweite doppelt soviel, für das dritte doppelt soviel wie für das zweite, usw.

74.1

a) Wie viele Körner wollte er für das 2., 3., …, 10. Feld haben, wie viele für das letzte?
b) Wie ändern sich diese Zahlen, wenn die Anzahl der Körner von einem Feld zum nächsten nicht verdoppelt, sondern verfünffacht (verdreifacht) wird?

Im Zehnersystem ist die Grundzahl 10; die Stellenwerte sind Potenzen von 10 (für 10 schreiben wir auch 10^1, für 1 das Zeichen 10^0).
Wir könnten auch eine andere Zahl als Grundzahl nehmen. Ist die Grundzahl z. B. 5, so sind die Stellenwerte Potenzen von 5 (Fig. 74.2), wählen wir 2 als Grundzahl, so sind die Stellenwerte Potenzen von 2 (Fig. 74.3).

74.2

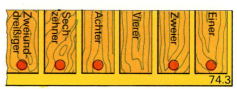
74.3

Übersicht über die Bedeutung der Stellen

im **Fünfersystem**	im **Zweiersystem**
… 5^4 5^3 5^2 5 1	… 2^4 2^3 2^2 2 1

Im Fünfersystem ist jede Stelle höchstens mit 4 Plättchen besetzt. Wir brauchen also nur die Ziffern 0, 1, 2, 3, 4. Fig. 74.2 zeigt die Zahl **neunundfünfzig**; zur Unterscheidung vom Zehnersystem schreiben wir $(214)_5$.

Im Zweiersystem ist jede Stelle höchstens mit 1 Plättchen besetzt. Wir brauchen hier also nur die Ziffern 0 und 1. In Fig. 74.3 ist die Zahl **neunundfünfzig** dargestellt; im Zweiersystem schreiben wir sie $(111011)_2$.

Beispiele:
a) $(2104)_5 = 2 \cdot 5^3 + 1 \cdot 5^2 + 4 \cdot 1$
$= 279$

b) $(101101)_2 = 1 \cdot 2^5 + 1 \cdot 2^3 + 1 \cdot 2^2 + 1 \cdot 1$
$= 45$

c) Übertragen einer Zahl vom Zehnersystem ins Fünfersystem (Fig. 74.4)

148
$= 1 \cdot 125 + 23$
$= 1 \cdot 125 + 4 \cdot 5 + 3 \cdot 1$
$= (1043)_5$

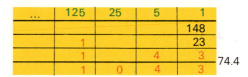

…	125	25	5	1
				148
	1			23
	1		4	3
	1	0	4	3

74.4

② a) Schreibe $(132)_5$ im Zehnersystem.   b) Schreibe 97 im Fünfersystem.

3
Übertrage ins Zehnersystem:
(Beispiel: $(104)_5 = 1 \cdot 25 + 4 \cdot 1 = 29$)
a) $(12)_5$; $(30)_5$; $(402)_5$; $(210)_5$; $(123)_5$
b) $(1032)_5$; $(4201)_5$; $(1122)_5$; $(10300)_5$
c) $(11)_5$; $(111)_5$; $(1111)_5$; $(11111)_5$.

4
Schreibe im Fünfersystem:
(Beispiel: $23 = 4 \cdot 5 + 3 \cdot 1 = (43)_5$)
a) 7; 10; 13; 18; 29; 37; 50; 65; 89
b) 75; 93; 105; 112; 115; 125; 250.

5
Schreibe im Zehnersystem:
a) $(11)_2$; $(110)_2$; $(101)_2$; $(100)_2$; $(1001)_2$; $(1011)_2$; $(1111)_2$; $(10011)_2$
b) $(10111)_2$; $(11101)_2$; $(1001101)_2$; $(1011101)_2$; $(11000111)_2$.

6
Übertrage ins Zweiersystem:
a) 5; 7; 8; 12; 15; 16; 21; 31; 48; 50
b) 63; 64; 70; 75; 80; 85; 89; 94; 128.

7
a) Zähle von der Zahl $(32)_5$ aus im Fünfersystem um zehn Schritte weiter; schreibe die Zahlen, zu denen du gelangst, nacheinander auf.
b) Zähle im Zweiersystem von $(10)_2$ aus um zehn Schritte weiter.

8
a) Welches ist im Fünfersystem die größte (die kleinste) 3stellige Zahl? Gib die Zahl im Zehnersystem an.
b) Welches ist im Zweiersystem die größte (die kleinste) 3stellige Zahl? Notiere die Zahl im Zehnersystem.

9
a) Welche Stellenwerte haben die ersten fünf Stellen im Dreiersystem?
b) Welche (wie viele) Ziffern braucht man im Dreiersystem?
c) Schreibe $(10\,201)_3$ im Zehnersystem.
d) Übertrage 37 ins Dreiersystem.
e) Zähle von $(10)_3$ aus im Dreiersystem um zehn Schritte weiter.

10
Wie viele 3stellige Zahlen (4stellige Zahlen) gibt es im Zweiersystem (im Fünfersystem; im Zehnersystem)?

11
a) Woran erkennt man im Zweiersystem, ob eine Zahl gerade oder ungerade ist?
b) Woran erkennt man im Zweiersystem, ob eine Zahl durch 4 (8; 16) teilbar ist?
c) Wie ändert sich eine Zahl, wenn man im Zweiersystem eine 0 anhängt?

12
Werner baut in seine Modelleisenbahn Weichen ein. Die Ziffern 1 und 0 beschreiben die Stellung der Weichen.
Beispiel: Bei der Weichenstellung 101 fährt der Zug auf Gleis 6 (Fig. 75.1).
a) Welche Weichenstellung führt zum Gleis 2 (zum Gleis 3)?
b) Welche Weichenstellungen führen zu einem der Gleise 5 bis 8 (5 oder 6)?

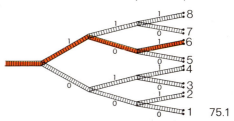

75.1

13
Tobias erhält zum Geburtstag ein elektrisches Verkehrsspiel (Fig. 75.2). In der Spielanleitung ist zu lesen: Knopf 1 (0): Auto fährt in Richtung des blauen (roten) Pfeils bis zur nächsten Kreuzung.
a) Wohin fährt das Auto, wenn du nacheinander 10011 drückst?
b) Das Auto soll nach B. Notiere alle Möglichkeiten, wie es fahren kann.
c) Ermittle mit einem Baum, wie viele Möglichkeiten es gibt, nach C zu gelangen.

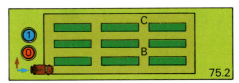

75.2

36 Größenvergleich bei Stellenschreibweise

① Herr Frank kommt bei einer Fahrt auf der Autobahn an das Hinweisschild in Fig. 76.1. Ist die nächste Stadt, zu der Herr Frank gelangt, Frankfurt oder Karlsruhe?

② a) In welcher Reihenfolge kommen die Zahlen 998, 899, 1005, 909 auf dem Zahlenstrahl?
b) Nenne eine Zahl, die auf dem Zahlenstrahl zwischen 9099 und 9909 liegt.

③ a) Fig. 76.2 zeigt einen Zahlenstrahl, auf dem die Zahlen im Fünfersystem angegeben sind. Übertrage ihn in dein Heft. Setze die Beschriftung fort bis zur Zahl fünfzehn.
b) In welcher Reihenfolge kommen die Zahlen $(12)_5$; $(30)_5$; $(21)_5$; $(110)_5$; $(101)_5$ auf diesem Zahlenstrahl?

76.1

76.2

c) Nenne eine Zahl (im Fünfersystem), die auf einem solchen Zahlenstrahl zwischen $(214)_5$ und $(230)_5$ liegt.

Bei zwei Zahlen, die beide im Zehnersystem (5er-System, 2er-System, ...) angegeben sind, können wir leicht erkennen, welche die größere ist:

> Von zwei Zahlen ist diejenige **größer**, welche mehr Stellen hat.
> Haben beide Zahlen gleichviel Stellen, so ist diejenige größer, welche von links her erstmals eine höhere Ziffer hat.

Beispiele:
a) 10 210 > 9365
   5 314 > 5298

b) $(3241)_5 > (420)_5$
   $(420)_5 > (413)_5$

c) $(11011)_2 > (1101)_2$
   $(1011)_2 < (1101)_2$.

Manchmal (z. B. in Zeitungen) vergleicht man Zahlen auch mit Hilfe von Bildern. In Fig. 76.3 ist ein solcher **bildlicher Vergleich** für die Einwohnerzahlen einiger Städte dargestellt. Wir sehen auf einen Blick die Reihenfolge Bonn – Stuttgart – Köln – München – Hamburg.

76.3

④ Gib mit Hilfe des Zeichens < an, welche Zahl die größere ist.
a) 98 720; 100 950
b) 7983; 7990
c) $(1324)_5$; $(443)_5$
d) $(401)_5$; $(420)_5$
e) $(101101)_2$; $(11011)_2$
f) $(11101)_2$; $(11110)_2$.

⑤ Schreibe die Zahlen eintausendneunhundert, eintausendundneun, neuntausendeins, eintausendneunzig, neuntausendzehn mit Ziffern. Ordne die Zahlen der Größe nach.

⑥ Entnimm Fig. 76.3 die Einwohnerzahlen der genannten Städte.

7
Vergleiche die folgenden Zahlen der Größe nach (Beispiel: 732 > 372).
a) 493; 394   b) 873 998; 874 000
c) $(134)_5$; $(1001)_5$ d) $(3210)_5$; $(2344)_5$
e) $(1101)_2$; $(1011)_2$ f) $(11101)_2$; $(1111)_2$
g) $(212)_3$; $(1001)_3$ h) $(102)_3$; $(1010)_3$

8
Ordne der Größe nach:
a) 5901; 10 498; 9510; 5194; 6085
b) $(1043)_5$; $(432)_5$; $(3040)_5$; $(1012)_5$
c) $(1101)_2$; $(10111)_2$; $(10101)_2$; $(1110)_2$
d) $(120)_3$; $(1021)_3$; $(1200)_3$; $(210)_3$.

9
Welche Zahl liegt
a) zwischen 100 999 und 101 001
b) zwischen $(241)_5$ und $(234)_5$
c) zwischen $(1101)_2$ und $(1111)_2$
d) zwischen $(133)_4$ und $(201)_4$?

10
Gib jeweils den Vorgänger und den Nachfolger an.
a) 200; 349; 1119; 299 999; 3 089 999
b) $(33)_5$; $(44)_5$; $(304)_5$; $(424)_5$; $(444)_5$
c) $(11)_2$; $(101)_2$; $(1011)_2$; $(1111)_2$
d) $(21)_3$; $(12)_3$; $(102)_3$; $(122)_3$; $(222)_3$

11
Wie viele Zahlen liegen
a) zwischen 898 und 908
b) zwischen 9099 und 9900
c) zwischen $(134)_5$ und $(300)_5$
d) zwischen $(101)_2$ und $(1000)_2$
e) zwischen $(120)_3$ und $(220)_3$
f) zwischen $(231)_4$ und $(321)_4$?

12
Einwohnerzahlen der Erdteile (in Millionen): Afrika 410, Asien 2350, Australien und Ozeanien 20, Europa 670, Nord- und Mittelamerika 350, Südamerika 220.
a) Ordne die Erdteile nach der Anzahl ihrer Einwohner.
b) Veranschauliche die Einwohnerzahlen durch Strecken so, daß jeweils 200 Millionen Einwohner einer Länge von 1 cm entsprechen.

13
Im Jahre 1978 besuchten in der Bundesrepublik Deutschland 3 300 000 Schüler die Grundschule, 2 700 000 die Hauptschule, 1 300 000 die Realschule und 2 000 000 das Gymnasium.
Vergleiche diese Zahlen, indem du jeweils 100 000 Schüler durch die Fläche eines Karos in deinem Heft veranschaulichst. Verwende Farben!

14
Fig. 77.1 zeigt einen bildlichen Vergleich der Gewichte, die einige Säugetiere erreichen können.
Lies die Gewichte aus der Tabelle ab, und ordne sie der Größe nach.

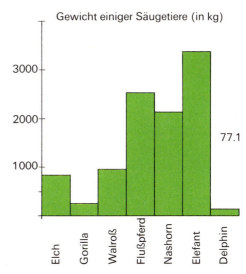

15
a) Ordne die Wörter MEER, MANN, MAUS, MEHL wie im Lexikon. Vergleiche die Anordnungsvorschriften bei Wörtern mit gleichviel Buchstaben mit der Anordnungsvorschrift bei Zahlen mit gleichviel Stellen. Was ist beidemal gleich, was ist bei den Wörtern anders?
b) Untersuche, ob sich die Anordnungsvorschrift für Zahlen in Stellenschreibweise und für Wörter im Lexikon entsprechen, wenn die Zahlen (Wörter) verschieden viele Stellen (Buchstaben) haben.

37 Schriftliches Addieren

① Fig. 78.1 zeigt den Kilometerzähler an Uwes Fahrrad. Wie weit muß Uwe fahren, bis anstelle der 4 eine 5 (eine 0) erscheint? Nach wieviel km bewegt sich die 7?

② a) Welche Einerziffer zeigt Uwes Kilometerzähler, wenn Uwe 5 (6; 13; 24) km weiter gefahren ist?
b) Welche Zehnerziffer zeigt der Kilometerzähler nach 3 (8; 16; 30) km?

78.1

Um Zahlen im Zehnersystem zu addieren, schreiben wir entsprechende Stellen untereinander. Dann bestimmen wir von rechts nach links die einzelnen Ziffern der Summe.

Addieren im Zehnersystem

```
  247
+ 382
   1
  629
```

sprich	schreibe	übertrage auf die nächste Stelle
2 plus 7 gleich 9	9	
8 plus 4 gleich 12	2	1
4 plus 2 gleich 6	6	

Beispiele:

a)
```
  14 309
+  5 821
   1 1 1
  20 130
```

b)
```
  530 078
+  10 034
     1 1
  540 112
```

c)
```
   7 073
+ 83 945
  1 1 1
  91 018
```

d)
```
   400 058
+  800 089
   1   1 1
 1 200 147
```

e) Addieren im Fünfersystem

$(113)_5$ (1 Fünfundzwanziger + 1 Fünfer + 3 Einer)
$+(141)_5$ + (1 Fünfundzwanziger + 4 Fünfer + 1 Einer)
   1
$(304)_5$ (3 Fünfundzwanziger + 0 Fünfer + 4 Einer)

f) Addieren im Zweiersystem

$(110)_2$ (1 Vierer + 1 Zweier + 0 Einer)
$+(111)_2$ + (1 Vierer + 1 Zweier + 1 Einer)
  1 1
$(1101)_2$ (1 Achter + 1 Vierer + 0 Zweier + 1 Einer)

In a) haben wir gerechnet $3+0=3$; wir haben mit dem Zeichen 0 gerechnet wie mit einer Zahl. Wir nennen deshalb 0 auch eine Zahl und vereinbaren:

Rechnen mit der Null
1. Summand $+0=$ 1. Summand;   z. B. $17+0=17$; $0+0=0$
$0+$ 2. Summand $=$ 2. Summand $0+17=17$

③ a) $3846+6354$ b) $9083+757$ c) $(132)_5+(212)_5$ d) $(1101)_2+(111)_2$

4
Übertrage in dein Heft und berechne:
a) 1087
   +2452
b) 7436
   +1598
c) 48762
   +73459

d) 4097
   +7913
e) 50099
   +50201
f) 174806
   + 5704

5
a) 7438
   +1502
   + 769
b) 57082
   +38925
   + 4273
c) 167832
   + 42381
   + 10097

6
Addiere die folgenden Zahlen:
a) 3429; 8324; 73; 40093; 40093
b) 800074; 3004089; 101; 20099
c) 56007; 3055783; 3788; 579208

7
Addiere die Zahlen dreitausendundvier, acht Millionen fünfhundert, neunhundertundfünf und achtzehntausendzehn.

8
Berechne, ohne die Summanden untereinander zu schreiben:
a) 7894 + 23506 + 340067 + 793
b) 316072 + 6080 + 587 + 26403
c) 947 + 70019 + 28 + 3579 + 2613

9
a) 5378 + 376 + 8024 =
   47 + 7480 + 523 =
   763 + 87 + 97 =
   2832 + 2643 + 1516 =
   ___ + ___ + ___ = ☐

b) 8087 + 343 + 4906 =
   93 + 6798 + 793 =
   5319 + 72 + 8318 =
   7781 + 2937 + 2182 =
   ___ + ___ + ___ = ☐

10
Addiere die größte 4stellige Zahl zur Summe aus der kleinsten 5stelligen und der größten 3stelligen Zahl.

11
Addiere alle 3stelligen Zahlen, die sich aus den Ziffern 7, 5 und 0 bilden lassen,
a) wenn bei einer Zahl jede der Ziffern nur einmal vorkommen darf
b) wenn bei einer Zahl jede der Ziffern mehrmals vorkommen darf.

12
a) Berechne im Fünfersystem:
   $(1320)_5$ $(4021)_5$ $(201343)_5$
   $+(2334)_5$ $+(1444)_5$ $+(320123)_5$

b) Berechne im Zweiersystem:
   $(1011)_2$ $(10011)_2$ $(101011)_2$
   $+(111)_2$ $+(1101)_2$ $+(11101)_2$

13
Im Jahre 1975 hatten die Bundesländer folgende Einwohnerzahlen (in Tausend): Baden-Württemberg 9112, Bayern 10852, Berlin (West) 2048, Bremen 730, Hamburg 1751, Hessen 5513, Niedersachsen 7199, Nordrhein-Westfalen 17164, Rheinland-Pfalz 3685, Saarland 1121, Schleswig-Holstein 2579. Wie viele Einwohner hatte die Bundesrepublik Deutschland?

14
Lady Bernstein besaß eine Brosche mit 17 Rubinen. Sie zählte sie aber nie alle nach, sondern merkte sich nur: Wenn ich von der Mitte aus auf einem Strahl nach außen gehe und auf dem benachbarten zurück, so zähle ich immer 6 Steine (Fig. 79.1). Wie kann ein Dieb ihr durch geschicktes Umsetzen 4 Steine „stehlen", ohne daß sie es mit ihrer Merkregel feststellen kann? Kann er sogar noch mehr Steine „stehlen"?

79.1

38 Schriftliches Subtrahieren

① Auf vergilbtem Papier (Fig. 80.1) finden sich Rechnungen, die nur noch zum Teil lesbar sind. Wie müssen die verblaßten Ziffern gelautet haben?

② Suche die Ziffern, welche anstelle der Punkte zu setzen sind.

a) 732   b) ....   c) ...   d) ....
   +506   +3504   +685   +8532
   ─────   ─────   ─────   ─────
    ...   8607   819   11206

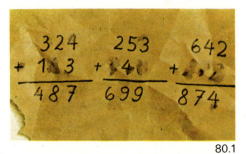

80.1

Mit dem Verfahren beim schriftlichen Addieren können wir nicht nur die Ziffern der Summe bestimmen, sondern z. B. in
$$? + 183 = 925$$
auch die Ziffern des gesuchten Summanden.

Wir schreiben: ...   und überlegen:
                  +183
                   ₁
                   925

3 plus 2 gleich 5
8 plus 4 gleich 12
(1+1) plus 7 gleich 9.

Es ist 742 + 183 = 925 oder 925 − 183 = 742. Wir haben also eine Differenz berechnet.

Subtrahieren im Zehnersystem

```
  874
− 293
   ₁
  581
```

sprich	schreibe	übertrage auf die nächste Stelle
3 plus 1 gleich 4	1	
9 plus 8 gleich 17	8	1
3 plus 5 gleich 8	5	

Beispiele:

a)   8351   b)   14309   c)   9007   d)   40902
    −4023   − 8546   −2068   −10611
       ₁   ₁ ₁ ₁   ₁ ₁ ₁   ₁
     4328   5763   6939   30291

e) Subtrahieren im Fünfersystem

```
  (...)₅
 +(243)₅
    ₁
  (413)₅
```

sprich	schreibe	übertrage	Kurz-	(413)₅
3 plus 0 gleich 3	0		form:	−(243)₅
4 plus 2 gleich (11)₅	2	1		₁
3 plus 1 gleich 4	1			(120)₅

f) Subtrahieren im Zweiersystem

```
   (...)₂
 +( 11)₂
    ₁
 (1001)₂
```

sprich	schreibe	übertrage	Kurz-	(1001)₂
1 plus 0 gleich 1	0		form:	−(11)₂
1 plus 1 gleich (10)₂	1	1		₁
1 plus 1 gleich (10)₂	1			(110)₂

③ Berechne: a) 4703 − 3841   b) 19005 − 9099   c) 77000 − 6378
d) (431)₅ − (221)₅   e) (324)₅ − (243)₅   f) (1111)₂ − (110)₂   g) (1100)₂ − (111)₂.

4
Übertrage in dein Heft und berechne:
a) 3248 − 1035   b) 8904 − 6203   c) 40 985 − 30 604
d) 4921 − 2312   e) 84 213 − 79 856   f) 38 216 − 30 497

5
a) 342 603 − 287 946   b) 30 007 043 − 29 908 306

  200 010 − 99 609   d) 110 100 − 99 899   e) 120 010 − 10 101

6
a) 9675 − 7430   b) 5465 − 4396
c) 96 329 − 88 937   d) 56 045 − 43 048
e) 600 204 − 59 806   f) 280 000 − 234 567

7
a) Um wieviel unterscheiden sich die Zahlen 518 670 und 609 807?
b) Welche Zahl muß man zu 18 396 addieren, um 37 520 zu erhalten?
c) Zu welcher Zahl muß man 5379 addieren, um 11 217 zu erhalten?

8
a) Ergänze 924 087 zu einer Milliarde.
b) Wieviel muß man zu 4359 addieren, um die größte 5stellige Zahl zu erhalten?
c) Subtrahiere die kleinste 5stellige Zahl mit der Quersumme 10 von der größten 5stelligen Zahl mit derselben Quersumme.

9
a) Berechne die Differenz der Summen 84 317 + 37 099 und 13 914 + 7502.
b) Berechne die Summe der Differenzen 314 111 − 49 817 und 74 909 − 67 004.

10
a) (3417 − 1079) + (6814 − 3019)
b) (52 535 − 17 818) + (84 191 − 18 907)
c) 9406 − (3052 − 2116)
d) (637 + 2019) − (418 − 328)
e) 4160 − (2019 − (483 − 216))
f) (3471 − 970) − (3239 − (831 + 491))

11
a) Berechne im Fünfersystem:
$(213)_5$ − $(101)_5$ $(130)_5$ − $(123)_5$ $(2311)_5$ − $(1234)_5$
b) Berechne im Zweiersystem:
$(111)_2$ − $(101)_2$ $(1101)_2$ − $(1010)_2$ $(11000)_2$ − $(10101)_2$

12
Ergänze das „Zauberquadrat" in Fig. 81.1.

81.1

13
Heiko will am Freitag zu einem Fußballspiel; es beginnt um 15.30 Uhr. Freitags hat er bis 12.15 Uhr Schule. Für den Heimweg braucht er 20 min, fürs Mittagessen 25 min. Wieviel Zeit für Hausaufgaben bleibt ihm, wenn er mit dem Fahrrad eine Viertelstunde bis zum Sportplatz zu fahren hat?

14
Hans fährt zu Fritz (Fig. 81.2) nach Taufkirchen, einem kleinen Ort zwischen Velden und Erding. Von Taufkirchen nach Erding ist es doppelt so weit wie nach Velden. Wieviel km hat Hans noch zu fahren?

81.2

15
Paul kauft ein Messer für 5 DM. Am nächsten Tag bringt er es zurück und nimmt eines für 10 DM mit ohne zu bezahlen. Dem Verkäufer erklärt er: „Gestern habe ich Ihnen 5 DM gegeben und heute das Messer zu 5 DM, macht zusammen 10 DM." Was würdest du als Verkäufer antworten?

39 Schriftliches Multiplizieren

① Bei einer Leuchtanzeige wie in Fig. 82.1 kann man an jeder Stelle eine der Ziffern 1, ..., 9, 0 aufleuchten lassen. Wie viele einstellige (2stellige; 3stellige) Zahlen kann man anzeigen?

82.1

② Wie ändern sich die Zahlen 11; $(11)_5$; $(11)_2$, wenn du jeweils eine Null „anhängst", also 110; $(110)_5$; $(110)_2$ bildest?

Mehrstellige Zahlen können wir im allgemeinen nicht mehr im Kopf multiplizieren. Das folgende Beispiel zeigt wie wir vorgehen, wenn der 2. Faktor einstellig ist.

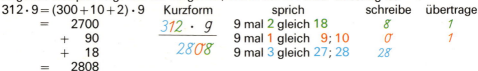

Ist auch der 2. Faktor mehrstellig, so verfahren wir bei jeder Ziffer wie soeben.

Beispiele:

a) 193 · 218
   ─────────
    386
    193
   1544
   ─────────
   42074

b) 215 · 140
   ─────────
    215
    860
    000
   ─────────
   30100

c) Multiplizieren im Fünfersystem
    $(32)_5 \cdot 2$
   ─────────
    $(114)_5$

    $(43)_5 \cdot (24)_5$
   ─────────
    141
    332
   ─────────
    $(2242)_5$

In Beispiel b) enthält der 2. Faktor die Ziffer 0; die entsprechende Zeile der Zwischenergebnisse liefert keinen Beitrag zum Produkt:

Rechnen mit der Null

1. Faktor · 0 = 0;   z. B.   17 · 0 = 0;   0 · 0 = 0
0 · 2. Faktor = 0   0 · 17 = 0

---

③ Berechne:
a) 3507 · 8   b) 3086 · 75   c) 624 · 523
d) 702 · 8004   e) 2159 · 7215   f) $(23)_5 \cdot (14)_5$ g) $(1011)_2 \cdot (101)_2$.

4
Multipliziere
a) 427; 394; 1417; 5783   mit 3
b) 319; 927; 3056; 7630   mit 70
c) 234; 560; 6540; 3429   mit 56
d) 618; 709; 5738; 6095   mit 243
e) 28; 356; 2374; 15 036   mit 3507.

5
a) 624 · 305   b) 309 · 903
c) 786 · 3004   d) 80 904 · 703
e) 62 058 · 3750   f) 95 621 · 4007
g) 20 047 · 430   h) 4003 · 62 009

6
a) 25 · 46 · 32   b) 250 · 43 · 16
c) 150 · 24 · 35   d) 605 · 70 · 88
e) 13 · 42 · 8 · 125 f) 83 · 30 · 54 · 45

7
a) (57 + 49) · 12   b) (84 − 36) · 25
c) 308 · (35 + 71)   d) (264 − 194) · 23
e) 36 · 14 + 31 · 16 f) 72 + 15 · 26
g) 72 · 606 − 46 · 13
h) 72 · (606 − 46) · 13
i) 72 · (606 − 46 · 13)
k) (72 · 606 − 46) · 13

8
a) (3587 + 14 896 + 23 957) · 18 228
b) (18 016 − 5977) · (987 − 779)
c) 926 812 − (6310 − 5918) · 2304

9
Stelle zuerst einen Rechenausdruck auf.
a) Multipliziere die Summe der Zahlen 573 und 294 mit 706.
b) Multipliziere die Differenz der Zahlen 80 395 und 7687 mit ihrer Summe.
c) Subtrahiere vom Produkt der Zahlen 2008 und 756 das Produkt von 1207 und 567.

10
Stelle zuerst einen Rechenausdruck auf.
a) Welche Zahl muß man zum Produkt von 48 und 12 addieren, um 1000 zu erhalten?
b) Welche Zahl muß man vom Produkt der Zahlen 28 und 37 subtrahieren, um 500 zu erhalten?

11
a) Multipliziere im Zauberquadrat von Fig. 83.1 jeweils die drei Zahlen auf einer geraden Linie.
b) Alle Zahlen in Fig. 83.1 sind Potenzen von 2, z. B. $64 = 2^6$. Vergleiche die Hochzahlen der Zahlen auf den geraden Linien.
c) Gib aufgrund des Ergebnisses in b) selber ein weiteres Zauberquadrat wie in Fig. 83.1 an.

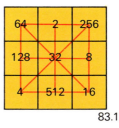

83.1   83.2

12
Multipliziere 37 mit 3; 6; 9; 12; 15. Kannst du danach voraussagen, wie das Produkt 37 · 24 lautet?

13
a) $(132)_5 \cdot (23)_5$ b) $(1042)_5 \cdot (321)_5$
c) $(1110)_2 \cdot (101)_2$ d) $(10011)_2 \cdot (1101)_2$

14
Ein Versandhaus bietet an: „Wir liefern Ihnen 5 Filme für 8 DM. Bei Bestellung von 20 Filmen erhalten Sie einen der Filme umsonst." Um wieviel ist dann ein Film billiger?

15
Vor einer Brücke steht das Warnschild in Fig. 83.2. Ein Traktor (2,25 t) mit zwei Anhängern (leer je 1,25 t) hat 50 Säcke mit je 50 kg Kohlen, 30 Säcke mit je 50 kg Koks und 1760 kg Eierbriketts geladen. Darf er über die Brücke fahren? Was würdest du als Traktorfahrer tun?

16
Ines möchte jeden Buchstaben ihres Vornamens in anderer Farbe schreiben. Sie hat 15 verschiedenfarbige Filzstifte. Wie viele Möglichkeiten hat sie?

40 Schriftliches Dividieren

① Herr Wagner möchte das Wohnzimmer mit Teppichfliesen auslegen; es ist 6 m lang und 4 m breit. Eine Fliese ist 30 cm lang und ebenso breit. Wieviel Fliesen braucht Herr Wagner für die Länge, wieviel für die Breite?

Beim Dividieren mehrstelliger Zahlen versuchen wir, den beim schriftlichen Multiplizieren beschrittenen Weg umgekehrt zu gehen.

Multiplizieren: 321·8 = ?   Dividieren: 3616 = 8·?

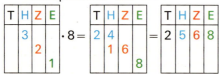   

Wir erhalten: 3616 = 8·452. Weil die Division „aufgeht", können wir schreiben: 3616 : 8 = 452. Bleibt ein Rest, so ist dieser stets kleiner als der Divisor.

Dividieren im Zehnersystem

Division von 165 durch 7

H	Z	E		H	Z	E			H	Z	E	
1	6	5	=	1	4		= 7·			2		+4
					2	1					3	
						4						

Kurz-
form:
$$165 = 7 \cdot 23 + 4$$
$$-\ 14$$
$$\overline{25}$$
$$-\ 21$$
$$\overline{4}$$

Beispiele:

a) Dividiere 2442 durch 6
2442 = 6·407
−24
─────
04
−0
─────
42
−42
─────
0

b) Dividiere 4285 durch 28
4285 = 28·153 + 1
−28
─────
148
−140
─────
85
−84
─────
1

c) Dividiere 83845 durch 206
83845 = 206·407 + 3
−824
─────
144
−0
─────
1445
−1442
─────
3

Es ist 0 = 1·0; 0 = 2·0; 0 = 3·0; usw. und daher 0:1 = 0; 0:2 = 0; 0:3 = 0; usw. Dagegen bedeutet 0:0 keine Zahl.
Weil 1 ≠ 0·1; 1 ≠ 0·2; usw., kann man 1 (oder 2; 3; ...) nicht durch 0 dividieren.

Rechnen mit der Null

0 : natürliche Zahl = 0;   z. B. 0 : 17 = 0
Durch 0 kann man **nicht** dividieren.   17 : 0 bedeutet keine Zahl

② Dividiere: a) 1825 durch 25   b) 4199 durch 17   c) 36 174 durch 12
d) 39 045 durch 13   e) 420 035 durch 7   f) 9600 durch 24   g) 4075 durch 8.

3
Es ist 590 : 10 = 59; 5000 : 100 = 50.
Berechne entsprechend:
a) 230 : 10; 26 000 : 1000; 17 000 : 100; 37 000 : 10; 390 000 : 1000; 13 000 : 100
b) 7600 : 10; 360 000 : 10 000; 830 : 10; 400 000 : 100 000; 290 000 : 10 000.

4
Es ist 460 : 20 = 46 : 2 = 23.
Berechne entsprechend:
a) 340 : 20; 70 000 : 5000; 42 000 : 300; 76 000 : 40; 840 000 : 7000; 810 : 30
b) 96 000 : 8000; 10 200 : 600; 600 : 40; 90 000 : 50; 900 000 : 6000; 2800 : 700
c) 80 000 : 1600; 12 600 : 140; 780 : 130; 144 000 : 1800.

5
a) 104 148 264 1242 2468 : 2
b) 126 183 246 1296 2160 : 3
c) 124 284 408 2044 4864 : 4
d) 105 355 730 1550 4555 : 5
e) 126 186 642 4866 7890 : 6
f) 147 217 728 3556 7497 : 7
g) 144 248 488 5664 8328 : 8
h) 126 171 945 9189 9630 : 9

6
a) 8 424 : 24   b) 16 182 : 279
    7 011 : 57   130 680 : 495
    3 534 : 38   23 994 : 387
    8 722 : 89   442 686 : 534
    68 005 : 29   46 789 : 659
    67 776 : 96   100 687 : 941
c) 1 407 600 : 255 d) 8 079 400 : 4060
   4 671 576 : 728   8 851 792 : 29 704
   1 317 998 : 431   4 327 148 : 21 316

7
Welcher Rest bleibt bei der Division von
a) 115 durch 29   b) 264 durch 53
c) 1300 durch 23   d) 3500 durch 48
e) 8439 durch 67   f) 56 089 durch 123?

8
a) Dividiere die Summe der Zahlen 5805 und 3483 durch ihre Differenz.
b) Um wieviel ist das Produkt der Zahlen 30 276 und 87 größer als ihr Quotient?

9
Eine Rolle Draht wiegt 2,8 kg. Ein 1 m langes Stück davon wiegt 3,5 g. Wieviel Meter Draht sind es?

10
Herr Benz fährt um 7.15 Uhr von Ulm ab nach Essen (525 km). Wieviel km muß er im Mittel je Stunde zurücklegen, wenn er um 15.00 Uhr in Essen sein muß und $1\frac{1}{2}$ Stunden Mittagspause machen möchte?

11
Die zweigleisige Bahnlinie Köln-Duisburg ist 63,6 km lang. Eine einzelne Eisenbahnschiene ist 15 m lang. Wie viele Schienen waren zur ganzen Strecke nötig?

12
Schreibe eine beliebige 3stellige Zahl zweimal so nebeneinander, daß insgesamt eine 6stellige Zahl entsteht (wie z.B. 673673). Zeige: Diese 6stellige Zahl läßt sich durch 13 dividieren; der entstehende Quotient durch 11, und der hierbei entstehende Quotient durch 7. Vergleiche die sich zuletzt ergebende Zahl mit der Ausgangszahl. Haben andere 3stellige Zahlen auch diese merkwürdige Eigenschaft?

13
Das Rad in Fig. 85.1/2 dreht sich 1mal in 3 Minuten. Solange der feste Kontakt K ein grünes Feld berührt, brennt die Lampe L.
a) Wie lange brennt die Lampe in Fig. 85.1 jeweils zwischen zwei Unterbrechungen, wie lange dauert jede Unterbrechung?
b) Wie lange ist die Lampe in Fig. 85.2 jeweils ein- und ausgeschaltet?
c) Wie erreicht man, daß die Lampe gleichlang ein- und ausgeschaltet wird?

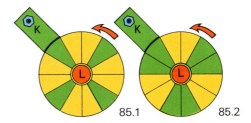

85.1   85.2

41 Teilbarkeitsregeln

① Ein Großwildjäger erzählt: „Bei meiner letzten Safari wäre ich beinahe von einer Elefantenherde zertrampelt worden. Aber wie durch ein Wunder hat mich keines ihrer wuchtigen 50 Beine getroffen." Würdest du ihm glauben?

86.1

② Onkel Hans kommt auf Besuch. Er schenkt den drei Kindern zusammen ein 5-DM-Stück. Dann gibt er noch 10 Pf dazu. Warum?

③ Leo hat nur alle vier Jahre Geburtstag. Wie ist das möglich? Wann kann er das nächste Mal Geburtstag feiern? Ist das Jahr 1990 (2000) ein „Geburtstags-Jahr"?

Ob eine Zahl durch eine andere teilbar ist oder nicht, können wir oft an ihren Ziffern erkennen. Bei der Division durch 2 oder 5 brauchen wir nur auf die Einerziffer zu achten. Bei der Division durch 4 überlegen wir so: Alle Hunderterzahlen (z. B. 3400) sind durch 4 teilbar; wir müssen also auf den Hunderter-Rest, d.h. die Zehner- und Einerziffer, achten.

> Eine im Zehnersystem notierte Zahl ist genau dann **teilbar**
> **durch 2**, wenn sie die Einerziffer 0, 2, 4, 6 oder 8 hat;
> **durch 5**, wenn sie die Einerziffer 0 oder 5 hat;
> **durch 4**, wenn die aus Zehner- und Einerziffer gebildete Zahl durch 4 teilbar ist.

Beispiele:
a) 3 578 356 ist teilbar durch 2, jedoch nicht durch 5. Die Zahl 173 435 ist durch 5, jedoch nicht durch 2, teilbar. 23 570 ist durch 2 und durch 5 teilbar.
b) 713 528 ist durch 4 teilbar, weil 28 eine 4er-Zahl ist.

Um zu erkennen, wann eine Zahl durch 3 teilbar ist, müssen wir sämtliche Ziffern der Zahl in Betracht ziehen. Es ist z.B.

$$5382 = 5 \cdot 1000 + 3 \cdot 100 + 8 \cdot 10 + 2$$
$$= 5 \cdot (999+1) + 3 \cdot (99+1) + 8 \cdot (9+1) + 2$$
$$= (5 \cdot 999 + 3 \cdot 99 + 8 \cdot 9) + (5+3+8+2).$$

Die erste Klammer ist durch 9 und durch 3 teilbar. Es kommt also darauf an, ob auch die zweite Klammer teilbar ist. Sie enthält gerade die Quersumme der Zahl 5382.

> Eine im Zehnersystem notierte Zahl ist genau dann **durch 3 (durch 9) teilbar**, wenn ihre Quersumme durch 3 (durch 9) teilbar ist.

Beispiel:
830 265 hat die Quersumme 24. Weil 24 eine 3er-Zahl ist, ist 830 265 durch 3 teilbar. 24 ist keine 9er-Zahl, 830 265 ist also durch 9 nicht teilbar.

④ Prüfe, ob die folgenden Zahlen durch 2, 3, 4 oder 5 teilbar sind.
a) 13 574   b) 501 342   c) 81 576   d) 8 413 620

5
Prüfe, ob die folgenden Zahlen durch 2, 3, 4, 5 oder 9 teilbar sind.
a) 2145   b) 3470   c) 9342
d) 83 941   e) 57 780   f) 249 836

6
Welche der folgenden Zahlen gehören zur Menge V_3, welche gehören zu V_9?
(Beispiel: $1425 \in V_3$; $1425 \notin V_9$)
a) 4170   b) 8469   c) 9207
d) 12 396   e) 53 412   f) 237 480

7
Welche der Zahlen 1, 2, 3, 4, 5 sind Elemente der Teilermenge T_{48} (T_{90}; T_{141}; T_{180}; T_{215}; T_{219}; T_{336}; T_{360}; T_{405})?

8
Bei welchen Einerziffern anstelle des Punktes ergibt sich eine wahre Aussage?
a) $71. \in V_2$ b) $82. \in V_3$ c) $43. \in V_5$
d) $92. \notin V_2$ e) $42. \notin V_3$ f) $33. \notin V_4$

9
a) Welche der folgenden Zahlen sind Vielfache sowohl von 2 als auch von 3, d.h. gemeinsame Vielfache von 2 und 3?
(Beispiel: $276 \in V_2$ und $276 \in V_3$)
348; 764; 825; 46 560; 463 092
b) Welche Zahlen sind durch 6 teilbar?
8004; 27 015; 120 432; 89 457

10
Bestimme die Teilermengen T_{48} und T_{72}. Welche Elemente sind sowohl Teiler von 48 als auch von 72 (d.h. gemeinsame Teiler von 48 und 72)?

11
Gib zwei Teilermengen an, welche nur die Zahl 1 gemeinsam haben.

12
Welche Vielfachenmengen haben die Zahl 56 gemeinsam?

13
Gib fünf Zahlen an, bei denen die Quersumme größer ist als die des Nachfolgers.

14
Überprüfe an selbstgewählten Beispielen: Wenn man von einer mehrstelligen Zahl ihre Quersumme subtrahiert, so erhält man eine durch 3 teilbare Zahl. Kannst du erklären, weshalb dies immer so ist?

15
Notiere eine mehrstellige Zahl. Schreibe nun die Ziffern in der umgekehrten Reihenfolge auf und subtrahiere die kleinere der beiden Zahlen von der größeren. Die Differenz ist durch 3 teilbar. Prüfe diese Merkwürdigkeit an weiteren Zahlenbeispielen nach. Kannst du die Sache aufklären?

16
Nenne die kleinste (die größte) 3stellige Zahl, die
a) durch 3 teilbar ist
b) durch 2 und 3 teilbar ist
c) durch 2, 3, 4 und 5 teilbar ist.

17
Welche Zahl zwischen 2000 und 3000 ist durch alle einstelligen Zahlen teilbar?

18
a) Zeige an selbstgewählten Beispielen, daß bei Zahlen im Fünfersystem für die Division durch 4 (und durch 2) eine „Quersummenregel" gilt.
b) Prüfe, ob bei Zahlen im Dreiersystem für die Division durch 2 eine entsprechende Regel gilt.

19
Bei drei verschieden großen Zahnrädern wie in Fig. 87.1 hat das große 78 Zähne. Wieviel Zähne können die beiden andern haben, damit nach jedem Umlauf des großen Rades die roten Marken wie im Bild auf einer geraden Linie liegen?

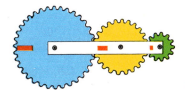

87.1

42 Runden

① Das Statistische Landesamt gibt die Einwohnerzahl einer Großstadt mit 974 631 an. In einem Taschenkalender steht 974 600, in einem Erdkundebuch 975 000. Was sagst du zu diesen Angaben?

88.1

② Bei welchen der folgenden Zahlangaben ist es sinnvoll, statt des genauen Wertes eine in der Nähe gelegene, leicht merkbare Zahl anzugeben?
a) Ein Fußballspiel wurde von 76 728 Zuschauern besucht.
b) Die Entfernung Hamburg–München beträgt 794,319 km.
c) Beim Zahlenlotto gibt es 13 983 816 Möglichkeiten, aus 49 Zahlen 6 auszuwählen.
d) Das Gehalt von Herrn Rall wird auf das Konto 7 603 622 überwiesen.

Bei Zahlangaben ist es oft nicht nötig, daß sie ganz genau sind. Manchmal ist es auch gar nicht sinnvoll oder unmöglich, einen genauen Wert anzugeben. Wir geben dann einen ungefähren Wert (Näherungswert) an, eine einprägsame „runde" Zahl.

> Beim **Runden** einer Zahl **auf Zehner (Hunderter, ...)** gibt man anstelle des genauen Wertes die am nächsten gelegene Zehnerzahl (Hunderterzahl, ...) an.
> Zahlen, die genau in der Mitte liegen, werden auf die nächst größere Zehnerzahl (Hunderterzahl, ...) gerundet.

Beispiele:
a) Abrunden
56 782 sei auf Zehner zu runden.
56 782 ≈ 56 780 (lies: ungefähr gleich)
c) 3705 ergibt
auf Zehner gerundet 3710,
auf Hunderter gerundet 3700,
auf Tausender gerundet 4000.

b) Aufrunden
56 782 sei auf Hunderter zu runden.
56 782 ≈ 56 800.
d) Runden bei Größen
Die Länge 764 378 cm ergibt
auf Meter gerundet 7644 m,
auf Kilometer gerundet 8 km.

Interessiert uns nicht das genaue, sondern nur das ungefähre Ergebnis einer Rechnung, so führen wir diese mit gerundeten Zahlen durch. Wir nennen eine solche Rechnung mit gerundeten Werten eine **Überschlagsrechnung**
Beim **Schätzen** einer Zahl nennen wir einen Wert, von dem wir vermuten, daß er in der Nähe dieser Zahl liegt (Näherungswert).

Beispiele:
a) Überschlagen
4693 · 407 ≈ 4700 · 400
≈ 1 880 000

b) Schätzen
Ein Schüler schätzt, daß sich auf dieser Buchseite 400 Ziffern befinden.

③ Runde auf Zehner (Hunderter, Tausender):
2308; 8405; 15 399; 16 495; 245 999; 349 995; 113 509; 99 995; 9989.

4
Runde auf Zehner (Hunderter):
a) 108   b) 204   c) 865
d) 655   e) 891   f) 995
g) 808   h) 1909 i) 3994
k) 9985 l) 10050 m) 9995.

5
Runde auf Tausender (Zehntausender):
a) 28470   b) 49500   c) 35450
d) 304600 e) 199499 f) 450500.

6
Runde auf 10 Pf (auf DM):
a) 3,87 DM   b) 14,09 DM
c) 29,95 DM   d) 30,49 DM
e) 19,82 DM   f) 9 DM 45 Pf.

7
Runde auf m (auf km):
a) 3485,4 m   b) 0,6895 km
c) 7815 dm   d) 2814359 cm
e) 3 km 895 dm f) 9 km 697 dm.

8
Runde auf kg:
a) 5817 g   b) 13501 g   c) 4,7 kg
d) 12,5 kg e) 7,05 kg   f) 0,0375 t.

9
Runde auf die größere Einheit:
a) 8 m 4 dm   b) 9 cm 8 mm
c) 6 dm 45 mm   d) 2 kg 570 g
e) 3 min 40 s   f) 5 h 8 min.

10
Überschlage:
a) 3405 · 897
b) 534 · 114
c) 17815 · 8392
d) 4629 · 8445
e) 583 · 237 + 18829
f) 358716 + 387 · 4982
g) (248 · 89 + 15860) · (378 · 13 − 2487).

11
Schätze
a) die Anzahl der Schüler deiner Schule
b) die Zahl der Lehrer an deiner Schule
c) die Höhe des Schulhauses.

12
In der folgenden Tabelle sind gerundete Zahlen und der jeweilige Rundungsfehler angegeben. (Wird z. B. 67 auf 70 gerundet, so nennt man $70 - 67 = 3$ den Rundungsfehler.) Kannst du sagen, wie die ursprüngliche Zahl gelautet hat?

60	120	2300	8000	27000
3	4	50	113	499

13
Eine Zahl ist auf Hunderter gerundet worden. Sie wird danach mit 29600 angegeben. Zwischen welchen beiden Zahlen muß die genaue Zahl liegen?

14
In einem Sportbericht heißt es: „Das Spiel unserer A-Mannschaft lockte 14113 Zuschauer an; vor vierzehn Tagen waren es 3000 weniger." Was ist hier wohl nicht in Ordnung?

15
1638 t Kohle sollen mit der Eisenbahn transportiert werden. Wie viele Waggons (je 34125 kg Tragkraft) braucht man? Überschlage zunächst und vergleiche dann mit dem genauen Ergebnis.

16
Schätze, wie alt man werden muß, um 1 Milliarde Sekunden zu erleben. Prüfe durch eine Überschlagsrechnung nach, ob dein Ergebnis ungefähr zutrifft.

17
3755 soll auf Hunderter gerundet werden. Rolf rundet zunächst auf Zehner, dann die dabei erhaltene Zahl auf Hunderter. Fig. 89.1 zeigt seine Rechnung.

$3755 \approx 3760$ *Denkfehler!*
≈ 3800 89.1

Zeige Rolf durch ein Beispiel, daß sein Vorgehen auch zu falschen Ergebnissen führen kann.

43 Vermischte Aufgaben

1
a) $(6519+1941):15-(1058-937):11$
b) $(348-149)\cdot 217-99\cdot(813-429)$
c) $243\cdot(87+142)\cdot 7-243\cdot 1603$
d) $(384+83\cdot 96):(23\cdot 14-18\cdot 17)$

2
a) $3728+238\,516-48\,095-649$
b) $26\,489-3518-7003-11\,386$
c) $28\,461-15\,038-4702+2849$
d) $3\,516\,834-36\,705-1\,007\,825$

3
Berechne:
a) 13^4 b) 432^2
c) $(23+12\cdot 15)^2$ d) $23+12\cdot 15^2$.

4
Ein Getränkehändler berechnet für 4 Kästen Limonade 43,20 DM. In jedem Kasten sind 12 Flaschen. An jeder Flasche verdient der Händler 25 Pf. Wieviel hat der Händler selbst für 1 Kasten bezahlt?

5
Für ein Konzert wurden im Vorverkauf 562 Karten und an der Abendkasse 387 Karten verkauft. Außerdem wurden 120 Freikarten ausgegeben. Vor Beginn des Konzertes wurden 23 Karten zurückgegeben. Wie viele der 1200 Plätze des Saales waren nicht besetzt?

6
Herr Schmitt kauft sich einen Gebrauchtwagen, der bereits 37 000 km zurückgelegt hat. Er möchte ihn wieder verkaufen, wenn das Auto 100 000 km gelaufen ist. Wie viele Jahre kann Herr Schmitt den Wagen fahren, wenn er im Jahr durchschnittlich 14 000 km fährt?

7
Eine Monatszeitschrift wird im Einzelverkauf für 4,50 DM, im Jahresabonnement für 47,40 DM angeboten.
Um wieviel ist ein Exemplar im Abonnement billiger?

8
Ein Bücherwurm frißt sich durch das dreibändige Lexikon einer Schülerbücherei. Jeder Band hat 500 Seiten. Der Wurm beginnt bei Seite 1 des 1. Bandes und hört auf bei Seite 500 von Band 3. Er braucht für ein Blatt einen Tag, für einen Deckel 5 Tage. Wie lange hat er „zu tun"?

9
Herr Fuchs kauft ein neues Auto. Sein altes verbraucht auf 100 km 9 l Normalbenzin, das neue 12 l Superbenzin.
a) Wieviel Liter Benzin wird Herr Fuchs auf einer 3000 km langen Urlaubsreise mehr brauchen als mit dem alten Auto?
b) Um wieviel DM kommt ihn die Fahrt teurer, wenn 1 l Normalbenzin 101 Pf, 1 l Superbenzin 106 Pf kostet?
c) Wieviel km mehr hätte er für dieses Geld mit dem alten Auto fahren können?

10
Susi, Uli und Pit kaufen ein Spiel. Sie bezahlen zusammen 15 DM. Der Verkäufer bemerkt, daß das Spiel nur noch 10 DM kostet, gibt aber jedem nur 1 DM zurück, 2 DM behält er selbst. Somit hat jeder 4 DM bezahlt, das sind insgesamt 12 DM. Nimmt man die 2 DM des Verkäufers hinzu, so sind das 14 DM. Wo bleibt die fehlende Mark?

11
Herr Keil muß beruflich für vierzehn Tage nach Paris. Er besorgt sich bei seiner Bank 1400 Francs zum Wechselkurs von 220 Francs für 99 DM. Nach acht Tagen läßt sich Herr Keil weitere 400 DM nachsenden; sie werden ihm von der französischen Post zum Kurs von 240 Francs für 100 DM in Francs ausbezahlt. Bei seiner Rückkehr hat Herr Keil noch 15 Francs.
a) Wieviel Francs hat er verbraucht?
b) Wieviel DM hat er verbraucht?
c) Welcher Preis für 1 Franc ergibt sich aus dem Vergleich von a) und b)?
(Anleitung: Runde auf Pf.)

12
Verkehrsleistungen einiger Flughäfen im Jahre 1973:

Flughafen	Fluggäste
Frankfurt/M	10 612 675
Berlin	4 775 194
Düsseldorf	4 411 859
München	4 009 488
Hamburg	3 105 205
Stuttgart	1 889 917
Hannover	1 826 864
Köln-Bonn	1 609 662

a) Runde auf Hunderttausender.
b) Veranschauliche die gerundeten Zahlen durch Strecken.

13
Heiner erzählt: „Ich hoffte, daß meine Ersparnisse für einen 14tägigen Ferienaufenthalt reichen würden. Da ich jedoch täglich 5 DM mehr brauchte als vorgesehen, reichte es nur für 12 Tage."
a) Mit welcher täglichen Ausgabe hat Heiner gerechnet? Wie hoch war sie?
b) Wieviel DM hatte Heiner gespart?

14
Merkwürdige Produkte:
a) 52 631 578 947 368 421 · 19
b) 12 345 679 · 8
c) 12 345 678 · 9
d) 11 · 111
e) 111 · 11 111
f) 1111 · 1 111 111
g) 7 · 3 · 37 · 3(167 · 1998 + 1)

15
Welche Ziffern sind anstelle der Punkte zu setzen?

a)
```
  ... · 538
  ....
  2202
  ....
  ──────
  ......
```

b)
```
  ..3 · ...
     ...8
     .307
     . 53.
  ─────────
     ......
```

16
Die Zahl 943 ist Produkt von zwei 2stelligen Primzahlen. Wie heißen sie?

17
Bis um das Jahr 1500 wurden im Abendland die römischen Zahlzeichen verwendet (Fig. 91.1).

I	V	X	L	C	D	M
1	5	10	50	100	500	1000

91.1

Z. B. bedeutet LXXXII die Zahl 82. Um bei Zahlen wie neunzig nicht 4mal dasselbe Zeichen schreiben zu müssen, schreibt man XC statt LXXXX, entsprechend IV für vier, IX für neun usw.; steht ein Zeichen links von einem höherwertigen, so ist sein Wert also zu subtrahieren.
a) Welche Zahlen sind gemeint?
VII, XXIII, LXXX, CII, CXX, MCCC, DL, MDCC, MDLX, MCLVII, IC, XC, CM, XD, XL, CD, XIX, LIX, MIC, DXC, MCM, MXXVII, MCCCIV, MCDXL, MDCCCIL, MCMLXXIX
b) Schreibe mit römischen Zahlzeichen: 17; 23; 37; 112; 135; 363; 531; 783; 865; 1026; 1237; 1273; 1632; 1714.

18
a) Schreibe die Jahreszahl 1989 mit römischen Zahlzeichen.
b) Ordne die Zahlen ML, MCCXX, MCDLXXIX, MDI, MXIV der Größe nach. Woran erkennt man hierbei, daß die römische Zahlenschreibweise keine Stellenschreibweise ist?

19
Gib die kleinste und die zweitkleinste (die größte und die zweitgrößte) Zahl an,
a) die man mit 3 verschiedenen der in Aufgabe 17 angegebenen römischen Zahlzeichen schreiben kann
b) die man mit den Zeichen C, L, X, V und I schreiben kann
c) die man mit den Zeichen D, C, L, X, V und I schreiben kann
d) die man mit den Zeichen M, D, C, L, X, V und I schreiben kann.
(Beachte: Links von einem höherwertigen darf nur 1 Zeichen von niedrigerem Wert stehen.)

VI Konstruieren
44 Rechtecke

92.1

① In Fig. 92.1 siehst du drei Mauerwerke aus vorchristlicher Zeit, die man in Griechenland freigelegt hat. Das linke wurde im 13. Jahrhundert, das mittlere im 7. Jh., das rechte im 5. Jh. errichtet. Vergleiche die Form der verwendeten Steine. Warum wurde die Bauweise im Laufe der Jahrhunderte geändert? Welche Vorzüge bietet die neuere Bauweise?

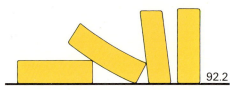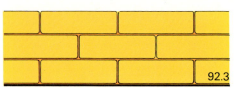

92.2 92.3

② Von den Ziegelsteinen in Fig. 92.2 sind zwei bei der Herstellung mißraten. Welche sind es? Woran erkennst du, daß sie nicht in Ordnung sind?

Fig. 92.3 zeigt eine „ideale" Mauer. Hier paßt jeder Stein zu jedem andern. Die Vorderflächen der Steine haben lauter gerade Kanten und lauter „richtige Ecken". Bei den Fliesen im Bad oder in der Küche ist es auch so.

> Die Vierecke in Fig. 92.4 nennen wir **Rechtecke**.
> Ein Rechteck mit vier gleichlangen Seiten heißt **Quadrat**.

Beispiele:
a) Alle Vierecke in Fig. 92.4 sind Rechtecke. Das rote Rechteck hat vier gleichlange Seiten; es ist also ein Quadrat.
b) Die Blätter deines Mathematikbuches, die Vorderfläche der Wandtafel und der Fußboden des Klassenzimmers haben ebenfalls Rechtecksform.

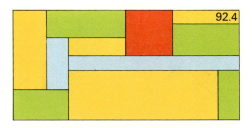

92.4

③ a) Nenne weitere Beispiele für rechteckige Flächen. Wie viele Rechtecke sind in Fig. 92.4 abgebildet?
b) Stelle aus einem rechteckigen Blatt Papier durch Falten kleinere Rechtecke her.
c) Kannst du auch aus einem Stück Papier, das nicht rechteckig ist (z. B. einem runden Kaffeefilterpapier) durch Falten ein Rechteck herstellen?

4

93.1

Das Fachwerkhaus in Fig. 93.1 hat ein Schüler aus weißen Papierschnitzeln auf einen schwarzen Heftumschlag geklebt.
a) Wie viele weiße Rechtecke (Quadrate) mußte er ausschneiden?
b) Wie viele Papierschnitzel sind keine Rechtecke?

5
a) Welche Vierecke in Fig. 93.2 sind Rechtecke, welche sind keine Rechtecke?
b) Zeichne auf kariertes Papier fünf Rechtecke; auch solche, deren Rand keine Karolinien sind.

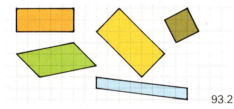

93.2

6
a) Zeichne auf kariertes Papier ein Quadrat mit der Seitenlänge 1 cm.
b) Zeichne ein größeres Quadrat, das aus neun solchen Quadraten besteht.
c) Wie viele quadratische Plättchen mit der Seitenlänge 1 cm bräuchte man, um ein noch größeres Quadrat zu legen?

93.5

7

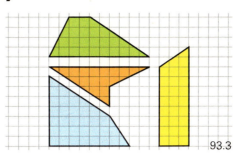

93.3

a) Zeichne die Vierecke aus Fig. 93.3 auf kariertes Papier und schneide sie aus.
b) Zeige, daß man mit den ausgeschnittenen Vierecken ein Quadrat legen kann.
c) Zeichne das erhaltene Quadrat in dein Heft. Trage die Vierecke ein.
d) Wie würdest du vorgehen, um selber Vierecke zu finden wie in Fig. 93.3, mit denen man ein Quadrat legen kann?

8
a) Übertrage Fig. 93.4 auf kariertes Papier. Schneide die drei Flächen aus.

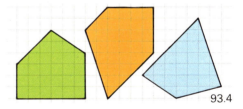

93.4

b) Zeige: Die ausgeschnittenen Flächen lassen sich entlang einer geraden Linie (wie Steinplatten entlang einer Hauswand) lückenlos aneinanderfügen.
c) Stelle durch Falten und Ausschneiden ein anderes Viereck und zwei andere Fünfecke her, bei welchen entlang der geraden Linie jede der Flächen zu jeder andern paßt.

9
Mit dem kleinen Plättchen in Fig. 93.5 kann man gleichzeitig zwei Felder des Schachbretts zudecken. Kann man mit solchen Plättchen das Schachbrett so bedecken, daß nur das helle Feld rechts oben und das helle Feld links unten frei bleiben?

45 Gerade Linien

① Ein Schwerkranker muß von Höxter nach Hannover verlegt werden (Fig. 94.1). Wie weit ist der Weg für ein Rotkreuzauto? Wie weit ist er für den Rettungshubschrauber?

② Ein Verkehrsflugzeug startet in Hannover und überfliegt Hameln. Wird es auch Paderborn (Brilon) überfliegen, wenn es seinen Kurs genau beibehält?

③ Woher rühren die auf der alten Landkarte in Fig. 94.1 erkennbaren geraden Linien?

94.1

Faltlinien (Fig. 94.1) sind Beispiele für **gerade Linien**. Wir zeichnen solche Linien mit einem Lineal (Fig. 94.2) oder mit dem Geodreieck (Fig. 94.3).
Eine gerade Linie, die zwei Punkte P und Q verbindet wie in Fig. 94.2, nennen wir eine **Strecke**. Durch Abmessen können wir feststellen, wie lang eine Strecke ist.

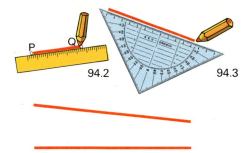

94.2   94.3

Die beiden geraden Linien in Fig. 94.4 treffen („schneiden") sich nicht. Würden wir sie jedoch genügend verlängern, so

94.4

würden sie sich schneiden. Wir vereinbaren: Gerade Linien, die wir uns nach beiden Seiten unbegrenzt verlängert denken, nennen wir **Geraden**. Nun können wir durch den Satz „Die beiden Geraden schneiden sich" ausdrücken, daß die geraden Linien in Fig. 94.4 gegeneinander geneigt verlaufen.

Bei geraden Linien unterscheiden wir **Strecken** und **Geraden**.
Strecken haben zwei Endpunkte.
Wir bezeichnen die Strecke in Fig. 94.5 mit PQ, ihre Länge mit $\overline{PQ}$.
Geraden haben keinen Endpunkt (also auch keine Länge). Wir bezeichnen die Gerade in Fig. 94.5 mit (PQ) oder mit einem kleinen Buchstaben wie g, h, …
Wir sagen (Fig. 94.5): Der Punkt P **liegt auf** der Geraden g, oder: g **geht durch** P.

94.5

Beispiel:
Fig. 94.6 zeigt Strecken AB, CD, EF. Es ist $\overline{AB}=3$ cm und $\overline{CD}=\overline{EF}$. Die Geraden (AB) und (CD) haben den Schnittpunkt S. Auch (CD) und (EF) schneiden sich.

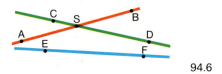

94.6

④ Suche in Fig. 94.1 drei Orte, die auf einer Geraden liegen.

5

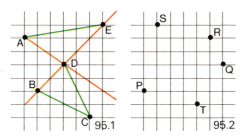

a) Schreibe die Strecken und die Geraden auf, die in Fig. 95.1 eingezeichnet sind.
b) Übernimm die Punkte P, Q, R, S und T aus Fig. 95.2 in dein Heft. Zeichne ein: RS, PT, QT, (RQ), (ST), (PQ).

6

Versuche, auf einem unlinierten Blatt Papier ohne Lineal oder Geodreieck drei Punkte „in gerader Linie" zu zeichnen. Prüfe danach mit einem Lineal oder mit dem Geodreieck, ob es dir gelungen ist. Wie könntest du auch ohne ein Hilfsmittel nachprüfen, ob die eingezeichneten Punkte auf einer Geraden liegen?

7

a) Bestimme in Fig. 94.1 die Luftlinien-Entfernung Hannover-Göttingen (Paderborn-Hannover; Paderborn-Osnabrück).
b) Entnimm zum Vergleich auch die entsprechenden Straßen-Entfernungen.

8

a) Wie viele Strecken legen die Punkte A, B, C, D in Fig. 95.3 fest? Schreibe sie auf.

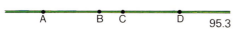

b) In Fig. 95.3 sei $\overline{AB} = 5$ km, $\overline{AC} = 7$ km und $\overline{AD} = 12$ km. Wie lang sind dann die andern der in a) notierten Strecken?

9

Für drei Punkte P, Q, R ist $\overline{PQ} = 6$ cm, $\overline{QR} = 2{,}5$ cm und $\overline{PR} = 4$ cm. Wie kannst du allein aus diesen Angaben ohne Zeichnung erkennen, ob die drei Punkte auf einer Geraden liegen?

10

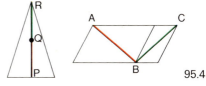

Schätze, welche der beiden farbigen Strecken in Fig. 95.4 jeweils länger ist. Prüfe durch Nachmessen, ob deine Vermutung richtig war.

11

a) Wie viele Schnittpunkte haben die drei Geraden g, h und i in Fig. 95.5?
b) Wie viele Schnittpunkte haben die vier Geraden g, h, i und k?

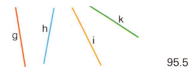

12

Welche Figur entsteht, wenn man in Fig. 95.6 jede Verbindungslinie von zwei der drei roten Punkte durch eine gerade Linie ersetzt?

13

Hans hat auf den festen (grünen) Rahmen in Fig. 95.7 ein bewegliches (gelbes) Gestänge montiert. Wie bewegen sich die Stempel A, B, C, wenn Hans den Hebel H in Pfeilrichtung bewegt?

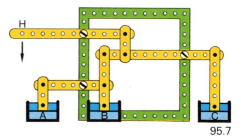

46 Orthogonale Geraden

① Fig. 96.1 zeigt ein Werkzeug, das der Schreiner täglich braucht. Wozu verwendet er es?

② Heiner möchte aus zwei Holzleisten selbst solch ein Werkzeug basteln. Kommt es auf die Länge der Leisten an? Worauf muß Heiner besonders achten, wenn er die Leisten zusammennagelt? Wie kann er erreichen, daß sein Werkzeug ebenso genau ist wie das des Schreiners (vgl. Fig. 96.2)?

③ Welchen Vorteil bietet das Geodreieck gegenüber dem Lineal?

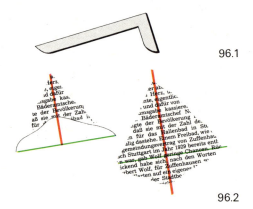

96.1

96.2

Wenn Geraden g und h so zueinander verlaufen wie in Fig. 96.2, so sagen wir: g und h sind **zueinander orthogonal** oder **zueinader senkrecht**, und schreiben: **g⊥h**. In Zeichnungen deuten wir g⊥h durch das Zeichen ⌐ an (Fig. 96.3).

Beispiele:
a) In Fig. 96.3 ist g⊥h und i⊥k; dagegen sind z. B. g und k nicht orthogonal.
b) In Fig. 96.4 sind der Faden des Senkbleis und die Kante der Wasserwaage orthogonal.

96.3

96.4

Beim Geodreieck sind die beiden kurzen Seiten orthogonal, ebenso die Mittenlinie und die lange Seite. Wir können deshalb mit Hilfe des Geodreiecks orthogonale Geraden zeichnen (oder, wie wir auch sagen: **konstruieren**; Fig. 96.5).

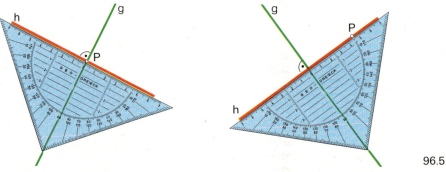

96.5

④ Zeichne eine Gerade g und einen Punkt P, der auf g (der nicht auf g) liegt. Konstruiere mit dem Geodreieck eine Gerade h, die durch P geht und zu g orthogonal ist (Fig. 96.5).

5
Prüfe mit dem Geodreieck, welche Geraden in Fig. 97.1 orthogonal sind. Notiere das Ergebnis mit Hilfe des Zeichens ⊥.
Wie oft mußt du das Geodreieck anlegen?

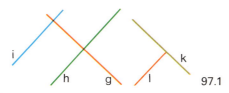

97.1

6
Übertrage Fig. 97.2 und Fig. 97.3 in dein Heft. Konstruiere jeweils die Orthogonale zu (AB) durch C, die Orthogonale zu (BC) durch A und die Orthogonale zu (AC) durch B.

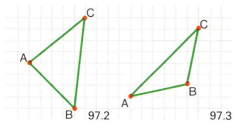

97.2   97.3

7
Bei Vierecken nennt man die Verbindungslinien zweier Gegenecken **Diagonalen** (Fig. 97.4).

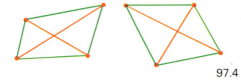

97.4

Zeichne drei verschiedene Vierecke mit orthogonalen Diagonalen.

8
a) Eine Tür ist 1,90 m hoch und 80 cm breit. Zeichne die Tür. (Anleitung: Wähle für 1 dm im Bild die Länge 0,5 cm.)
b) Wie breit darf eine rechteckige Platte zum Aufbau einer Eisenbahnanlage höchstens sein, damit man sie noch durch diese Tür tragen kann?

9
Uschis Uhr zeigt 14.35 Uhr. Wie lange dauert es, bis der Minutenzeiger und der Stundenzeiger orthogonal sind?

10
Das starre Gestänge in Fig. 97.5 wird um den Drehpunkt D gedreht.

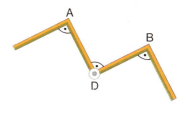

97.5

a) Zeichne das Gestänge in dein Heft.
b) Zeichne in dieselbe Figur das Gestänge (in anderer Farbe), wenn es soweit gedreht wurde, daß B dort ist, wo sich jetzt A befindet.

11
Peter erhält zum Geburtstag einen Baukasten. Er baut sich das Modell in Fig. 97.6. Die Stütze MS ist schwenkbar; die rote Linie ist ein Gummifaden, der in A und B festgemacht ist.

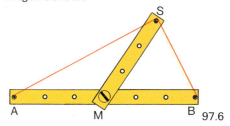

97.6

Wenn Peter die Stütze MS schwenkt, meint er zu beobachten, daß die beiden Teile SA und SB des Gummifadens stets orthogonal bleiben.
a) Vergleiche die Längen von AM, MB, und MS. Überprüfe durch eine eigene Zeichnung, ob Peters Vermutung zutrifft.
b) Peter behauptet: „Nun weiß ich, wie man allein mit dem Lineal, ohne Geodreieck und ohne zu falten, orthogonale Geraden konstruieren kann." Kannst du dir denken, wie er vorgehen will?

47 Parallele Geraden

① Bei welchen der (grünen) Geraden h, i, k und l in Fig. 98.1 kannst du sofort erkennen, daß sie die (rote) Gerade g schneiden?
Bei welchen Geraden sieht man dies nicht ohne weiteres?
Wie kannst du mit dem Geodreieck nachprüfen, ob diese Geraden gegen g geneigt sind (und daher g schneiden) oder nicht?

In Fig. 98.2 erkennen wir mit Hilfe des Geodreiecks: Die Geraden i und k schneiden die Gerade g; die Gerade h dagegen hat dieselbe Richtung wie g, sie schneidet g nicht.

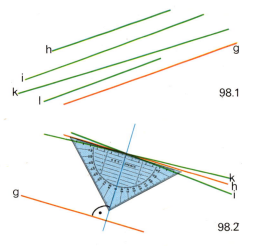

> Verlaufen Geraden g und h (Fig. 98.2) so, daß beide zu einer dritten Geraden orthogonal sind, so sagen wir: g und h sind **zueinander parallel**, und schreiben: **g ∥ h**.

Beispiele:
a) Schreibmaschinenpapier, Postkarten usw. werden so zugeschnitten, daß gegenüberliegende Ränder parallel und aneinanderstoßende Ränder orthogonal sind.
b) Die Notenlinien in Fig. 98.3 sind parallel.

Mit dem Geodreieck können wir nicht nur prüfen, ob zwei Geraden oder Strecken parallel sind, sondern auch parallele Geraden (kurz: Parallelen) konstruieren (Fig. 98.4/5).

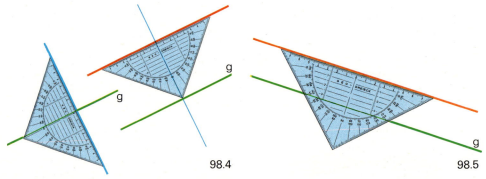

② a) Prüfe mit dem Geodreieck, ob in Fig. 97.1 Geraden parallel sind.
b) Zeichne eine Gerade g und einen Punkt P sowie die Parallele zu g durch P.

3
Falte ein Blatt Papier so, daß parallele Faltlinien entstehen.

4
Prüfe mit dem Geodreieck, ob die roten Geraden in Fig. 99.1 parallel sind.
Versuche, selber derartige Bilder zu erfinden, die den Betrachter täuschen.

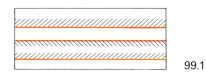
99.1

5
Markiere drei Punkte A, B und C, die nicht auf einer Geraden liegen.
Konstruiere nun die Parallele zu (AB) durch C, die Parallele zu (BC) durch A und die Parallele zu (AC) durch B.

6
Zeichne sechs Geraden, von denen jeweils genau zwei parallel sind (Fig. 99.2). Wie viele Paare von Geraden, die zueinander orthogonal sind, können unter den sechs Geraden höchstens vorkommen?

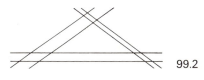
99.2

7
Wie verlaufen g und h, wenn gilt:
a) g ∥ k und k ∥ h   b) g ∥ k und k⊥h
c) g⊥k und k ∥ h   d) g⊥k und k⊥h?

8
Zeichne vier Geraden so, daß das Zeichenblatt in möglichst viele (in möglichst wenige) Teile zerlegt wird (Fig. 99.3).
Wie viele Teile sind es höchstens, wie viele sind es mindestens?

99.3

9
Zeichne drei Geraden so, daß
a) drei Schnittpunkte entstehen
b) zwei Schnittpunkte entstehen
c) ein Schnittpunkt entsteht
d) kein Schnittpunkt entsteht.

10
Zeichne drei Geraden so, daß drei Schnittpunkte entstehen. Zeichne nun eine vierte Gerade so dazu, daß
a) drei neue Schnittpunkte entstehen
b) zwei neue Schnittpunkte entstehen
c) ein neuer Schnittpunkt entsteht
d) kein neuer Schnittpunkt entsteht.

11
Peter hat mit Teilen seines Baukastens das Modell in Fig. 99.4 gebastelt. Von A nach B und von C nach D ist ein Gummifaden gespannt.

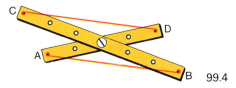
99.4

a) Prüfe durch eine Zeichnung, ob die beiden Gummifäden parallel sind. Untersuche mit einer eigenen Zeichnung, was sich ändert und was gleich bleibt, wenn du die beiden Leisten wie eine Schere bewegst.
b) Wie kann man danach ohne Geodreieck und ohne zu falten parallele Geraden konstruieren?

12
Zeichne ein beliebiges Viereck. Markiere bei jeder der vier Seiten die Mitte und verbinde je zwei benachbarte Mitten durch eine Gerade.
a) Was fällt dir an diesen Geraden auf? Zeichne drei weitere, verschieden aussehende Vierecke und untersuche, wie die Geraden dort verlaufen.
b) Kannst du ein Viereck finden, bei dem jeweils zwei sich schneidende dieser Geraden orthogonal sind?

48 Streifen

① Wie gehst du vor, wenn du von einem Blatt Papier einen genau 2 cm breiten Streifen abschneiden sollst?

② Zeichne fünf Notenlinien (Fig. 100.1), die vom linken Heftrand bis zum rechten laufen. Wie erreichst du, daß die Zwischenräume gleichmäßig werden?

100.1

Zwei parallele Geraden begrenzen einen **Streifen** (Fig. 100.2). Alle zum Streifenrand orthogonalen Strecken, die von einem Rand zum andern verlaufen (z. B. AB in Fig. 100.2), sind gleichlang; ihre Länge nennen wir die **Breite** des Streifens.

Beispiele:
a) Der Streifen in Fig. 100.2 ist 1,2 cm breit.
b) Eine gerade Straße hat ebenfalls die Form eines Streifens. Wollen wir die Breite der Straße messen, so muß das Maßband zum Straßenrand orthogonal verlaufen.

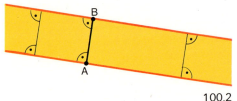

100.2

Wenn sich zwei Streifen kreuzen, so entsteht ein Viereck (Fig. 100.3). Bei ihm sind Gegenseiten parallel, wir nennen es deshalb **Parallelogramm**. Besondere Parallelogramme entstehen, wenn die beiden Streifen orthogonal oder gleichbreit sind.

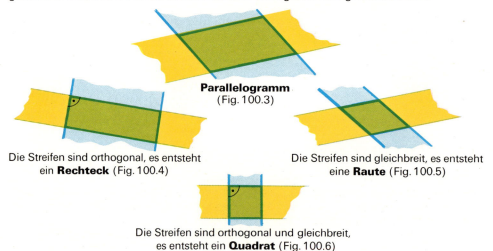

Parallelogramm
(Fig. 100.3)

Die Streifen sind orthogonal, es entsteht ein **Rechteck** (Fig. 100.4).

Die Streifen sind gleichbreit, es entsteht eine **Raute** (Fig. 100.5).

Die Streifen sind orthogonal und gleichbreit, es entsteht ein **Quadrat** (Fig. 100.6).

Vierecke, bei denen gegenüberliegende Seiten parallel sind, heißen **Parallelogramme**. **Rechtecke, Rauten** und **Quadrate** sind besondere Parallelogramme.

3
Zeichne einen 2 cm (0,5 cm; 1,8 cm; 3,2 cm) breiten Streifen.

4
Konstruiere
a) ein 4,5 cm langes und 2,3 cm breites (8 cm langes und 8 mm breites) Rechteck
b) ein Quadrat mit der Seitenlänge 4,5 cm (24 mm).

5
a) Zeichne einen 2 cm breiten Streifen.
b) Markiere auf einem der beiden Ränder einen Punkt A. Suche nun auf dem andern Rand einen Punkt B so, daß die „Querstrecke" AB des Streifens 3 cm lang ist.
c) Gibt es bei dem gezeichneten Streifen Querstrecken, die 5 cm (1 m; 10 m; 1,8 cm) lang sind?

6
Wie breit sind die beiden Streifen, aus denen das Parallelogramm in Fig. 101.1 (in Fig. 101.2) entstanden ist?

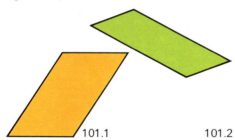

101.1   101.2

7
a) Ein rechteckiges Grundstück ist 80 m lang und 25 m breit. Zeichne das Grundstück so, wie es auf einer Landkarte im Maßstab 1:1000 zu sehen ist.
b) Wie lang ist ein geradliniger Weg über das Grundstück von einer Ecke bis zur (diagonal) gegenüberliegenden?

8
Miß Länge, Breite und Höhe einer Zündholzschachtel (in mm). Zeichne danach die Reibfläche, die Deckfläche und die Vorderfläche der Zündholzschachtel.

9
Für alle Quadrate gilt:
Die vier Seiten sind gleichlang,
benachbarte Seiten sind orthogonal,
Gegenseiten sind gleichlang,
die Diagonalen sind gleichlang,
die Diagonalen sind orthogonal,
die Diagonalen halbieren sich.
Welche der genannten Eigenschaften besitzen alle Vierecke, die Rauten (Rechtecke; Parallelogramme) sind?

10
a) Kann man mit Plättchen der drei in Fig. 101.3 abgebildeten Sorten ein Heftblatt lückenlos zudecken, wenn von jeder Sorte genügend viele Plättchen vorhanden sind und Plättchen jeder Sorte verwendet werden sollen?

101.3

b) Läßt sich das Heftblatt (wie in a)) auch mit dreieckigen Plättchen (Fig. 101.4) lückenlos bedecken?

101.4

11
Läßt sich in Fig. 101.5 die obere Leiste AB nach links verschieben, wenn du die untere Querleiste festhältst? Zeige, daß man nicht ausprobieren muß, sondern die Frage durch Überlegen entscheiden kann.

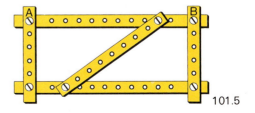

101.5

49 Abstände

① Fig. 102.1 zeigt eine Straße, die durch einen Baumbestand führt. Das Straßenbauamt verlangt, daß Bäume, deren Stamm näher als 2 m am Straßenrand steht, entfernt werden. Wie viele der Bäume sind betroffen?

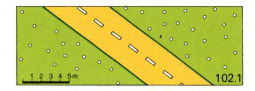

102.1

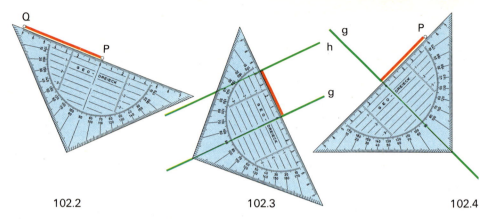

102.2 102.3 102.4

Wir verstehen unter dem **Abstand**
zweier Punkte P und Q die Länge der Strecke PQ (Fig. 102.2),
zweier Parallelen g und h die Breite des Streifens (Fig. 102.3),
eines Punktes P **von einer Geraden** g die Länge der zu g orthogonalen Strecke, die von P zu einem Punkt der Geraden g führt (Fig. 102.4).

Beispiele:
a) Beim Dreieck ABC in Fig. 102.5 hat A von (BC) den Abstand 2,7 cm, B von (AC) den Abstand 1,3 cm und C von (AB) den Abstand 1,9 cm.
b) In Fig. 102.6 hat B von (CD) den Abstand 2,5 cm, von (AC) den Abstand 2,2 cm.

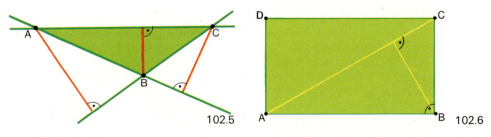

102.5 102.6

Die Gesamtlänge der vier Seiten eines Rechtecks heißt **Umfang** des Rechtecks. Der Umfang eines Rechtecks ist doppelt so groß wie Länge und Breite zusammen.

2
Ist die in Fig. 103.1 abgebildete Schraube lang genug, um die beiden Holzblöcke miteinander zu verschrauben?

103.1

3
Miß in Fig. 103.2 den Abstand
a) der Punkte A und C
b) der Parallelen (AD) und (BC)
c) des Punktes D von (AB)
d) des Punktes A von (BC)
e) des Punktes C von (BD)
f) des Punktes B von (AC).

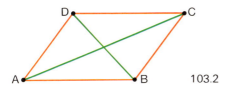
103.2

4
a) Zeichne zwei parallele Geraden mit dem Abstand 3 cm. Lege drei Punkte fest, die von den beiden Geraden den gleichen Abstand haben. Wo liegen alle Punkte mit dieser Eigenschaft?
b) Wo liegen alle Punkte, die von einer Geraden den Abstand 2 cm haben?

5
Zeichne einen Punkt P. Konstruiere nun drei verschiedene Geraden so, daß P von jeder der Geraden den Abstand 2 cm hat.

6
Übertrage Fig. 103.3 in dein Heft. Um wieviel mm kann man den Holzkeil nach links verschieben, bis er an den Nagel N anstößt?

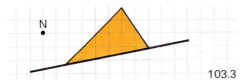
103.3

7

103.4

Auf der Landkarte in Fig. 103.4 sind die Schiffahrtslinien Warnemünde-Gedser und Travemünde-Helsinki zu sehen.
a) Wie weit ist es von Warnemünde bis Gedser?
b) In welcher Entfernung fahren die Schiffe an dem (im roten Kreis erkennbaren) Feuerschiff vorbei?

8
a) Zeichne zwei sich schneidende Geraden g und h. Konstruiere Punkte, die von g den Abstand 2 cm, von h den Abstand 1 cm haben. Wie viele solche Punkte gibt es?
b) Zeichne zwei Parallelen g und h mit dem Abstand 3 cm. Deute durch Farbe an, wo alle Punkte liegen, die von g weiter entfernt sind als von h.

9
Kathie und Klaus haben ihren Ball auf die Insel im See geworfen (Fig. 103.5). Am Rand des Sees liegen nur zwei Bretter, die gerade so lang sind wie der Abstand der Insel vom Ufer. Ein solches Brett reicht also nicht, denn die Kinder müßten es an beiden Enden auflegen können. Zeichne auf, wie sie doch ihren Ball zurückholen können.

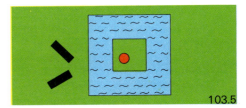
103.5

50 Kreise

① Prüfe, ob sich die umlaufenden Linien in Fig. 104.1 wie eine Spirale mehr und mehr dem innersten Punkt nähern, oder ob du auf eine optische Täuschung hereingefallen bist.

② Wie kannst du (auch wenn du nur ein Geodreieck hast) nachprüfen, ob die Linien in Fig. 104.2 genau kreisförmig sind oder nicht?

③ Fig. 104.3 zeigt, wie auf einem Fußballplatz der weiße Mittelkreis gezogen wird. Wie erreicht der Platzwart, daß die weiße Linie genau kreisförmig wird?

Räder, Rollen usw. müssen gleichmäßig rund sein, sie müssen „kreisrund" sein. Ob ein Rad genau Kreisform hat, erkennen wir am Abstand des Radrandes von der Radmitte.

104.1

104.2

> Bei einem **Kreis** haben alle Punkte der **Kreislinie** vom **Kreismittelpunkt** den gleichen Abstand; er heißt **Kreisradius** (Fig. 104.4).
> Kreise konstruieren wir mit dem Zirkel.

104.3

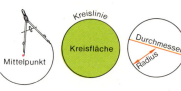

104.4

In Fig. 104.5 sind einige Körper abgebildet, an denen du Kreise erkennen kannst.

Zylinder

Kegel

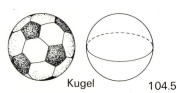
Kugel   104.5

④ Markiere in deinem Heft zwei Punkte A und B mit dem Abstand 5 cm.
a) Konstruiere mit dem Zirkel einen Punkt C, der 4 cm von A und 3 cm von B entfernt ist. Wie viele solche Punkte gibt es?
b) Wo sind alle Punkte, die von A weniger als 4 cm und von B weniger als 3 cm entfernt sind? Deute die Menge dieser Punkte mit Farbe an.
c) Kennzeichne mit (einer andern) Farbe die Menge derjenigen Punkte, die von A genau 4 cm und von B weniger als 3 cm entfernt sind.

5

a) Zeichne die Kreismuster aus Fig. 105.1 und 105.2 in dein Heft.

b) Erfinde selber zwei weitere derartige Kreismuster.

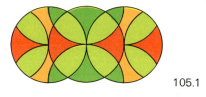

105.1

105.2

6

a) Übertrage das Vieleckmuster aus Fig. 105.3 in dein Heft.

b) Entwirf mit Hilfe eines Kreismusters selber ein derartiges Vieleckmuster.

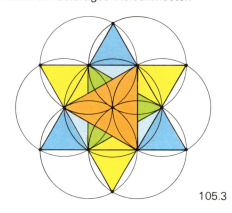

105.3

7

Konstruiere mit Hilfe eines Kreismusters wie in Fig. 105.3 (jeweils in einer neuen Figur)

a) eine Raute (vgl. Fig. 100.5)
b) ein Sechseck mit gleichlangen Seiten
c) ein Achteck mit gleichlangen Seiten
d) ein Zwölfeck mit gleichlangen Seiten.

8

105.4

Ein Hund ist an einer 15 m langen Leine angebunden, die auf einer 40 m langen Schiene gleitet (Fig. 105.4). Zeichne (wie auf einer Landkarte) den Bereich, den der Hund erreichen kann.
(Anleitung: Stelle die Länge 10 m durch die Länge 1 cm dar.)

9

Markiere in deinem Heft einen Punkt A. Wo liegen alle Punkte, die von A mindestens 2 cm und höchstens 3 cm Abstand haben? Deute den Bereich mit Farbe an.

10

Zeichne zwei Punkte A und B mit dem Abstand 4 cm. Wo befinden sich alle Punkte, die

a) von A 3 cm und von B mehr als 2 cm entfernt sind

b) von A weniger als 3 cm und von B mehr als 2 cm entfernt sind

c) von A mehr als 3 cm und von B mehr als 2 cm entfernt sind?

Deute in a) bis c) die Menge der gesuchten Punkte jeweils mit einer andern Farbe an.

11

Wieviel Zentimeter weit bewegt sich der Schieber S in Fig. 105.5 hin und her, wenn sich das Rad dreht? Zeichne.

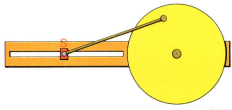

105.5

51 Gitter

① Schilder wie in Fig. 106.1 kannst du an Straßenrändern sehen; sie weisen auf Hydranten (Wasserzapfstellen) hin. Weshalb werden solche Schilder aufgestellt? Wie kannst du aufgrund der Angaben auf dem Schild in Fig. 106.1 den Hydranten finden?

② Die roten Punkte in Fig. 106.2 kennzeichnen Hydranten in einem Park. An der Stelle A wird ein Hinweisschild angebracht. Wie müssen die Angaben auf dem Schild lauten, das auf den Hydranten B (C; D; E) hinweist?

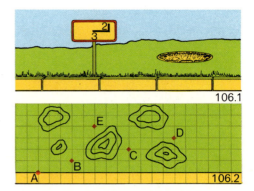

106.1

106.2

Mit Hilfe eines **Gitters** (Fig. 106.3) können wir die Lage von Punkten durch Zahlen beschreiben. Für jeden Punkt P brauchen wir zwei Zahlen; sie geben an, wie wir – ausgehend von einem **Ursprung** O – den Punkt P finden. Die 1. Zahl sagt, wie weit wir auf der **Rechtsachse**, die 2. Zahl, wie weit wir danach in Richtung der **Hochachse** gehen müssen.

In Fig. 106.3 müssen wir 4 Schritte nach rechts und 2 Schritte nach oben, um zu P zu gelangen. Wir schreiben dafür kurz:

P(4|2).

Rechtswert   Hochwert

Gitterzahlen von P

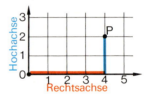

106.3

> In einem Gitter gehört
> zu jedem Gitterpunkt ein geordnetes Paar von Zahlen, und
> zu jedem geordneten Paar von Zahlen ein bestimmter Gitterpunkt.

Beispiele:
a) In Fig. 106.4 legt das Zahlenpaar (3;1) den Punkt A, (1;3) dagegen den Punkt D fest; es ist A(3|1) und D(1|3). Beachte: die Gitterzahlen eines Punktes darf man nicht vertauschen.

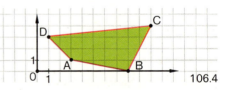

106.4

b) Fig. 106.4 zeigt, daß wir mit Hilfe eines Gitters auch die Gestalt von Flächen beschreiben können. Wenn du einem Mitschüler telefonisch die Gitterzahlen der Punkte A, B, C und D durchgibst, dann kann er eine Zeichnung des Vierecks herstellen, das du meinst.

③ Zeichne in einem Gitter (wie in Fig. 106.3) das Viereck mit den Ecken A(2|1), B(13|2), C(7|6) und D(1|5). Welche Gitterzahlen hat der Punkt S, in dem sich die Diagonalen des Vierecks schneiden? Welche Gitterzahlen hat der Punkt T, in dem die Gerade (AC) die Rechtsachse schneidet?

4
a) Trage in ein Gitter die Punkte ein:
A(2|3), B(4|1), C(1|4), D(5|0), E(0|3).
b) Gib die Gitterzahlen der in Fig. 107.1 eingezeichneten Punkte an.

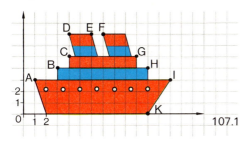
107.1

5
Trage in ein Gitter die Punkte A(3|3), B(9|5), P(10|0) und Q(1|9) ein. Die Gerade (AB) schneidet die Hochachse im Punkt R und die Gerade (PQ) in S. Welche Gitterzahlen haben R und S?

6
Zeichne in ein Gitter die Punkte ein:
A(2|1), B(3|1), C(3|4), D(7|4), E(4|7), F(1|6), G(1|4), H(2|4). Wenn du A mit B, B mit C, ..., H mit A verbindest, so entsteht ein geschlossener „Streckenzug", der eine Fläche umrandet. Wie viele Gitterpunkte liegen im Innern? Gib ihre Gitterzahlen an.

7
Zu den Punkten A, B, C gibt es einen Punkt D so, daß das Viereck ABCD ein Rechteck ist. Bestimme D für
a) A(1|6), B(3|2), C(13|7)
b) A(11|4), B(5|10), C(1|6).

8
A und C sind gegenüberliegende Ecken eines Quadrates ABCD. Welche Gitterzahlen haben die Ecken B und D?
a) A(1|4), C(9|8)   b) A(0|9), C(12|5)

9
Wo liegen alle Gitterpunkte
a) mit dem Hochwert (Rechtswert) 0
b) mit dem Hochwert (Rechtswert) 2
c) mit gleichem Rechts- und Hochwert?

10
Kennzeichne (jeweils in einem neuen Gitter) die Gitterpunkte farbig,
a) deren Rechtswert kleiner ist als 3
b) deren Hochwert größer ist als 2
c) deren Rechtswert kleiner als 5 und deren Hochwert kleiner als 3 ist
d) deren Rechtswert größer als 2, aber kleiner als 7 ist
e) deren Rechtswert zwischen 3 und 8 und Hochwert zwischen 1 und 5 liegt
f) deren Rechtswert größer ist als der Hochwert.

11
Wie erkennt man an den Gitterzahlen eines Punktes, daß er in Fig. 107.2 auf der Geraden g (auf h; auf i; auf k; auf l) liegt?

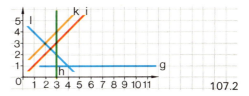
107.2

12
Beim gleichzeitigen Werfen zweier Würfel, z. B. eines roten und eines schwarzen, können wir jedes Ergebnis als geordnetes Paar von Augenzahlen festhalten, z. B. rot 3 und schwarz 5 durch (3;5). In einem Gitter führt jedes Ergebnis zu einem bestimmten Punkt (Fig. 107.3).

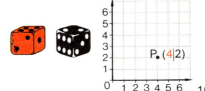
107.3

a) Welche Punkte des Gitters kommen in Betracht? Wie viele sind es?
b) Bei wie vielen Ergebnissen ist die Augensumme 10 (sind beide Augenzahlen Primzahlen)?
c) Wie viele Ergebnisse sind möglich, bei denen der schwarze Würfel eine höhere Augenzahl zeigt als der rote?

52 Schrägbilder

① In Fig. 108.1 ist neben einem Gitter mit orthogonalen Achsen ein anderes gezeichnet, dessen Achsen nicht orthogonal sind. Zeichne dieses zweite Gitter in dein Heft. Übertrage nun das Rechteck aus Fig. 108.1 so, daß entsprechende Ecken in beiden Gittern die gleichen Gitterzahlen haben.

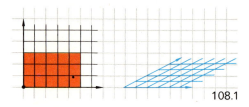

108.1

② Wenn wir die beiden Gitter aus Übung ① so zusammenfügen wie in Fig. 108.2, so entsteht der Eindruck, als liege das zweite z. B. auf dem Boden, während das erste aufrecht steht.
a) Zeichne die beiden Gitter aus Fig. 108.2 (ohne die beiden Vierecke).
b) Trage in beide Gitter die Vierecke ein, deren Ecken die Gitterzahlen (0;0), (4;0), (4;4), (0;4) haben.

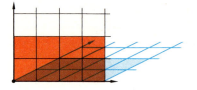

108.2

③ In Fig. 108.3 ist das „aufrecht stehende" Viereck die Vorderfläche, das „liegende" die Bodenfläche eines Würfels.
a) Wie erhält man aus diesen beiden Vierecken das Bild des ganzen Würfels?
b) Zeichne auf diese Weise das Bild eines Würfels mit der Kantenlänge 5 cm.

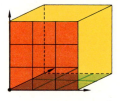

108.3

> Das Bild in Fig. 108.3 heißt **Schrägbild** eines Würfels. Beim Zeichnen eines Schrägbildes gehen wir von zwei Gittern aus wie in Fig. 108.2. Im schiefen Gitter wählen wir auf der Hochachse die Längeneinheit kürzer (z. B. halb so lang) als auf der Rechtsachse. Kanten, die in Wirklichkeit zueinander parallel sind, zeichnen wir auch im Schrägbild parallel.

Beispiele:
a) Die Schrägbilder in Fig. 108.4 können wir als Bilder des gleichen Würfels auffassen; verdeckte Kanten sind gestrichelt gezeichnet. Der Unterschied beider Bilder rührt her von der Verschiedenheit der schiefen Gitter.
b) Fig. 108.5 zeigt das (verkleinerte) Schrägbild einer Pralinenschachtel.

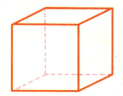 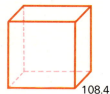
108.4

108.5

④ Zeichne das Schrägbild einer Zündholzschachtel (sie ist etwa 5 cm lang, 3,5 cm breit und 1 cm hoch).

5
a) Zeichne ein Gitter, dessen Achsen nicht orthogonal sind. Trage die Punkte ein:
A (3|1), B (6|0), C (0|5), D (4|3), E (3|4).
b) Gib die Gitterzahlen der Schnittpunkte von (DE) mit der Rechtsachse und der Hochachse an.

6
a) Zeichne die beiden Gitter aus Fig. 109.1 in dein Heft. Übertrage danach das Achteck aus Fig. 109.2 so in die beiden Gitter, daß entsprechende Ecken die gleichen Gitterzahlen haben.

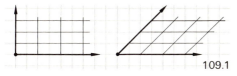
109.1

b) Entwirf selbst zwei weitere Gitter mit nicht orthogonalen Achsen. Übertrage das Achteck aus Fig. 109.2 in diese Gitter.

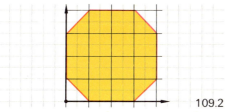
109.2

7
Übertrage das „Vieleck" aus Fig. 109.3 in ein Gitter mit quadratischen Maschen der Länge 1 cm.

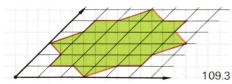
109.3

8
a) Zeichne drei verschiedene Schrägbilder eines Würfels mit der Kantenlänge 4 cm.
b) Zeichne das Schrägbild einer Zündholzschachtel, die auf einer Reibfläche steht. (Die Maße einer Zündholzschachtel sind in Übung ④ angegeben.)

9
Aus gleichen Würfeln kannst du z. B. den Buchstaben L legen. Fig. 109.4 zeigt das Ergebnis im Schrägbild. Zeichne entsprechende Schrägbilder für die Buchstaben T, F, E und H; strichle die verdeckten Kanten.

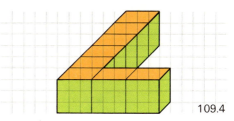
109.4

10
In Fig. 109.5 wurden aus den Schrägbildern von zwei Würfeln die Schrägbilder von zwei weiteren Körpern konstruiert. Verwende anstelle der Karos in Fig. 109.5 Zentimeterquadrate; konstruiere die Schrägbilder der beiden Würfel und mit deren Hilfe wie in Fig. 109.5 die Schrägbilder der beiden braunen Körper.

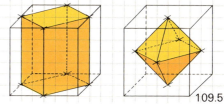
109.5

11
a) Welche Gestalt hat das braune Viereck im Schrägbild des Würfels in Fig. 109.6? Welche Gestalt hat dieses Viereck in Wirklichkeit? Zeichne das Viereck in seiner wahren Gestalt und Größe.
b) Wie weit ist bei diesem Würfel die Ecke B von der der Diagonalen AC entfernt?

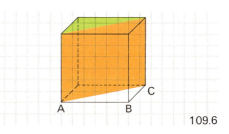
109.6

53 Quader

① Bausteine werden heute nicht mehr aus Natursteinen geschlagen (vgl. Fig. 92.1), sondern künstlich hergestellt. Fig. 110.1 zeigt solche Bausteine. Sie sind in der Größe und im Material verschieden, aber alle haben die gleiche Form. Du kannst diese Gestalt auch bei Zündholzschachteln, Schuhkartons, Mineralwasserkisten usw. beobachten (Fig. 110.2). Welche Vorteile bietet sie? Versuche, die Form zu beschreiben.

110.1

110.2

Körper, die von sechs rechteckigen Flächen begrenzt werden, heißen **Quader** (Fig. 110.3). Ein Quader ist durch Länge, Breite und Höhe bestimmt. **Würfel** sind besondere Quader, bei denen Länge, Breite und Höhe gleichgroß sind.

Beispiele:
a) Zündholzschachteln, Ziegelsteine, Kühlschränke, Klassenzimmer haben Quaderform.
b) Alle Körper in Fig. 110.3 sind Quader; einer (welcher?) ist sogar ein Würfel.

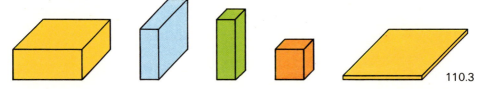

110.3

In Fig. 110.4 wird eine quaderförmige Schachtel aufgeschnitten; breitet man die Begrenzungsflächen in die Ebene aus, so erhält man ein **Netz** des Quaders.

110.4

② a) Nenne Körper aus dem Alltag, die quaderförmig sind.
b) Zeichne ein Netz eines 4 cm langen, 2 cm breiten und 1 cm hohen Quaders.

③ Wie lang, wie breit und wie hoch ist der Quader, dessen Netz in Fig. 110.5 abgebildet ist? Zeichne das Netz in dein Heft. Mache durch gleiche Farben deutlich, welche Strecken zusammenstoßen, wenn man aus dem Netz den Quader herstellt.

110.5

4
Zeichne das Schrägbild eines Quaders mit folgender

	Länge	Breite	Höhe:
a)	6 cm	4 cm	3 cm
b)	5 cm	4 cm	1 cm
c)	2 cm	1 cm	4 cm.

5
Zeichne das Netz eines Quaders mit der folgenden

	Länge	Breite	Höhe:
a)	3,5 cm	2 cm	1,5 cm
b)	2 cm	1 cm	3 cm.

6
Wie lang muß ein Draht mindestens sein, damit du daraus das Kantenmodell eines Quaders (Fig. 111.1) mit den folgenden Maßen herstellen kannst?

	Länge	Breite	Höhe
a)	5 cm	3 cm	2 cm
b)	2,5 cm	1,8 cm	4,2 cm
c)	6 cm	6 cm	6 cm

111.1

7
Fig. 111.2 zeigt das Netz eines Quaders.
a) Übertrage das Netz in dein Heft.
b) Bezeichne im Netz Ecken, die beim Falten des Netzes zu einem Quader zusammenstoßen, mit gleichen Buchstaben.
c) Mache durch entsprechende Farben deutlich, welche Strecken beim Falten zusammenstoßen.

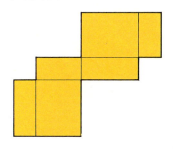
111.2

8
Pakete kann man in verschiedener Weise verschnüren (Fig. 111.3).

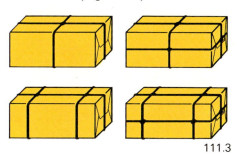
111.3

Wieviel Schnur braucht man in jedem der vier Fälle, um ein 32 cm langes, 24 cm breites und 15 cm hohes Paket zu verschnüren? Beachte: An jeder Schnurkreuzung wird ein Knoten gemacht (Schnurbedarf etwa 1 cm); außerdem müssen für die Schleife an beiden Schnurenden jeweils etwa 10 cm Schnur zugegeben werden.

9
In einem offenen, 30 cm langen, 20 cm breiten und 15 cm hohen Schuhkarton liegt in einer Ecke auf dem Boden eine tote Fliege; in der gegenüberliegenden oberen Ecke sitzt eine Spinne (Fig. 111.4).

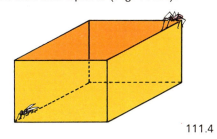
111.4

Wie muß die Spinne krabbeln, um möglichst rasch bei der Fliege zu sein? Zeichne in einem Schrägbild den Schuhkarton und den Weg der Spinne. Wie lang ist der Weg?

10
Eine würfelförmige Kiste hat 80 cm lange Kanten. Untersuche mit Hilfe einer Zeichnung, wie lang ein Stab höchstens sein darf, damit er auf dem Boden der Kiste (schräg in der Kiste) Platz hat.

54 Vermischte Aufgaben

1
Zeichne ein Quadrat
a) mit dem Umfang 14 cm
b) mit 5 cm langen Diagonalen.

2
a) Konstruiere drei verschiedene Rechtecke mit dem Umfang 18 cm.
b) Konstruiere ein Rechteck mit dem Umfang 18 cm, das doppelt so lang wie breit ist.
c) Konstruiere ein Rechteck, das 4 cm lang ist und einen Umfang von 12 cm hat.

3
Wie viele 5 cm lange und 3 cm breite (2,5 cm lange und 1,5 cm breite) rechteckige Plättchen brauchst du mindestens, um ein Quadrat zu legen? Zeichne das Quadrat mit den Plättchen. Kannst du eine andere Anzahl von Plättchen nennen, mit der man ebenfalls ein Quadrat legen kann?

4
Zeichne in ein Gitter, dessen Maschen Zentimeterquadrate sind, das Viereck ein mit den Ecken A(0|0), B(6|1), C(3|2), D(3|4) sowie den Punkt P(2|1). Wie weit ist der Punkt P von den Geraden (AB), (BC), (CD) und (CA) entfernt?

5
Konstruiere ein Parallelogramm, bei dem gegenüberliegende Seiten jeweils den Abstand 3 cm haben.
Zeichne die beiden Diagonalen ein; prüfe, ob sie orthogonal sind.

6
a) Zeichne eine Gerade g. Wo liegen alle Punkte, die von g höchstens 2 cm entfernt sind?
b) Zeichne eine neue Gerade h. Wo liegen alle Punkte, die von h mindestens 2 cm entfernt sind?
c) Zeichne eine dritte Gerade i. Wo sind alle Punkte, die von i mindestens 1 cm und höchstens 3 cm entfernt liegen?

7
Die Länge 30 km wird auf der Landkarte in Fig. 112.1 durch die Länge 1 cm dargestellt. Entnimm der Landkarte die Entfernung (Luftlinie) Frankfurt-Mannheim; Wiesbaden-Darmstadt; Offenbach-Ludwigsburg; Karlsruhe-Heilbronn.

8
Auf dem Kantenmodell eines Quaders krabbelt ein Marienkäfer von einer Ecke A (ohne Umwege) zur gegenüberliegenden Ecke G (Fig. 112.2).
Wieviel verschiedene Wege kann der Käfer gehen? Fertige für die Menge aller Möglichkeiten einen Baum an. Vergleiche die Länge der verschiedenen Wege.

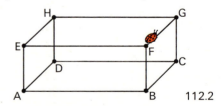

9
Die Punkte P, Q und R liegen auf der Geraden (AB). Zeichne die Punkte ein für A(2|10), B(10|2), P(8|?), Q(6|?), R(?|8). Zeichne durch P, Q und R jeweils die Orthogonale zu (AB). Wo schneiden diese Orthogonalen die Rechts- oder die Hochachse?

10
a) Zeichne zwei verschiedene Schrägbilder eines Würfels mit der Kantenlänge 3 cm.
b) Zeichne ein Schrägbild eines Quaders, der 5 cm lang, 3 cm breit und 1,5 cm hoch ist.
c) Zeichne ein Schrägbild des Quaders aus b), wenn er auf der Vorderfläche liegt.

11
Zeige, daß man aus der in Fig. 113.1 abgebildeten Fläche durch Falten einen Quader herstellen kann.

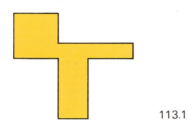
113.1

12
Hans stößt eine Stricknadel so durch eine würfelförmige Schachtel, daß sie die Deckfläche und die Vorderfläche genau in der Mitte durchstößt. Zeichne ein Schrägbild; mache deutlich, wo die Nadel sichtbar und wo sie verdeckt ist.

13
Aus einem 1 m langen Draht soll das Kantenmodell eines Quaders hergestellt werden, der doppelt so lang wie breit und doppelt so breit wie hoch ist. Wie lang, wie breit und wie hoch kann der Quader höchstens werden? Alle Kanten (in cm gemessen) sollen ganzzahlige Längen haben. Wieviel cm Draht bleibt übrig?

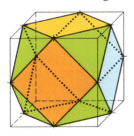
113.2

14
a) Wie kann man den in Fig. 113.2 abgebildeten Körper aus einem würfelförmigen Holzstück herstellen?
b) Zeichne das Schrägbild des Körpers wie in Fig. 113.2.

15
Zähle bei einem Quader sowie bei den in Fig. 109.5, 109.6 und 113.2 abgebildeten Körpern jeweils die Ecken, die Kanten und die begrenzenden Flächen.
Beispiel: Würfel

Ecken	Kanten	Flächen
8	12	6

Vergleiche bei jedem der Körper die drei gefundenen Zahlen. Kannst du eine Gesetzmäßigkeit erkennen? Prüfe an weiteren Körpern, ob deine Vermutung zutrifft.

16
Petra glaubt, daß sie einer Entdeckung auf der Spur ist. Sie erzählt: „Ich zeichne zwei beliebige Geraden g und h. Dann markiere ich ganz beliebig abwechselnd auf g und h 6 Punkte A, B, C, D, E, F; z.B. A auf g, B auf h, C auf g, usw. Nun ziehe ich in roter Farbe die Geraden (AB) und (DE), in grüner Farbe (BC) und (EF), in blauer (CD) und (FA) (Fig. 113.3). Bisher war es dann immer so, daß die Schnittpunkte der roten, der grünen und der blauen Geraden auf einer geraden Linie lagen."
Prüfe durch eigene Zeichnungen, ob es sich so verhält wie Petra behauptet.

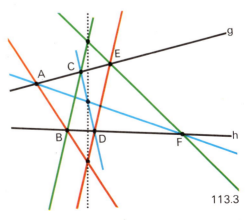
113.3

VII Flächen- und Rauminhalte

55 Messen des Flächeninhaltes

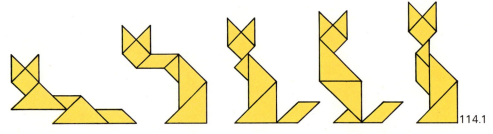
114.1

① a) Sind die fünf Bilder in Fig. 114.1 mit den gleichen Plättchen gelegt worden?
b) Zeige, daß man die Bilder auch mit lauter Dreiecken der kleineren Sorte legen kann. Wie viele Dreiecke braucht man für jedes Bild?

② Fig. 114.2 zeigt den Lageplan eines Hauses. Es hat eine Nord- und eine Südterrasse. Welche der beiden Terrassen ist größer? Um wieviel ist sie größer als die andere? Wie groß sind die beiden Terrassen?

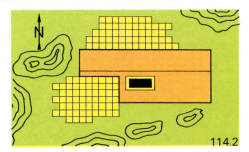
114.2

Wenn zwei Flächen mit gleichen Platten ausgelegt sind, können wir die Größen der Flächen leicht vergleichen; wir brauchen nur die Platten zu zählen.

Brauchen wir zum Auslegen einer Fläche z. B. 8 gleiche Platten, so sagen wir: die Fläche hat den **Flächeninhalt** 8 Plattengrößen. Wir haben den Flächeninhalt mit der **Flächeneinheit** 1 Plattengröße gemessen; 8 ist die **Maßzahl** des Flächeninhaltes bei dieser Einheit.

Beispiel:
Welche der beiden Flächen in Fig. 114.3 ist die größere?
Um dies nachzuprüfen, überziehen wir beide Flächen mit dem gleichen Gitter. Dann zählen wir, wie oft die Größe eines Karos in jeder der Flächen enthalten ist. Die gelbe Fläche hat den Flächeninhalt 38 Karogrößen; die blaue hat den Flächeninhalt 37 Karogrößen, sie ist also um 1 Karogröße kleiner.

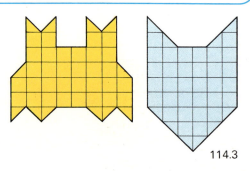
114.3

③ Gib den Flächeninhalt der Flächen in Fig. 114.3 an mit der Größe der Fläche in Fig. 114.4 (in Fig. 114.5; in Fig. 114.6) als Flächeneinheit.

114.4   114.5   114.6

4
In Fig. 115.1 ist ein Stück einer Bienenwabe abgebildet. Die hellen gelben Zellen sind mit Honig gefüllt. Prüfe, ob sie mehr als die Hälfte der Wabenfläche ausmachen.

115.1

5
a) Zeichne die drei Rechtecksflächen von Fig. 115.2 in dein Heft.

115.2

b) Überziehe die Rechtecksflächen mit einem Quadratgitter wie in Fig. 114.3. Gib danach die Flächeninhalte der drei Rechtecke an. Welche Rechtecksfläche ist am größten, welche am kleinsten?
c) Bestimme für jedes der Rechtecke den Umfang. Hat das Rechteck mit dem größten (kleinsten) Flächeninhalt auch den längsten (kürzesten) Umfang?

6
Zeichne eine Rechtecksfläche, die gleich groß ist wie die Fläche in Fig. 115.3.

115.3

7
a) Zeichne ein Quadrat, dessen Fläche 4mal (9mal; 2mal; 8mal) so groß ist wie ein Karo in deinem Heft.
b) Zeichne ein Dreieck, dessen Fläche 2mal (4mal; 6mal) so groß ist wie ein Karo in deinem Heft.

8
Gib die Größe der farbigen Teilflächen in Fig. 115.4 in der Einheit „1 Karogröße" an.

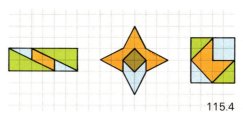
115.4

9
Zeige, daß man mit den Plättchen in Fig. 115.5 sowohl das Dreieck als auch das Quadrat in Fig. 115.6 legen kann. Was folgt daraus für die Dreiecks- und die Quadratfläche?

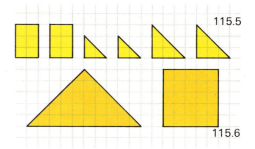
115.5
115.6

10
In Fig. 115.7 ist von vier verschiedenen Plattensorten je eine Platte abgebildet.

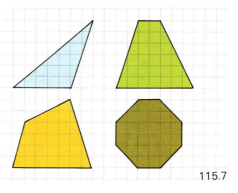
115.7

Prüfe für jede der Plattensorten, ob man mit solchen Platten eine ebene Fläche lückenlos pflastern kann.

56 Einheiten beim Messen des Flächeninhaltes

① Herr Kurz möchte Wände und Decke des Wohnzimmers streichen. Er geht in den Großmarkt, um weiße Farbe zu holen. Dort sind Eimer mit Farbe in verschiedenen Größen zu haben (Fig. 116.1). Welchen der Eimer wird Herr Kurz kaufen?

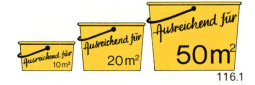

116.1

Im Alltag gibt man Flächeninhalte überall in den gleichen Einheiten an; man kann dann leichter vergleichen. Eine dieser üblichen Einheiten ist 1 Quadratmeter.

Hat ein Quadrat die Seitenlänge	so heißt sein Flächeninhalt	
1 mm	**1 mm²**	(lies: Quadratmillimeter oder Millimeter hoch zwei)
1 cm	**1 cm²**	(lies: Quadratzentimeter oder Zentimeter hoch zwei)
1 dm	**1 dm²**	(lies: Quadratdezimeter oder Dezimeter hoch zwei)
1 m	**1 m²**	(lies: Quadratmeter oder Meter hoch zwei)
1 dam (=10 m)	**1 a**	(lies: Ar)
1 hm (=100 m)	**1 ha**	(lies: Hektar)
1 km	**1 km²**	(lies: Quadratkilometer oder Kilometer hoch zwei).

Beispiel:
Jede der Flächen in Fig. 116.2 hat den Flächeninhalt 1 cm². Das auf Seite 117 unterlegte Quadrat hat den Flächeninhalt 1 dm². Für ein Bett braucht man etwa 2 m² Platz, für ein Einfamilienhaus etwa 1 a, für ein Fußballfeld etwa 1 ha.

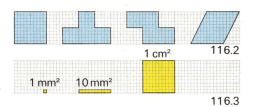

116.2

116.3

Aus Fig. 116.3 erkennst du: 1 cm² = 100 mm². Entsprechend gilt:

$$
\begin{aligned}
100\ \text{mm}^2 &= 1\ \text{cm}^2 \\
100\ \text{cm}^2 &= 1\ \text{dm}^2 \\
100\ \text{dm}^2 &= 1\ \text{m}^2 \\
100\ \text{m}^2 &= 1\ \text{a} \\
100\ \text{a} &= 1\ \text{ha} \\
100\ \text{ha} &= 1\ \text{km}^2
\end{aligned}
$$

Merke: Das 100fache einer Einheit ergibt die nächst größere Einheit.

Beispiele:
300 dm² = 3 m²;   20 000 m² = 200 a = 2 ha;   750 cm² = 7 dm² 50 cm²

② Gib mit kleineren Maßzahlen an:
a) 700 cm² b) 40 000 m² c) 3000 a d) 1400 m²
e) 850 cm² f) 62 000 dm² g) 24 500 m² h) 432 ha.

3
Zeichne ein Quadrat, dessen Seiten 10 cm lang sind. Unterteile das Quadrat in Zentimeterquadrate. Wie viele gibt es?

4
Es ist 300 dm² = 3 m². Gib ebenso an
in m²: 700 dm²; 2000 dm²; 90 000 dm²
in dm²: 800 cm²; 1200 cm²; 9000 cm²
in a: 400 m²; 13 000 m²; 5000 m².

5
Gib in der nächst größeren Einheit an:
a) 400 cm²; 8200 dm²; 4300 mm²; 7000 cm²; 90 000 dm²; 200 ha; 3500 m²
b) 500 m²; 3700 ha; 900 a; 2100 m².

6
Schreibe in der nächst kleineren Einheit:
a) 5 m²; 13 m²; 25 dm²; 9 cm²; 71 cm²
b) 24 ha; 4 km²; 130 a; 9 ha; 52 km².

7
Gib in der Einheit an, die in der Klammer steht:
a) 17 m² (dm²); 124 cm² (mm²); 235 dm² (cm²); 25 m² (cm²); 6 dm² (mm²)
b) 7 m² 9 dm² (dm²); 18 dm² 70 cm² (cm²); 3 a 18 m² (m²); 15 ha 4 a (a); 3 ha (m²).

8
Gib sowohl in der nächst größeren als auch in der nächst kleineren Einheit an:
200 m²; 300 a; 1200 dm²; 5000 dm²; 40 000 ha; 7000 m²; 1300 m²; 200 dm².

9
Schreibe in der Einheit 1 m²:
a) 13 a 25 m²; 18 a 7 m²; 4 a 1 m²; 2 ha
b) 5 ha 50 m²; 20 ha 75 m²; 3 ha 7 a 80 m²; 4 ha 9 m²; 2 ha 15 m²; 30 ha 5 a.

10
Es ist 8320 m² = 83 a 20 m². Behandle entsprechend:
a) 730 dm²; 1250 mm²; 3412 cm²
b) 14 360 cm²; 54 300 dm²; 80 800 cm²
c) 58 000 m²; 63 010 dm²; 2305 ha
d) 35 720 cm²; 5008 m²; 20 450 a
e) 45 600 cm²; 83 750 m²; 6250 a.

11
Bestimme den Flächeninhalt der Flächen in Fig. 117.1 in der Einheit 1 Karogröße.

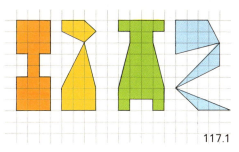

117.1

12
a) Zeichne zwei 12 cm² große Rechtecke.
b) Zeichne zwei 10 cm² große Dreiecke.

13
a) 85 a + 45 a; 4 m² 50 dm² + 2 m² 60 dm²; 35 ha 70 a + 70 ha 35 a; 84 dm² 65 cm² + 20 dm²
b) 2 m² 75 dm² − 50 dm²; 2 ha 30 a − 1 ha 80 a; 17 dm² 50 cm² − 12 dm² 60 cm²
c) 45 m² · 3; 14 cm² · 8; 1 m² 40 dm² · 7.

14
a) Ein Landwirt braucht für seinen 2 ha großen Weizenacker Kunstdünger. Auf den Kunstdüngersäcken wird empfohlen: „Weizen 7−10 kg je 100 m²." Wie viele 50-kg-Säcke Kunstdünger benötigt der Landwirt mindestens, wie viele höchstens?
b) Er erntet 4600 kg Weizen. Sein Nachbar erntet von einem 80 a großen Acker 2000 kg. Vergleiche die Erträge je Ar.

15
Familie Wagner kauft einen 6 a 70 m² großen Bauplatz. 1 m² kostet 195 DM. Allerdings kommen für Straßen- und Wasseranschlüsse noch „Erschließungskosten" in Höhe von 45 DM je m² dazu. Wieviel DM muß Familie Wagner bezahlen?

16
Ein Flur ist 1,40 m lang und 3,20 m breit. Wie viele quadratische, 20 cm lange Platten braucht man zum Belegen?

57 Flächeninhalte von Rechtecken

① In Fig. 118.1 siehst du ein Gartenbeet, auf dem Zwiebeln angepflanzt wurden. Wie kannst du rasch herausbekommen, wie viele Zwiebeln es sind?

② In einem zweitausend Jahre alten chinesischen Buch ist zu lesen: „Man hat ein Feld, 14 Schritte lang und 12 Schritte breit. Die Frage ist: Wie groß ist das Feld? Die Antwort sagt: 168 Pu." Woher kommt die Zahl 168? Was bedeutet 1 Pu?

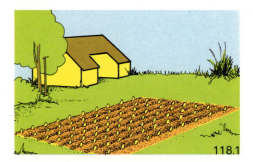
118.1

Bei rechteckigen Flächen kann man den Flächeninhalt auf einfache Weise ermitteln. Ist ein Rechteck 5 cm lang und 3 cm breit, so können wir es unterteilen
in 3 Zentimeterstreifen (Fig. 118.2)   oder   in 5 Zentimeterspalten (Fig. 118.3)

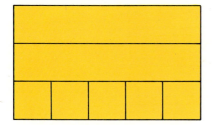   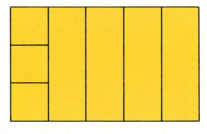

Jeder Streifen enthält 5 Quadrate.   118.2   Jede Spalte enthält 3 Quadrate.   118.3

Der Flächeninhalt des Rechtecks beträgt danach $3 \cdot 5 \,cm^2 = 5 \cdot 3 \,cm^2 = 15 \,cm^2$.

> Um den Flächeninhalt eines Rechtecks zu bestimmen, messen wir zunächst seine Länge und Breite in der gleichen Längeneinheit. Dann multiplizieren wir die Maßzahlen von Länge und Breite und versehen das Produkt mit der entsprechenden Flächeneinheit.

Beispiele:
a) Ein 5 cm 5 mm langes und 2 cm 6 mm breites Rechteck (Fig. 118.4) können wir in 26 Millimeterstreifen unterteilen. Jeder Streifen enthält 55, das ganze Rechteck also $26 \cdot 55 = 1430$ Millimeterquadrate. Sein Flächeninhalt beträgt daher $1430 \,mm^2 = 14 \,cm^2\ 30 \,mm^2$.

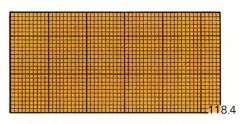
118.4

b) Länge: 125 cm; Breite: 80 cm; Flächeninhalt: $A = 10\,000 \,cm^2 = 100 \,dm^2 = 1 \,m^2$.
c) Ein Rechteck hat den Flächeninhalt 560 cm² und ist 40 cm lang. Wie breit ist es?
Flächeninhalt: 560 cm²; Länge: 40 cm; Breite: $(560 : 40)$ cm $= 14$ cm

③ Bestimme die Flächeninhalte der Rechtecke mit folgenden Seitenlängen:
   a) 9 cm; 11 cm   b) 2 m; 8 dm   c) 4 m; 2 m 30 cm   d) 1 m 5 cm; 5 dm.

4
Berechne die Flächeninhalte der Rechtecke mit folgenden Seitenlängen:
a) 4 dm; 15 cm   b) 8 cm; 25 mm
c) 1,2 m; 3 dm   d) 3,7 m; 9 cm
e) 0,8 km; 450 m   f) 3,04 m; 2,5 dm
g) 45 m; 6 cm   h) 8 km; 12 m
i) 6,5 km; 4,5 m   k) 9 m; 2,4 cm
l) 250 m; 1 cm   m) 0,4 m; 0,5 cm.

5
In der folgenden Tabelle ist von mehreren Rechtecken jeweils der Flächeninhalt A und die Länge a einer Seite angegeben. Berechne die Länge b der andern Seite und den Umfang U des Rechtecks.

A	156 cm²	36 dm²	52 a	5 m²	40 dm²
a	13 cm	45 cm	80 m		1,50 m

6
U ist der Umfang, a die Länge einer Seite eines Rechtecks. Berechne die Länge b der andern Seite und den Flächeninhalt A des Rechtecks.

U	80 cm	96 m	40 m	2,6 m	½ m
a	30 cm	28 m	5 cm	1 m	4 cm

7
Berechne den Umfang und den Flächeninhalt eines Quadrates mit der Seitenlänge:
a) 6 cm   b) 8 m   c) 1,2 m
d) 135 m   e) 0,5 m   f) 1,5 dm.

8
Herr Bauer möchte einen rechteckigen, 34 m langen und 21 m breiten Bauplatz kaufen.
a) Zeichne den Bauplatz; nimm 1 cm für die wirkliche Länge 10 m.
b) Wie groß ist der Bauplatz?
c) Wie teuer ist der Bauplatz, wenn 1 m² 185 DM kostet?

9
Die große Fensterscheibe im Wohnzimmer ist gesprungen und muß erneuert werden. Die neue Scheibe kostet (ohne Arbeitslohn) 1159,40 DM. Das Wohnzimmerfenster ist 3,4 m lang und 2,2 m breit. Wie teuer ist 1 m²?

10
Eine Streichholzschachtel ist 5,2 cm lang, 3,5 cm breit und 1,2 cm hoch.
a) Zeichne das Netz eines Quaders mit diesen Maßen.
b) Welchen Flächeninhalt hat das Netz?

11
Das Rechteck in Fig. 119.1 wurde einer Landkarte entnommen. 1 cm auf der Karte bedeutet in Wirklichkeit eine Länge von 50 m. Wie groß ist die Rechtecksfläche in Wirklichkeit?

119.1

12
Wie ändert sich der Flächeninhalt eines Rechtecks, wenn man
a) die Länge (Breite) verdoppelt und die Breite (Länge) beibehält
b) sowohl die Länge als auch die Breite verdoppelt
c) die Länge verdoppelt und die Breite halbiert?

13
Karin sollte aus Stoff ein Quadrat ausschneiden, bei dem gegenüberliegende Ecken den Abstand 14 cm haben. Versehentlich schnitt sie ein Quadrat aus, bei dem benachbarte Ecken den Abstand 14 cm haben.
a) Zeichne die beiden Quadrate.
b) Wieviel Stoff hat Karin zuviel ausgeschnitten?

14
a) Zeichne drei verschiedene Rechtecke mit dem Umfang 20 cm und berechne jeweils den Flächeninhalt.
b) Zeichne drei verschiedene Rechtecke mit dem Flächeninhalt 12 cm² und berechne jeweils den Umfang.

58 Kommaschreibweise bei Flächeninhalten

① a) In einer Zeitungsanzeige (Fig. 120.1) werden zwei Grundstücke zum Kauf angeboten. Bei welchem Grundstück ist der m²-Preis niedriger?
b) Gib die folgenden Flächeninhalte in der nächst kleineren Einheit an.
$\frac{1}{2}$ m²; $2\frac{1}{2}$ a; $\frac{3}{4}$ dm²; $\frac{1}{4}$ ha; $3\frac{1}{4}$ cm²; $\frac{4}{5}$ m²

Wir bieten an: 120.1
Bauplätze
In Buchen: 5a 9000,-
In Menau: 6½a 13000,-
Franz – Immobilien
Gartenstraße 23 Tel. 374459

② a) Übertrage die folgende Tabelle und das eingetragene Beispiel in dein Heft.

	km²	ha	a	m²	dm²	cm²	mm²
125 430 m² =		12	54	30			

b) Trage (jeweils in einer neuen Zeile) folgende Flächeninhalte in die Tabelle ein:
250 dm²; 980 m²; 4285 cm²; 40 750 cm²; 50 010 m²; 8050 dm²; 8005 m²; 20 005 cm².

Damit wir uns einen Flächeninhalt wie 200 dm² besser vorstellen können, geben wir ihn in einer größeren Einheit an: 200 dm² = 2 m². Im Alltag ist dieses Vorgehen auch dann üblich, wenn die größere Einheit nicht „ganzzahlig aufgeht". Man schreibt dann z. B. statt 250 dm² auch $2\frac{1}{2}$ m² oder 2,5 m².

Kommaschreibweise bei Flächeninhalten

	km²		ha		a		m²		dm²		cm²		mm²	
	Z	E	Z	E	Z	E	Z	E	Z	E	Z	E	Z	E

48 m² 70 dm² =   4 8, 7 0   m² (Angabe in m²)
=   0, 4 8 7 0   a (Angabe in a)
=   4 8 7 0, 0   dm² (Angabe in dm²)

Beispiele:
a) $3\frac{1}{2}$ a = 350 m²   b) $2\frac{3}{4}$ m² = 275 dm²   c) $\frac{4}{5}$ cm² = 80 mm²   d) $\frac{1}{4}$ km² = 25 ha
e) $\frac{3}{10}$ ha = 30 a   f) 50 m² = $\frac{1}{2}$ ha   g) 125 a = $1\frac{1}{4}$ ha   h) 520 m² = $5\frac{1}{5}$ a
i) 1,98 cm² = 198 mm²   k) 2,65 m² = 2 m² 65 dm²   l) 13,05 a = 13 a 5 m²
m) 5,008 m² = 5 m² 80 cm²   n) 0,04 m² = 4 dm²   o) 750 cm² = 7,50 dm²
p) 805 dm² = 8,05 m²   q) 1050 m² = 10,50 a   r) 320 a = 3,20 ha
s) $1\frac{1}{2}$ m² + $2\frac{1}{4}$ m² = 150 dm² + 225 dm² = 375 dm² = $3\frac{3}{4}$ m²
t) 2,75 m² + 20,5 dm² = 27 500 cm² + 2050 cm² = 29 550 cm² = 2,955 m²

③ Schreibe die folgenden Flächeninhalte ohne Komma.
a) 3,46 m²   b) 72,85 dm²   c) 7,8 a   d) 0,6 ha   e) 0,05 km²   f) 2,05 dm²   g) 0,005 ha

④ Gib die folgenden Flächeninhalte in der nächst größeren Einheit an.
a) 120 cm² b) 950 dm² c) 1080 m² d) 605 a   e) 1205 m² f) 50 m²   g) 8 dm²
h) 5 m²   i) 7 a   k) 20 m²   l) 105 a   m) 4080 cm² n) 52 090 m² o) 9 mm²

⑤ a) 70 m² + 130 dm²   b) $3\frac{1}{2}$ m² + 60 dm²   c) $5\frac{1}{4}$ a + 80 m²   d) $\frac{1}{2}$ a + $1\frac{3}{4}$ a
e) 2,5 m² + 1,7 m²   f) 3 a + 1,7 a   g) 0,5 ha + 80 a   h) 0,05 m² + 8,5 dm²

6
Schreibe ohne Komma:
a) 1,87 m²; 0,42 cm²; 24,65 dm²; 304,55 a; 2,5 m²; 8,2 dm²; 14,7 cm²; 0,9 a; 4,2 cm²; 34,8 m²; 3,08 dm²; 0,6 ha; 0,05 km²; 7,0 m²
b) 4,6 dm²; 0,7 m²; 608,9 cm²; 0,08 dm²; 20,5 ha; 9,6 km²; 0,005 m²; 0,008 a; 0,05 a; 0,006 dm²; 0,005 ha; 0,458 m².

7
Schreibe in der nächst kleineren Einheit:
a) $\frac{1}{4}$ m²; $\frac{3}{4}$ ha; $\frac{1}{2}$ a; $\frac{1}{2}$ ha; $\frac{3}{4}$ m²; $2\frac{1}{2}$ a; $3\frac{1}{4}$ km²
b) $\frac{2}{5}$ ha; $\frac{3}{5}$ m²; $\frac{1}{10}$ m²; $\frac{1}{10}$ dm²; $\frac{3}{100}$ ha; $\frac{1}{8}$ m².

8
Gib mit Komma an
in m²: 120 dm²; 102 dm²; 205 dm²; 1005 dm²; 50 dm²; 5 dm²; 5000 cm²; 7500 cm²; 1000 cm²
in a: 350 m²; 470 m²; 550 m²; 2560 m²; 10 m²; 5 m²; 7 m²; 15 m²; 3500 dm².
in ha: 700 m²; 3000 m²; 4520 m²; 840 m²; 460 a; 1250 a; 1250 m²; 85 a; 7 a; 50 m².

9
Gib mit Komma in der Einheit an, die in der Klammer steht:
a) 16 m² 70 dm² (m²); 12 cm² 6 mm² (cm²); 26 cm² (dm²); 7 dm² 8 cm² (m²)
b) 8 ha 70 a (ha); 1270 a (ha); 348 m² (a); 2900 m² (a); 3400 m² (ha); 40 ha (km²)
c) 3000 m² (a); 124 500 m² (ha); 705 m² (a); $\frac{1}{2}$ m² (dm²); $\frac{3}{4}$ ha (m²); $1\frac{1}{4}$ m² (cm²).

10
Schreibe sowohl in der nächst kleineren als auch in der nächst größeren Einheit:
a) 200 m²; 2 m²; 20 m²; 25 m²; 250 m²; 5 m²; 350 a; 35 a; 3500 a; 50 ha; 5 dm²
b) 5 cm²; 10 cm²; 25 cm²; 15 dm²; 250 a; 7 a; 3500 a; 40 ha; 65 m²; 8 dm²; 7 cm².

11
Gib in m² an:
65 dm² + 80 dm²;
840 dm² + 150 dm² + 40 dm²;
800 dm² + 50 dm² + 2 m² + 360 dm²;
250 dm² + 2,2 m² + $3\frac{1}{2}$ m² + 0,7 m² + 170 dm².

12
a) 1,25 m² + 0,85 m²; 80,5 dm² + 2,75 m²; 8,4 a + 2,06 a + 0,5 a; 5,8 ha + 2 ha 2 a
b) 0,48 ha − 30 a; 32,5 cm² − 0,28 dm²; 9 m² 7 dm² − 4,3 m² − 0,6 m²; 8 a − 4,3 m² + 15,8 m²
c) 0,25 m² · 8;   3,4 a · 5;   2,3 dm² · 12; 0,08 ha · 35; 1,05 m² · 8; 12,06 cm² · 15

13
Ein Botaniker schätzt, daß ein Laubbaum wie in Fig. 121.1 ungefähr 50 000 Blätter hat. Wie groß ist dann die Fläche aller Blätter zusammen?

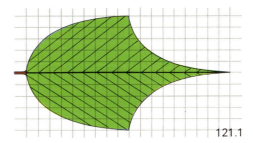

121.1

14
Ein 87,5 m langes und 46,8 m breites rechteckiges Wiesengrundstück kostet 106 470 DM. Wie teuer ist 1 m²?

15
Unsere Geldscheine (5 DM, 10 DM, 20 DM, 50 DM, 100 DM, 500 DM, 1000 DM) sind doppelt so lang wie breit. Ein Schein mit dem nächst höheren Wert ist immer 1 cm länger als sein Vorgänger. 20-DM-Scheine sind 14 cm lang. Gib in einer Tabelle die Längen, Breiten und Flächeninhalte der Geldscheine an.

16
Eine größere Tageszeitung hat 108 Seiten; jede Seite hat die Maße 72 cm und 53 cm.
a) Vor der Druckerei wird die Zeitung an einer 1,50 m hohen Holztafel so ausgehängt, daß man sie ganz lesen kann. Wie lang muß die Schautafel sein?
b) Könnte man mit einer solchen Zeitung den Boden eines 22 m² großen Zimmers voll belegen?

59 Messen des Rauminhaltes

① Von den vier Kisten in Fig. 122.1 ist die erste mit Sand gefüllt. Kann man den Sand in jede der andern Kisten umfüllen? Vergleiche die „Größen" der vier Kisten.

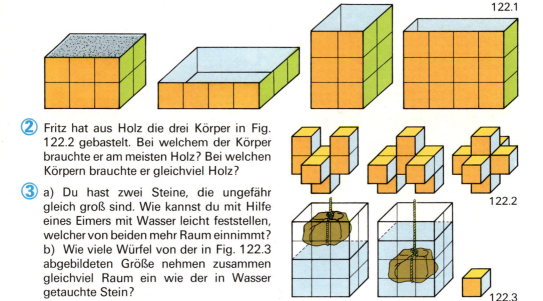

② Fritz hat aus Holz die drei Körper in Fig. 122.2 gebastelt. Bei welchem der Körper brauchte er am meisten Holz? Bei welchen Körpern brauchte er gleichviel Holz?

③ a) Du hast zwei Steine, die ungefähr gleich groß sind. Wie kannst du mit Hilfe eines Eimers mit Wasser leicht feststellen, welcher von beiden mehr Raum einnimmt?
b) Wie viele Würfel von der in Fig. 122.3 abgebildeten Größe nehmen zusammen gleichviel Raum ein wie der in Wasser getauchte Stein?

Bestehen zwei Körper aus gleich vielen Würfeln derselben Sorte, so sagen wir: die beiden Körper haben denselben **Rauminhalt** (oder dasselbe **Volumen**).

Hat ein Würfel die Kantenlänge	so heißt sein Rauminhalt
1 mm	**1 mm³** (lies: Kubikmillimeter oder Millimeter hoch drei)
1 cm	**1 cm³** (lies: Kubikzentimeter oder Zentimeter hoch drei)
1 dm	**1 dm³** (lies: Kubikdezimeter oder Dezimeter hoch drei)
1 m	**1 m³** (lies: Kubikmeter oder Meter hoch drei).

Bemerkung:
Für Kubikdezimeter ist auch der Name „Liter" gebräuchlich. Es ist also 1 dm³ = 1 l.

Beispiel:
Der in Fig. 122.3 abgebildete Würfel sei ein Zentimeterwürfel. Dann hat der eingetauchte Stein den Rauminhalt $V = 6 \text{ cm}^3$. Das Wasser in dem Gefäß hat den Rauminhalt 12 cm³. Beide Rauminhalte haben wir in der Raumeinheit 1 cm³ angegeben.

④ a) Fritz hat die drei Körper in Fig. 122.2 aus Zentimeterwürfeln zusammengebaut. Gib die Rauminhalte der drei Körper in der Raumeinheit 1 cm³ an.
b) In Fig. 122.1 sei die erste Kiste 3 dm lang, 2 dm breit und 2 dm hoch. Welchen Rauminhalt haben die vier Kisten?

5
a) Welcher der beiden Körper in Fig. 123.1 hat den größeren Rauminhalt?
b) Gib die Rauminhalte der beiden Körper an, wenn es sich bei den Würfeln, aus denen sie zusammengesetzt sind, um Zentimeterwürfel (Dezimeterwürfel) handelt.

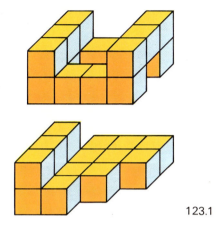
123.1

6
Bestimme durch Auszählen der Zentimeterwürfel die Rauminhalte der beiden Körper in Fig. 123.2. Welcher der Körper hat den größeren Rauminhalt? Um wieviel unterscheiden sich die Rauminhalte?

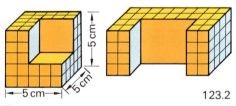
123.2

7
Mit lauter gleichen Würfelchen kannst du größere Würfel bauen. Wie viele Würfelchen brauchst du, um einen Würfel zu bauen, dessen Kantenlänge 2mal (3mal; 5mal; 10mal) so lang ist wie die Kantenlänge eines Würfelchens? Wie ändert sich dabei der Flächeninhalt des Netzes?

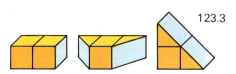
123.3

8
Die Körper in Fig. 123.3 sind aus Zentimeterwürfeln und Hälften von Zentimeterwürfeln zusammengebaut.
a) Welchen Rauminhalt haben die Körper? Gibt es weitere Körper mit dem gleichen Rauminhalt, die man aus Zentimeterwürfeln oder Hälften solcher Würfel zusammenbauen kann?
b) Zeichne die Netze der drei Körper in Fig. 123.3. Prüfe, ob alle drei Netze den gleichen Flächeninhalt haben.

9
a) Zeichne ein Schrägbild eines Würfels mit der Kantenlänge 4 cm.
b) Wie kannst du den Würfel in vier gleich große Teile zerschneiden? Trage die Schnitte in dem gezeichneten Würfel ein.
c) Prüfe, ob es noch weitere Möglichkeiten gibt, den Würfel in vier gleich große Teile zu zerschneiden. Zeichne einen neuen Würfel; trage wieder die Schnitte ein.

10
Von einem 1 cm dicken Brett wurde das Stück in Fig. 123.4 abgesägt. Welchen Rauminhalt hat das abgesägte Stück?

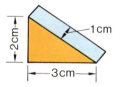
123.4

11
Bei den beiden Körpern in Fig. 123.5 bedeuten gleiche Farben gleiche Längen.
a) Zeige, daß die beiden abgebildeten Körper den gleichen Rauminhalt haben.
b) Die rote Linie ist doppelt so lang wie die blaue. Gib danach den Rauminhalt in einer geeigneten Raumeinheit an.

123.5

60 Kommaschreibweise bei Rauminhalten

① Elke hat aus einer rohen Kartoffel einen Würfel ausgeschnitten. Wie muß sie weiterschneiden, um kleinere Würfel zu erhalten? Wie viele bekommt sie mindestens?

Fig. 124.1 zeigt: 1000 Zentimeterwürfel ergeben 1 Dezimeterwürfel. Allgemein:

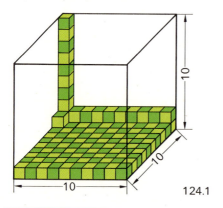

124.1

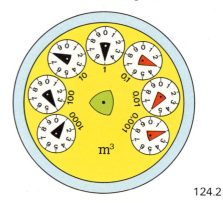

124.2

1000 mm³ = 1 cm³
        1000 cm³ = 1 dm³
                1000 dm³ = 1 m³

Merke: Das 1000fache einer Einheit ergibt jeweils die nächst größere Einheit.

Beispiel:
2000 cm³ = 2 dm³ = 2 l; 4500 dm³ = 4 m³ 500 dm³; 6 m³ 50 dm³ = 6050 dm³.

② In Fig. 124.2 siehst du eine „Wasseruhr"; sie mißt den Wasserverbrauch.
  a) Was zeigen die einzelnen Zeiger an?
  b) Welchen Wasserverbrauch zeigt die Wasseruhr in Fig. 124.2 an?

Kommaschreibweise bei Rauminhalten

	m³			dm³			cm³			mm³		
	H	Z	E	H	Z	E	H	Z	E	H	Z	E
215 dm³ 50 cm³ =				2	1	5,	0	5	0			
=		0,	2	1	5	0	5	0				
=				2	1	5	0	5	0,	0		

dm³ (Angabe in dm³ oder l)
m³ (Angabe in m³)
cm³ (Angabe in cm³)

Beispiele:
a) 14 dm³ 50 cm³ = 14,050 dm³   b) 0,065 m³ = 65 dm³ = 65 l
c) 2,05 m³ + 800 dm³ + 1½ m³ = 2050 dm³ + 800 dm³ + 1500 dm³ = 4,35 m³

③ Schreibe ohne Komma: a) 0,45 m³ b) 8,4 dm³ c) 10,005 m³ d) 117,8 m³ e) 0,003 dm³.

4
a) Gib in der nächst größeren Einheit an:
3000 cm³;   12 000 dm³;   230 000 mm³;
4000 l; 53 000 cm³; 1 400 000 dm³.
b) Gib in der nächst kleineren Einheit an:
5 m³; 13 cm³; 50 dm³; 430 l; 23 m³; 2 dm³;
7 cm³; 20 m³; 400 dm³; 56 dm³; 3 m³.

5
Gib in der nächst größeren und in der nächst kleineren Einheit an:
4000 dm³;   25 000 cm³;   100 000 dm³;
650 000 cm³; 5 000 000 dm³; 30 000 cm³.

6
Schreibe in der nächst kleineren Einheit:
$3\frac{1}{2}$ m³; $\frac{1}{2}$ dm³; $\frac{1}{4}$ m³; $\frac{3}{4}$ l; $\frac{1}{10}$ m³; $\frac{1}{100}$ m³;
$2\frac{3}{4}$ dm³; $7\frac{1}{5}$ cm³; $5\frac{1}{2}$ l; $\frac{2}{5}$ dm³; $2\frac{1}{4}$ cm³.

7
Schreibe ohne Komma:
a) 1,5 m³;   2,7 m³;   3,400 m³;   3,80 m³;
4,09 m³; 7,05 m³; 8,005 m³; 0,6 m³
b) 4,5 dm³; 15,8 cm³; 0,852 cm³; 0,9 cm³;
0,06 dm³; 7,04 dm³; 0,005 l; 2,008 cm³
c) 8,05 m³; 4,005 m³; 2,09 cm³; 0,04 m³;
0,001 m³; 0,065 dm³; 3,075 cm³; 0,015 l.

8
Gib sowohl in der kleineren als auch in der größeren der genannten Einheiten an:
a) 2 m³ 540 dm³; 7 m³ 50 dm³;
14 m³ 5 dm³; 1 dm³ 50 cm³;
20 cm³ 40 mm³; 5 m³ 5 dm³; 2 m³ 2 dm³
b) 1 dm³ 20 cm³; 20 cm³ 5 mm³;
6 m³ 60 dm³; 35 dm³ 500 cm³;
150 m³ 650 l; 3 dm³ 450 cm³.

9
Schreibe in der Einheit 1 l:
5 m³; 16 m³; 7,5 m³; 4000 cm³; 0,7 m³;
3,08 m³; 0,006 m³; 0,085 m³; 0,0005 m³.

10
Es ist 200 cm³ = $\frac{1}{5}$ dm³. Gib entsprechend als Bruchteil der nächst größeren Einheit an: 500 cm³; 250 cm³; 750 cm³; 100 cm³; 500 l; 200 l; 400 dm³; 800 cm³; 300 cm³; 125 l; 750 mm³; 900 l; 50 l; 600 dm³; 750 l; 250 l; 500 mm³; 1 l.

11
a) 600 dm³ + 0,5 m³; 2,6 m³ + 750 dm³;
4,05 dm³ + 750 cm³;
0,065 cm³ + 125 mm³;
0,075 m³ + 820 dm³; 50 l + 0,065 m³
b) 4,05 dm³ − 50 l; 1,7 m³ − 800 dm³;
0,06 m³ − 10 l; 2,075 l − 150 cm³

12
500 cm³ · 6; 250 dm³ · 5; 120 cm³ · 10;
2,5 dm³ · 10; 0,5 m³ · 4; 0,05 m³ · 8

13
200 dm³ : 5 = 40 dm³. Berechne ebenso:
600 cm³ : 12; 550 mm³ : 11; 70 dm³ : 10;
2,5 m³ : 5; 0,08 m³ : 20; 0,006 m³ : 3;
1 m³ 500 dm³ : 3; 4 dm³ 200 cm³ : 4.

14
Da 400 dm³ · 2 = 800 dm³ ist, können wir schreiben: 800 dm³ : 400 dm³ = 2.
Berechne entsprechend: 50 cm³ : 10 cm³;
250 dm³ : 50 l; 220 m³ : 20 m³;
650 cm³ : 130 cm³; 2,4 m³ : 0,4 m³;
0,5 m³ : 0,25 m³; $1\frac{1}{2}$ m³ : 0,5 m³;
0,2 dm³ : 50 cm³.

15
Eine Kiste Mineralwasser enthält 12 Flaschen mit je 0,7 l, eine Kiste Bier 20 Flaschen mit je $\frac{1}{2}$ l. Wieviel Liter Mineralwasser und wieviel Liter Bier sind das? Eine Kiste Mineralwasser kostet 3,78 DM, eine Kiste Bier 11,50 DM.
Wieviel kostet jeweils 1 Liter?

16
a) 1 cm³ Wasser wiegt 1 g, 1 cm³ Tannenholz 0,5 g, 1 cm³ Stein 3 g, 1 cm³ Gold 19 g. Wieviel wiegt jeweils 1 dm³?
b) 1 cm³ Kork wiegt 0,25 g. Könntest du mit deinem Freund zusammen einen Meterwürfel aus Kork tragen?

17
Beim Start einer Großrakete werden in den ersten $2\frac{1}{2}$ Flugminuten rund 360 m³ Treibstoff verbraucht. Wieviel Liter Treibstoff verbraucht die Rakete in jeder Sekunde während dieser Zeit?

61 Rauminhalte von Quadern

① Frau Weiß kauft auf dem Markt eine Kiste Pfirsiche (Fig. 126.1). Wie viele Einmachgläser braucht sie, wenn man zehn Pfirsiche für ein Glas rechnet?

② Wie kannst du herausbekommen, wie viele Zuckerstückchen ein Paket Würfelzucker enthält, ohne das ganze Paket auszupacken und die Stückchen einzeln zu zählen?

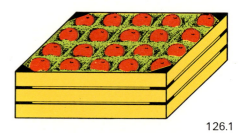

126.1

Viele Körper, z. B. Kisten, haben Quaderform. Bei solchen Körpern kann man den Rauminhalt mit Hilfe der Kantenlängen des Quaders leicht bestimmen.
Ist ein Quader z. B.
5 cm lang, 4 cm breit
und 3 cm hoch (Fig. 126.2)

so können wir ihn unterteilen in 3 Schichten; jede Schicht enthält 4 Stäbe, jeder Stab 5 Zentimeterwürfel (Fig. 126.3).

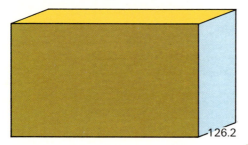
126.2

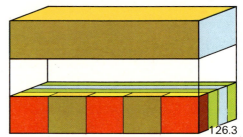
126.3

Eine Schicht enthält $5 \cdot 4$ Zentimeterwürfel; der ganze Quader enthält $(5 \cdot 4) \cdot 3 = 60$ Zentimeterwürfel. Der Rauminhalt des Quaders beträgt also 60 cm³.

> Um den Rauminhalt V eines Quaders zu bestimmen, messen wir seine Länge, Breite und Höhe in derselben Längeneinheit. Dann multiplizieren wir die drei Maßzahlen und schreiben hinter das Produkt die entsprechende Raumeinheit.

Beispiele:
a) Zum Verlegen eines Kabels wird ein 12 m langer, 40 cm breiter und 70 cm tiefer Graben gezogen. Er hat die Form eines Quaders mit den Kantenlängen 120 dm, 4 dm und 7 dm. Sein Rauminhalt beträgt $V = 120 \cdot 4 \cdot 7$ dm³ $= 3360$ dm³ $= 3,36$ m³.
b) Heinz muß 0,6 m³ Sand in eine 1,5 m lange und 80 cm breite Kiste schaufeln. Wie hoch steht der Sand in der Kiste, wenn Heinz mit der Arbeit fertig ist?

        Flächeninhalt der Grundfläche: $A = 15 \cdot 8$ dm² $= 120$ dm²
        Rauminhalt des Sandes: $V = 0,6$ m³ $= 600$ dm³
        Höhe des Quaders aus Sand: $h = (600 : 120)$ dm $= 5$ dm
Der Sand steht in der Kiste 50 cm hoch.

③ Berechne den Rauminhalt eines Quaders mit den angegebenen Kantenlängen.
   a) 2 m; 8 dm; 25 cm   b) 1,5 m; 0,4 m; 15 cm   c) 0,6 m; 1,2 m; 0,3 m
   d) 4 cm; 5,2 dm; 0,8 cm   e) 3 dm; 0,6 m; 5 cm   f) 1 m; 0,45 m; 12 cm

4
Berechne die Rauminhalte der folgenden Quader (l: Länge, b: Breite, h: Höhe):

	a)	b)	c)	d)
l:	20 dm	2,50 m	10 cm	12 cm
b:	15 dm	80 cm	4,5 cm	8 m
h:	8 dm	20 cm	6 mm	$\frac{1}{2}$ m

	e)	f)	g)	h)
l:	28 cm	1,20 m	0,2 m	$1\frac{1}{2}$ m
b:	12,5 cm	8,4 dm	0,2 m	0,6 m
h:	4,8 cm	25 cm	0,2 m	$4\frac{1}{2}$ dm

5
In der folgenden Tabelle ist von mehreren Quadern jeweils der Flächeninhalt A der Grundfläche und die Höhe h angegeben. Berechne jeweils den Rauminhalt.

	a)	b)	c)	d)
A:	400 cm²	2 m²	3,6 m²	$6\frac{1}{2}$ m²
h:	15 cm	50 cm	25 cm	$\frac{1}{4}$ m

6
Eine Baugrube soll 10 m lang, 8 m breit und 3,5 m tief werden.
a) Wieviel Tonnen beträgt der Aushub, wenn 1 m³ Aushub 1,8 t wiegt?
b) Wie viele Fuhren von je 4,5 t sind zum Wegfahren nötig?
c) Wieviel m³ Aushub werden mit jeder Fuhre wegbefördert?

7
Eine Straße von 8 km Länge und 6,5 m Breite erhält eine Schotterdecke, die 9 cm dick ist.
a) Wieviel m³ Schotter braucht man?
b) Wieviel t Teer braucht man zum Teeren der Straße, wenn 1 t für 100 m² Straßendecke reicht?

8
Im folgenden sind von verschiedenen Quadern jeweils der Rauminhalt V und der Flächeninhalt A der Grundfläche angegeben. Berechne die Höhen der Quader.

	a)	b)	c)	d)
V:	162 cm³	27 dm³	8 dm³	1,512 dm³
A:	54 cm²	0,18 m²	20 dm²	2,16 dm²

9
Ein quaderförmiges Schwimmbecken ist 50 m lang, 25 m breit und 2,20 m tief.
a) Wieviel Liter Wasser sind notwendig, um das Becken bis 20 cm unter den oberen Rand zu füllen?
b) 1 m³ Wasser kostet 1,20 DM. Wie teuer ist eine Füllung?
c) Nach einer Reinigung muß das Becken neu gefüllt werden. Wie hoch steht das Wasser im Becken, nachdem 100 000 l Wasser eingelaufen sind?

10
a) Berechne die Rauminhalte der beiden Körper in Fig. 127.1.

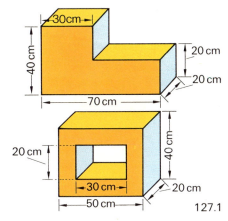

127.1

b) Wieviel wiegt jeder der beiden Körper, wenn sie aus Stein hergestellt werden und 1 cm³ Stein 2,5 g wiegt?

11
Klaus möchte aus einem Holzquader mit den Kantenlängen 16 cm, 12 cm, 10 cm einen quaderförmigen „Tunnel" herausnehmen, so daß der Rauminhalt halbiert wird. Welche Maße (ganze cm) hat der Tunnel?

12
Anna will 5 Bücher in einen Karton packen. Der Karton ist 30 cm lang, 24 cm breit und 20 cm hoch. Jedes der Bücher ist 28 cm lang, 20 cm breit und 5 cm dick. Kann Anna den Karton verwenden?

62 Vermischte Aufgaben

1
a) Lege 12 Streichhölzer so aneinander, daß sie ein Rechteck beranden. Auf wie viele Arten ist dies möglich? Zeichne die verschiedenen Rechtecke in dein Heft (wähle 0,5 cm für eine Streichholzlänge). Welches dieser umfangsgleichen Rechtecke hat den größten Flächeninhalt?
b) Schneide aus Zeitungspapier 12 gleiche Quadrate aus. Auf wie viele Arten kann man diese so aneinanderlegen, daß ein Rechteck entsteht? Zeichne die verschiedenen Rechtecke in dein Heft (ein Karo für jedes Quadrat). Welches dieser flächeninhaltsgleichen Rechtecke hat den kleinsten Umfang?

2
In der folgenden Tabelle bedeutet: l: Länge, b: Breite, A: Flächeninhalt, U: Umfang eines Rechtecks. Übertrage die Tabelle in dein Heft und ergänze sie.

	a)	b)	c)	d)
l:	11 cm	15 dm		13 m
b:	7 cm		7 m	
A:		45 dm²	140 m²	
U:				50 m

	e)	f)	g)	h)
l:		21 cm	14 cm	
b:	15 dm	21 cm		24 cm
A:				
U:	3,24 m		196 m	8 dm

3
Herr Lang hat zwei Grundstücke, die 86,4 m lang, 17,5 m breit und 72,5 m lang, 16,8 m breit sind. Er soll für die beiden Grundstücke ein rechteckiges Grundstück bekommen, das 84 m lang ist. Wie breit muß dieses Grundstück sein?

4
Ein Rechteck ist doppelt (3mal) so lang wie breit. Sein Umfang beträgt 42 cm (72 cm). Wie lang sind die Seiten des Rechtecks? Welchen Flächeninhalt hat es?

5
Uli hat auf einer Holzplatte die Gitterpunkte eines cm-Gitters durch Nägel markiert (Fig. 128.1). Mit vier geschlossenen Gummifäden grenzt er vier Flächen ab. Welche Flächeninhalte haben diese?

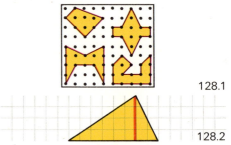

128.1

128.2

6
Bestimme den Flächeninhalt der Dreiecksfläche in Fig. 128.2

7
Zeichne in ein Gitter die folgenden Streckenzüge. Sie begrenzen jeweils eine Fläche. Bestimme deren Flächeninhalt.
a) P(1|0), Q(5|0), R(8|3), S(4|3), P(1|0)
b) P(2|0), Q(4|1), R(2|4), S(0|1), P(2|0).

8
Zeichne die Flächen in Fig. 128.3 auf kariertes Papier und schneide sie aus. Zeige: Jede der Flächen läßt sich durch einen geraden Schnitt so in zwei Teile zerlegen, daß man diese zu einem Quadrat zusammensetzen kann.

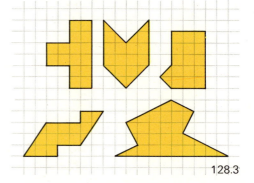

128.3

9
In der folgenden Tabelle bedeutet l: Länge, b: Breite, h: Höhe, V: Rauminhalt eines Quaders. Übertrage die Tabelle in dein Heft und fülle sie aus.

	a)	b)	c)	d)
l:	1,4 m	80 cm	0,6 m	
b:	50 cm	20 cm		0,8 dm
h:	15 cm		15 cm	5 cm
V:		8 dm³	9 dm³	0,06 dm³

10
Der Firstbalken eines Hauses ist 12 m lang, 25 cm hoch und 15 cm breit.
a) Wieviel wiegt der Balken, wenn 1 dm³ Tannenholz $\frac{1}{2}$ kg wiegt?
b) Vor dem Einbau erhält der Balken einen Schutzanstrich gegen Fäulnis und Insektenfraß. Reicht eine Dose, deren Inhalt für eine Fläche von 10 m² vorgesehen ist?

11
Ein quaderförmiger Eisenblock mißt 1,6 m, 1,25 m, 60 cm. Er soll zu einer Platte von 4,5 m Länge und 3,20 m Breite ausgewalzt werden. Wie dick wird die Platte?

12
Ein Aquarium ist innen 36 cm lang, 25 cm breit und 25 cm hoch. Wieviel Kannen von $1\frac{1}{2}$ l Inhalt sind nötig, um das Aquarium bis 5 cm unter den oberen Rand zu füllen?

13
Während eines Gewitters fielen 24,5 l Regen auf 1 m².
a) Vergleiche mit dem Inhalt eines Wassereimers.
b) Um wieviel cm steigt der Wasserspiegel eines Sees?
c) Wieviel m³ Regen fielen auf den See, wenn dieser 1,5 km² groß ist?

14
Herr Kern hat ein neues Auto. Beim ersten Volltanken zeigt der km-Zähler 648. Beim zweiten zeigt er 1098; jetzt passen 54 l Benzin in den Tank. Wieviel Liter Benzin hat das Auto auf 100 km verbraucht?

15
a) Ein rot gestrichener Holzwürfel von 2 cm Kantenlänge wird in cm-Würfel zersägt. Wie viele Quadratflächen müssen nachgestrichen werden, wenn auch die neuen Würfel wieder rot sein sollen?
b) Wie viele Quadratflächen müssen nachgestrichen werden, wenn der ursprüngliche Würfel die Kantenlänge 3 cm hat?

16
Herr Neu verwendet zur Schaufenstergestaltung unter anderem mehrere dm-Würfel, die er zusammenstecken kann. An jede Seitenfläche eines schwarzen Würfels steckt er einen roten Würfel. Dann ergänzt er sein „Bauwerk" mit grünen Würfeln so, daß er wieder einen vollständigen Würfel hat.
a) Zeichne ein Schrägbild des „Bauwerks" von Herrn Neu. (Wähle 1 cm für 1 dm.)
b) Welchen Rauminhalt haben die grünen Würfel zusammen?

17
Ein Quader ist 5mal so hoch wie breit und ebenso breit wie lang. Wie lang sind die Kanten, wenn sie zusammen eine Länge von 140 cm ergeben?

18
Ein würfelförmiger Behälter wird zum Auffangen von Regenwasser wie in Fig. 129.1 aufgestellt.
a) Wieviel Wasser faßt der Behälter?
b) Sobald der Behälter überläuft, wird er horizontal gestellt. Wie hoch steht dann das Wasser im Behälter?

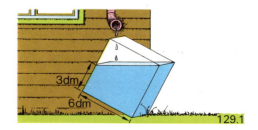
129.1

VIII Symmetrische Figuren
63 Spiegeln an einer Geraden

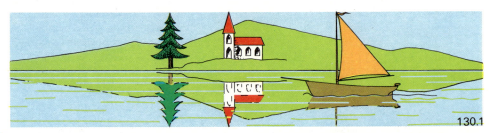
130.1

① Uli hat von einem Ausschnitt des Bildes in Fig. 130.1 eine Skizze angefertigt (Fig. 130.2). Er hat dabei aber zwei Fehler gemacht. Kannst du sie finden?

Wenn wir eine gegebene Figur „an einer Geraden" spiegeln (Fig. 130.3/4), dann erhalten wir eine genau entsprechende, gleich große Bildfigur.

130.2

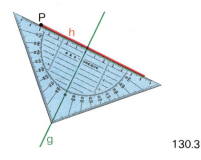
130.3

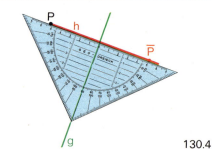
130.4

Beim **Spiegeln** eines Punktes P **an einer Geraden** g konstruieren wir:
1. die zu g orthogonale Gerade h durch P (Fig. 130.3),
2. den Punkt P̄ auf h, der von g den gleichen Abstand hat wie P (Fig. 130.4).
Wir nennen P̄ (lies: P quer) den **Bildpunkt** (oder kurz: das **Bild**) von P bei der **Spiegelung** an der **Spiegelachse** g.

Beispiel:
In Fig. 130.5 wurde zu einem Flügel des Flugzeugs durch Spiegelung an g ein gleicher Flügel konstruiert.

② Trage in ein Gitter die Punkte A(0|1), B(3|5), C(4|10), D(1|9), E(8|9) ein. Spiegele nun das Viereck ABCD an (AE).

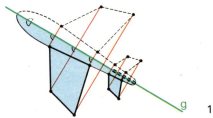
130.5

3
Fig. 131.1 ist durch Spiegelung entstanden. Wie verläuft die Spiegelachse? Zeichne die Figur in dein Heft. Färbe entsprechende Teilflächen gleich.

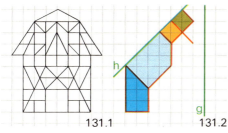

131.1   131.2

4
Übertrage Fig. 131.2 in dein Heft und spiegele sie an der Geraden g.
Übertrage Fig. 131.2 nochmals ins Heft; spiegele sie nun an der Geraden h.

5
Zeichne Fig. 131.3 ins Heft. Spiegele an der Spiegelachse a.

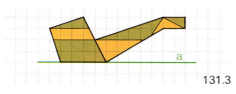

131.3

6
Zeichne die Vierecke aus Fig. 131.4 ins Heft; spiegele jeweils an g.

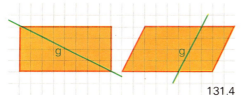

131.4

7
Ein Fünfeck hat die Ecken A(9|1), B(11|5), C(10|8), D(6|10) und E(6|5).
a) Zeichne das Fünfeck. Spiegele es an der Geraden (AE).
b) Zeichne das Fünfeck nochmals. Spiegele jetzt so, daß A mit seinem Bildpunkt Ā und D mit D̄ zusammenfällt.

8
Bei einer Geradenspiegelung hat A(1|3) den Bildpunkt Ā(9|3).
a) Welche Gitterzahlen haben die Bilder der Punkte B(3|4), C(1|0), D(5|1) und E(7|2)? Zeichne die Bildpunkte ein.
b) Wo liegen alle Punkte, deren Bildpunkte auf der Hochachse (auf der Rechtsachse) liegen?

9
a) Stelle von einer Zeichnung wie in Fig. 131.5 mit Hilfe von Paus- oder Kohlepapier (oder einfach indem du beim Zeichnen ein zweites Blatt unterlegst und mit dem Kugelschreiber „durchdrückst") ein genaues Abbild her. Lege deine Zeichnung und das Bild nebeneinander. Ist das Bild ein Spiegelbild deiner Zeichnung?
b) Wie mußt du vorgehen, damit beim Pausen auf einem zweiten Blatt ein Spiegelbild deiner Zeichnung entsteht?

131.5

10
Fig. 131.6 zeigt neun gleiche Plättchen; denke sie dir aus Pappe ausgeschnitten und auf einen Tisch gelegt.

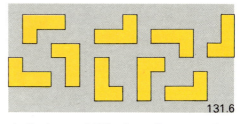

131.6

a) Suche zwei Plättchen, die man – ohne sie vom Tisch hochzuheben – in spiegelbildliche Lage bringen kann. Gibt es auch Plättchen, bei denen es nicht geht?
b) Übertrage Fig. 131.6 ins Heft. Teile die Plättchen (durch Färben) so in zwei Sorten ein, daß man jedes Plättchen der einen mit jedem der anderen in spiegelbildliche Lage bringen kann.

64 Achsensymmetrische Figuren

① Heiko sieht das Namensschild auf seinem Heft im Spiegel (Fig. 132.1). Er ist überrascht: Sein Vorname ist normal lesbar, der Nachname nicht. Woher kommt das? Suche andere Wörter, die auch im Spiegel normal lesbar sind.

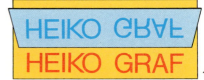

132.1

② Was fällt auf, wenn du die Scherenschnitte in Fig. 132.2 der Reihe nach betrachtest? Wie erreichst du, daß ein Scherenschnitt „regelmäßig" wird?

132.2

Figuren können mehr oder weniger regelmäßig sein. Eine einfache Art von Regelmäßigkeit liegt vor, wenn eine Figur aus zwei spiegelbildlichen Hälften besteht. Man kann dann so spiegeln, daß nur die beiden Hälften vertauscht werden.

> Besteht eine Figur aus zwei zueinander spiegelbildlichen Hälften, so nennen wir sie **achsensymmetrisch**. Die Spiegelachse heißt dann **Symmetrieachse** der Figur. Je mehr Symmetrieachsen eine Figur hat, desto regelmäßiger ist sie.

Beispiele:
a) Der Schmetterling in Fig. 132.3 ist achsensymmetrisch; die eingezeichnete rote Gerade ist Symmetrieachse.
b) In Fig. 132.4 kannst du verfolgen, wie eine Figur beim Spiegeln umsomehr mit sich zur Deckung kommt, je mehr sie sich der symmetrischen Form nähert.

132.3

③ a) Wie viele Symmetrieachsen haben die einzelnen Scherenschnitte in Fig. 132.2?
b) Zeichne eine Figur mit 1 Symmetrieachse (mit 2; mit 4 Symmetrieachsen).

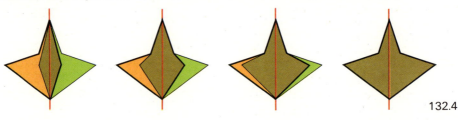

132.4

4
Wie viele Symmetrieachsen haben die beiden „Rosetten" in Fig. 133.1?

133.1

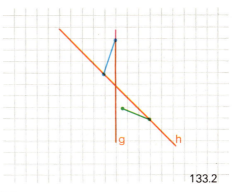

133.2

5
a) Suche fünf Wörter wie OTTO oder DIEB, die achsensymmetrisch sind.
b) Aus welchen Buchstaben kann ein Wort bestehen, das zwei Symmetrieachsen hat?

6
a) Notiere alle 2stelligen achsensymmetrischen Zahlen.
b) Gibt es auch 2stellige Zahlen mit mehr als einer Symmetrieachse?

7
a) Zeichne ein Quadrat. Trage alle Symmetrieachsen ein.
b) Zeichne ein 4 cm langes und 2 cm breites Rechteck; trage auch hier alle Symmetrieachsen ein.
c) Konstruiere einen Kreis mit dem Radius 2 cm. Zeichne fünf Symmetrieachsen des Kreises ein.

8
a) Zeichne ein Dreieck, das achsensymmetrisch ist.
b) Hat jedes Parallelogramm eine Symmetrieachse? Zeichne ein Parallelogramm, das kein Rechteck ist, aber eine Symmetrieachse hat. Wie viele Symmetrieachsen hat ein solches Parallelogramm?
c) Zeichne ein Viereck, das genau eine Symmetrieachse hat.

9
Übertrage die Fig. 133.2 ins Heft und vervollständige sie so, daß g und h Spiegelachsen sind.

10
Ein Schüler hat nur zwei Farbstifte.
a) Auf wie viele Arten kann er die Quadrate in Fig. 133.3 so färben, daß jeweils eine achsensymmetrische farbige Figur entsteht? Zeichne für jede der drei Figuren alle möglichen Fälle.

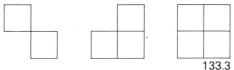

133.3

b) Kann man die Quadrate mit den zwei Farbstiften auch so färben, daß die entstehende farbige Figur nicht achsensymmetrisch ist?

11
Übertrage Fig. 133.4 dreimal in dein Heft. Färbe nun die vier Quadrate so, daß einmal eine Figur ohne Symmetrieachse, das zweite Mal eine Figur mit genau einer Symmetrieachse, das dritte Mal eine Figur mit zwei Symmetrieachsen entsteht.

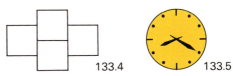

133.4   133.5

12
a) Wie oft bilden Zeiger und Ziffernblatt der Uhr in Fig. 133.5 im Laufe eines Tages eine achsensymmetrische Figur?
b) Wie viele Symmetrieachsen hat eine Strecke (eine Gerade; ein Kreis)?

65 Spiegeln an einem Punkt

① Wie ist die grüne Schrift in Fig. 134.1 aus der schwarzen entstanden, wie entsteht die rote aus der grünen?

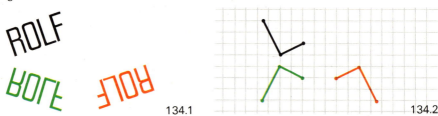

134.1   134.2

② In Fig. 134.2 sind die Buchstaben L aus Fig. 134.1 nochmals abgebildet. Übertrage Fig. 134.2 in dein Heft. Verbinde entsprechende Punkte geradlinig. Wie verlaufen die Verbindungslinien? Wie kann man danach auf unliniertem Papier zum schwarzen L das rote konstruieren, ohne zuvor das grüne zu zeichnen?

Fig. 134.3 zeigt, wie du – anders als bei der Spiegelung an einer Geraden – auf eine neue Art zu einer Figur eine gleiche konstruieren kannst. Wir sagen: Bei diesem Verfahren wird die ursprüngliche Figur „an dem Punkt Z gespiegelt".

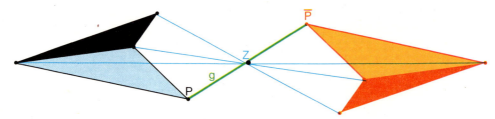

134.3

Beim **Spiegeln** eines Punktes P **an einem Punkt** Z konstruieren wir:
1. die Gerade g durch P und Z,
2. den Punkt $\bar{P}$ auf g, der von Z den gleichen Abstand hat wie P (Fig. 134.3).
$\bar{P}$ ist der Bildpunkt (kurz: das Bild) von P bei der **Punktspiegelung am Zentrum** Z.

Beispiel:
In Fig. 134.4 wurde das grüne Sechseck am Punkt Z gespiegelt; das braune Sechseck ist das Bild des grünen bei der Punktspiegelung am Zentrum Z.

③ Spiegele das Viereck A (6|0), B (5|10), C (0|7), D (4|6) am Zentrum Z (7|7) (am Zentrum Z (3|5); an der Ecke D).

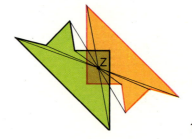

134.4

4
a) Übertrage das Fünfeck ABCDE sowie den Punkt Z aus Fig. 135.1 in dein Heft. Konstruiere das Bild des Fünfecks bei der Punktspiegelung am Zentrum Z.

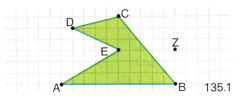

135.1

b) Zeichne erneut das Fünfeck ABCDE. Spiegele nun am Punkt A.
c) Zeichne das Fünfeck ABCDE und spiegele es am Punkt E.

5
Bei einer Punktspiegelung hat der Punkt A(5|8) den Bildpunkt Ā(7|4). Welche Gitterzahlen haben die Bilder der Punkte B (1|5), C (0|2) und D (4|0)? Zeichne das Viereck ABCD und sein Bildviereck.

6
Übertrage Fig. 135.2 in dein Heft. Prüfe, ob das rote Viereck durch Punktspiegelung aus dem grünen hervorgegangen ist (wenn man von der Farbe absieht).

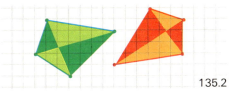

135.2

7
Zeichne Fig. 135.3 in dein Heft. Ergänze danach das rechte Quadrat so, daß es das Bild des linken Quadrates bei der Punktspiegelung an Z ist.

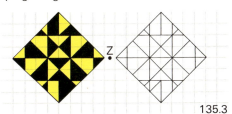

135.3

8
a) Zeichne Fig. 135.4 in dein Heft.
b) Ergänze das rechte Achteck so, daß es das Bild des mittleren ist bei der Punktspiegelung am Zentrum Z.

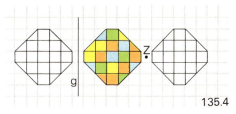

135.4

c) Ergänze das linke Achteck so, daß es das Bild des mittleren ist bei der Geradenspiegelung an der Spiegelachse g.

9
In Fig. 135.5 sind Stifte A und B auf zwei Zahnrädern jeweils durch eine Gummischnur verbunden. Wie ändern sich die Länge und die Richtung der Schnur, wenn sich die Räder drehen? Zeichne die Zahnräder in einer anderen Stellung. Wie läßt sich die Lage der Punkte A und B zueinander beschreiben?

135.5

10
Fig. 135.6 zeigt sieben Plättchen, die auf einem Tisch liegen.
a) Suche zwei Plättchen, die man – ohne sie vom Tisch hochzuheben – in eine Lage bringen kann, daß jedes das Bild des anderen bei einer Punktspiegelung ist. Suche zwei Plättchen, bei denen dies nicht geht.
b) Zeichne Fig. 135.6 in dein Heft. Färbe Plättchen, die man in punktspiegelbildliche Lage bringen kann, gleich. Wie viele Farben brauchst du?

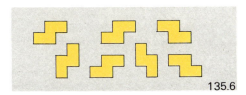

135.6

66 Punktsymmetrische Figuren

① Weshalb bestehen Spielkarten aus zwei gleichen Hälften (Fig. 136.1)? Sind die Hälften spiegelbildlich zu einer Geraden oder zu einem Punkt? Warum achten die Hersteller von Spielkarten auf diesen Unterschied?

② Zeichne Fig. 136.2 in dein Heft und spiegele sie am Punkt Z. Weshalb genügt es, einen der drei Teile zu spiegeln?

Das in Fig. 136.3 abgebildete Wasserrad sieht sehr regelmäßig aus. Es ist jedoch nicht achsensymmetrisch. Wir können diese neue Art von Regelmäßigkeit so beschreiben: Wenn wir das Wasserrad an seinem Mittelpunkt Z spiegeln, so deckt sich die Bildfigur vollkommen mit der ursprünglichen Figur.

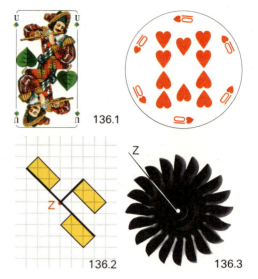

136.1

136.2

136.3

> Gibt es bei einer Figur einen Punkt Z, so daß sie bei der Punktspiegelung an Z in sich übergeht, dann nennen wir die Figur **punktsymmetrisch**. Der Punkt Z heißt **Symmetriezentrum** (oder **Mittelpunkt**) der Figur.

Beispiele:

Fig. 136.4 ist punktsymmetrisch, jedoch nicht achsensymmetrisch.

Fig. 136.5 ist sowohl punktsymmetrisch als auch achsensymmetrisch.

③ a) Zeichne ein Viereck, das sowohl punkt- als auch achsensymmetrisch ist.
b) Zeichne ein Viereck, das punktsymmetrisch, aber nicht achsensymmetrisch ist.

4
Welche der Bilder in Fig. 137.1 sind punkt-, aber nicht achsensymmetrisch; achsen-, aber nicht punktsymmetrisch; punkt- und achsensymmetrisch; weder punkt- noch achsensymmetrisch?

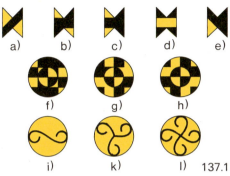

137.1

5
Zeichne Fig. 137.2 in dein Heft. Färbe die Karos so, daß eine Figur entsteht, die
a) punkt-, aber nicht achsensymmetrisch
b) achsen-, aber nicht punktsymmetrisch
c) weder punkt- noch achsensymmetrisch
d) punkt- und achsensymmetrisch ist.

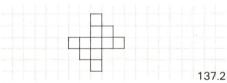

137.2

6
Zeichne ein beliebiges Dreieck ABC. Spiegele das Dreieck an der Ecke A (der Ecke B; der Mitte von AB).

7
Zeichne eine Sternfigur, die punkt-, aber nicht achsensymmetrisch ist.

8
Wie viele Symmetriezentren und wie viele Symmetrieachsen hat
a) ein Quadrat   b) ein Rechteck
c) eine Raute   d) ein Parallelogramm?
Zeichne ein Viereck jeder genannten Art mit Symmetriezentren und -achsen.

9
Untersuche, ob die Linien in Fig. 137.3 achsen- oder punktsymmetrisch sind.

137.3

Erfinde selber eine Linie, die ein Symmetriezentrum, aber keine -achse hat.

10
Fig. 137.4 zeigt ein Drahtgeflecht.
a) Prüfe, ob Fig. 137.4 ein Symmetriezentrum hat.

137.4

b) Versuche, selber ein Drahtgeflecht zu entwerfen, das dieselben Symmetrieeigenschaften hat wie Fig. 137.4.
(Anleitung: Achte in Fig. 137.4 auf die von oben nach unten und auf die von links nach rechts laufenden Linien.)
c) Was ändert sich an den Symmetrieeigenschaften von Fig. 137.4, wenn du dir das Geflecht nach allen Seiten unbegrenzt fortgesetzt denkst?

11
David schlägt Elke ein Spiel vor: Wir setzen abwechselnd auf eine leere Tischplatte je einen Bierdeckel. Wer zuletzt einen Deckel ablegen kann, hat gewonnen. Die Deckel dürfen nicht übereinanderliegen, nicht über den Rand der Platte hinausragen und nicht mehr verschoben werden.
Elke weiß: Wenn ich beginne und der Tisch kreisrund oder rechteckig ist, gewinne ich immer. Wie macht sie das?

67 Verschieben

① a) Beim Malen von Verzierungen wie in Fig. 138.1 benützen Maler meist Schablonen. Erläutere, wie der Maler dabei vorgeht. Welche Vorteile bringt eine Schablone?
b) Die Verzierungen in Fig. 138.2 sind auch mit der Schablone aus Fig. 138.1 hergestellt worden. Wie gelingt es dem Maler, mit der gleichen Schablone verschiedene Verzierungen herzustellen?

② Die Verzierung in Fig. 138.3 hat ein Gehilfe gemalt. Welchen Fehler hat er gemacht? Was tut der Meister bei Beginn der Arbeit, um den Fehler zu vermeiden (Fig. 138.4)?

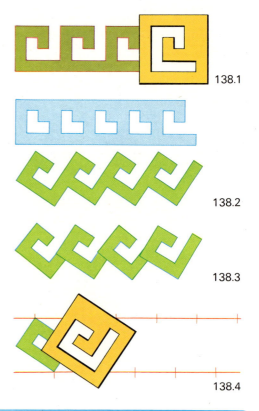

138.1
138.2
138.3
138.4

Beim Malen von Verzierungen wird die Schablone entlang einer Geraden g so verschoben, daß jeder Punkt auf einer Parallelen zu g wandert; alle Punkte wandern dabei gleich weit.
Wenn wir dies beachten, können wir auch ohne Schablone auskommen; Fig. 138.5 zeigt, wie wir vorgehen. Wir sagen: Die rote Figur ist „durch Verschieben" aus der grünen entstanden. Der Pfeil gibt an, in welcher Richtung und wie weit verschoben werden soll.

> Beim **Verschieben** eines Punktes P (Fig. 138.5) konstruieren wir:
> 1. eine Gerade h, die durch P geht und zum **Verschiebungspfeil** parallel ist,
> 2. den Punkt $\bar{P}$ auf h so, daß $P\bar{P}$ gleich lang ist wie der Verschiebungspfeil.
> $\bar{P}$ ist das Bild von P bei der durch den Pfeil festgelegten **Verschiebung**.

Wir kennen damit drei verschiedene Möglichkeiten, wie man zu einer Figur eine gleiche konstruieren kann:
durch Spiegeln an einer Geraden (Fig. 130.5),
durch Spiegeln an einem Punkt (Fig. 134.3)
oder durch Verschieben (Fig. 138.5).

③ Zeichne das Viereck ABCD mit den Ecken A(0|2), B(6|0), C(9|9), D(0|7) sowie einen Pfeil, der von E(1|4) ausgeht und seine Spitze in $\bar{E}$(3|7) hat.
Konstruiere nun das Bild des Vierecks ABCD bei der durch den Pfeil festgelegten Verschiebung.

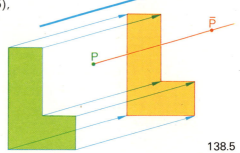

138.5

4
Übertrage Fig. 139.1 in dein Heft. Konstruiere danach das Bild des „Buchstabens" T; die Verschiebung ist durch den Verschiebungspfeil angegeben.

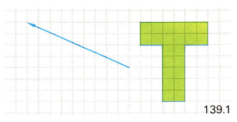
139.1

5
Zeichne das Viereck ABCD mit A(0|0), B(4|1), C(3|3), D(1|4) sowie den Punkt Ā(3|2). Verschiebe nun das Viereck ABCD so, daß Ā das Bild von A ist. Welche Gitterzahlen haben die Punkte B̄, C̄ und D̄?

6
Zeichne das Dreieck ABC mit A(6|5), B(12|7) und C(6|10). Konstruiere das Bilddreieck bei einer Verschiebung, die
a) A in B   b) B in A
c) C in die Mitte von AB   überführt.

7
Bei einer Verschiebung ist der Punkt P̄(5|3) das Bild des Punktes P(1|2).
a) Welche Gitterzahlen haben die Bilder der Punkte A(1|0), B(4|3), C(5|9)?
b) Welche Gitterzahlen hat das Bild des Punktes D(36|57)?

8
Welche Dreiecke in Fig. 139.2 lassen sich durch eine Verschiebung (durch eine Achsenspiegelung; durch eine Punktspiegelung) ineinander überführen?

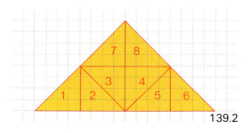
139.2

9
a) Verschiebe Fig. 139.3 so, wie dies der grüne Verschiebungspfeil angibt.
Verschiebe danach die Bildfigur wieder nach derselben Vorschrift.
b) Verschiebe Fig. 139.3 nach der Vorschrift des blauen Verschiebungspfeils; wiederhole die Verschiebung wie in a).
c) Verwende statt des grünen den roten Verschiebungspfeil; verfahre wie in a).

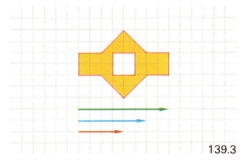
139.3

10
Übertrage Fig. 139.4 in dein Heft. Zeichne zusätzlich die Bildfigur ein bei der durch den Pfeil festgelegten Verschiebung.

139.4

11
Zeichne Fig. 139.5 in dein Heft. Ergänze danach B, C und D so, daß
B durch eine Geradenspiegelung,
C durch eine Punktspiegelung,
D durch eine Verschiebung
aus A entsteht.

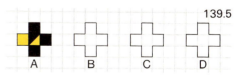
139.5

12
Spiegele das Dreieck A(1|2), B(3|1), C(1|6) an P(4|3) und danach das Bilddreieck an Q(8|5). Wie geht das dritte Dreieck aus dem ersten hervor?

68 Verschiebungssymmetrische Figuren

① Die Verzierung in Fig. 140.1 ist durch wiederholtes Weiterrücken einer Schablone entstanden (vgl. Fig. 138.1). Zeichne die Schablone. Gibt es noch andere Möglichkeiten, wie sie ausgesehen haben könnte?

② Prüfe, ob man auch die Verzierung in Fig. 140.2 mit einer Schablone zeichnen kann.

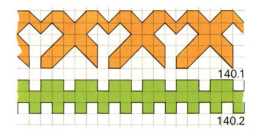

140.1

140.2

Verzierungen wie in Fig. 140.3 werden auch **Streifenmuster** genannt. Wir denken uns solche Streifenmuster nach beiden Seiten unbegrenzt fortgesetzt.

140.3

Das Streifenmuster in Fig. 140.3 ist weder achsen- noch punktsymmetrisch, aber dennoch sehr regelmäßig. Wir können diese neue Art von Regelmäßigkeit so beschreiben: Es gibt eine Verschiebung, die das Muster in sich überführt (Fig. 140.4).

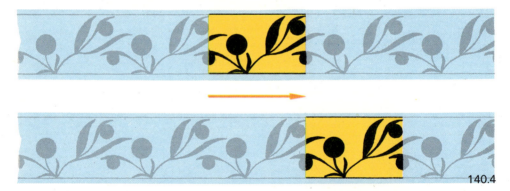

140.4

> Figuren, die durch eine Verschiebung in sich übergeführt werden können, nennen wir **verschiebungssymmetrisch**.

Beispiele:
Die Streifenmuster in Fig. 140.1, 140.2, 140.3 sind verschiebungssymmetrisch; Fig. 140.5 ist verschiebungssymmetrisch, aber nicht achsensymmetrisch; Fig. 140.6 ist gleichzeitig verschiebungssymmetrisch und achsensymmetrisch.

140.5

140.6

140

3
Welche Symmetrieeigenschaften haben die Streifenmuster in Fig. 141.1?

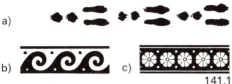
141.1

4
Zeichne Fig. 141.2 ins Heft. Trage ein: bei Verschiebungssymmetrie einen Pfeil, bei Punktsymmetrie Symmetriezentren, bei Achsensymmetrie Symmetrieachsen.

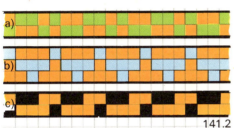
141.2

5
Die Streifenmuster in Fig. 141.3 sind verschiebungssymmetrisch; man kann sie daher so verschieben, daß die Bildfigur mit der ursprünglichen Figur zusammenfällt. Zeichne jeweils in dein Heft einen Verschiebungspfeil für eine solche Verschiebung.

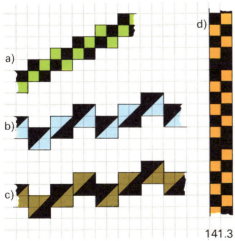
141.3

6
Übertrage Fig. 141.4 in dein Heft. Färbe danach die Karos so, daß ein Streifenmuster entsteht, das
a) verschiebungssymmetrisch, punktsymmetrisch und achsensymmetrisch ist
b) verschiebungs- und punktsymmetrisch, aber nicht achsensymmetrisch ist
c) verschiebungssymmetrisch, aber weder punkt- noch achsensymmetrisch ist.

141.4

7
Zeichne Fig. 141.5 sowie die Bildfigur bei der angegebenen Verschiebung. Wende nun auf die Bildfigur nochmals die gleiche Verschiebungsvorschrift an.

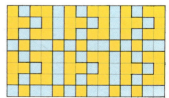
141.5

8
a) Zeichne einen Pfeil für eine Verschiebung nach rechts, die das Streifenmuster aus Fig. 141.6 in sich überführt.
b) Du kannst Fig. 141.6 auch auffassen als Teil eines Streifenmusters, das von unten nach oben verläuft. Zeichne dafür einen entsprechenden Verschiebungspfeil.
c) Denke dir Fig. 141.6 nach allen Seiten unbegrenzt fortgesetzt. Zeige, daß es nun auch „schräge" Verschiebungen gibt, die das „Ebenenmuster" in sich überführen. Wie entstehen sie aus den Verschiebungen in a) und b)?

141.6

141

69 Vermischte Aufgaben

142.1

1
In Fig. 142.1 sind zwei Kirchenfenster und eine Verzierung auf einem alten Grabmal abgebildet. Welche Arten von Symmetrie kannst du erkennen?

2
Übertrage Fig. 142.2 a) bis f) jeweils ins Heft und spiegele an der Geraden g.

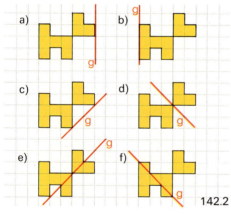

142.2

3
Zeichne Fig. 142.3 in dein Heft. Spiegele an der Geraden g.

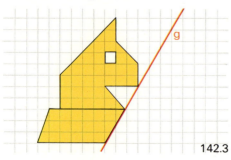

142.3

4
Fig. 142.4 wurde aus sieben Plättchen gelegt. Zeichne vier andere achsen- oder punktsymmetrische Figuren, die man mit den sieben Plättchen legen kann.

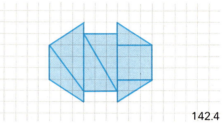

142.4

5
Zeichne das Viereck ABCD mit den Ecken A(3|1), B(9|3), C(3|5), D(0|4). Spiegele am Punkt P(6|4) (am Punkt Q(6|3)).

6
Zeichne das Viereck ABCD mit den Ecken A(1|4), B(8|3), C(6|9), D(3|8). Bilde
a) durch eine Punktspiegelung
b) durch eine Geradenspiegelung
c) durch eine Verschiebung
so ab, daß Ā(7|6) das Bild von A ist.

7
Zeichne Fig. 142.5 (Fig. 145.6) ins Heft. Verschiebe wiederholt nach der Vorschrift, die der Pfeil angibt.

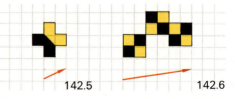

142.5   142.6

8
Zeichne die drei Figuren aus Fig. 143.1 ins Heft. Untersuche bei jeder der Figuren, ob sie einen Mittelpunkt hat und zeichne diesen gegebenenfalls ein.

12
a) Zeichne das Muster, das sich auf der Druckerrolle in Fig. 143.4 befindet.
b) Wie oft dreht sich die Rolle auf 1 m Streifenlänge?

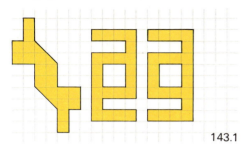

143.1

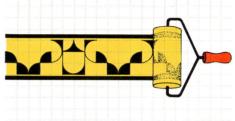

143.4

9
a) Welche Uhrzeit zeigt die Uhr in Fig. 143.2?
b) Welche Uhrzeit zeigt sie, wenn man die Zeiger an der roten Geraden spiegelt?
c) Denke dir die Zeiger an der blauen Geraden gespiegelt. Zeigen sie auch jetzt eine Uhrzeit an?

13
a) Fritz erzählt: „Ich habe ein Streifenmuster gezeichnet, das bei einer Verschiebung um 3 Karolängen in sich übergeht. Es geht aber auch schon bei einer Verschiebung um nur 2 Karolängen in sich über." Geht das Streifenmuster auch schon bei einer Verschiebung um nur eine einzige Karolänge in sich über? Wie könnte das Streifenmuster aussehen? Zeichne.
b) Ein Streifenmuster geht bei einer Verschiebung um 5 Karolängen und bei einer Verschiebung um 3 Karolängen in sich über. Warum muß ein solches Muster auch schon bei einer Verschiebung um eine einzige Karolänge in sich übergehen?
c) Gibt es auch Streifenmuster, die bei jeder Verschiebung (nicht nur um ganze Karolängen) in sich übergehen?

143.2

10
Fig. 143.3 ist Teil eines Streifenmusters. Übertrage Fig. 143.3 in dein Heft. Setze die Zeichnung nach links und rechts so fort, daß das entstehende Streifenmuster punktsymmetrisch ist zu Z und bei Verschiebung um 16 Karolängen in sich übergeht.

14
Entwirf ein „Ebenenmuster" (vgl. S. 141, Aufgabe 8), das bei beiden in Fig. 143.5 angegebenen Verschiebungen in sich übergeht. Gib Verschiebungspfeile an für weitere Verschiebungen, die das Muster ebenfalls in sich überführen.

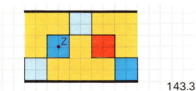

143.3

11
Entwirf ein Streifenmuster, das zur Mittelparallele des Streifens achsensymmetrisch ist und bei Verschiebung um 4 Karos in sich übergeht.

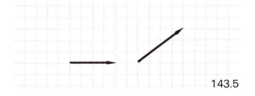

143.5

IX Gleichungen und Ungleichungen
70 Namen und Kennzeichen

① a) An Autos findet man oft Aufkleber, die das Land kennzeichnen, aus dem sie kommen (Fig. 144.1). Aus welchen Ländern kommen Autos mit den Kennzeichen A, GB, CH, I, E?
b) Schiffe kennzeichnen ihre Nationalität durch eine Flagge. Aus welchen Ländern kommen Schiffe mit den in Fig. 144.2 abgebildeten Flaggen? Mit welchen Buchstaben wird die Nationalität von Autos aus diesen Ländern gekennzeichnet?

② An einem alten Torbogen ist das Zeichen MDXC für eine Jahreszahl in Stein gehauen. Welches Zeichen verwenden wir heute, um diese Jahreszahl anzugeben? Wie können wir kurz ausdrücken, daß beide Zeichen dieselbe Zahl meinen?

144.1

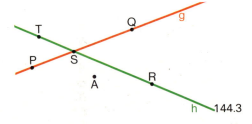
144.2

Ein Ding hat oft mehrere Namen. Z.B. sind „Morgenstern", „Abendstern" und „Venus" Namen für denselben Stern; Fachleute schreiben das Zeichen ♀, wenn sie diesen Stern meinen. Auch in der Mathematik schreiben wir statt Namen meistens Zeichen.

> In der Mathematik haben wir **für ein Ding** (z.B. für eine Zahl oder für eine Gerade) oft **verschiedene Zeichen**. Wenn wir ausdrücken wollen, daß zwei Zeichen dasselbe Ding bezeichnen, so schreiben wir zwischen sie ein **Gleichheitszeichen** =; es besagt: … bedeutet dasselbe wie …. Entsprechend verwenden wir das Zeichen $\neq$, um auszudrücken: … bedeutet nicht dasselbe wie ….

Beispiele:
a) Mit den Zeichen $5+3$ und 2^3 meinen wir dieselbe Zahl; wir schreiben daher
$$5+3=2^3.$$
8, $2\cdot 4$, $10-2$, $24:3$ sind vier andere Zeichen, die ebenfalls diese Zahl bezeichnen. $5+3$ und $12-5$ bedeuten verschiedene Zahlen, wir schreiben daher
$$5+3 \neq 12-5.$$
b) In Fig. 144.3 sind (PS) und (SQ) Kennzeichen für dieselbe Gerade; wir schreiben (PS) = (SQ). g und (PQ) sind zwei Zeichen, die ebenfalls diese Gerade bezeichnen.

③ a) Welche der folgenden Zeichen bezeichnen in Fig. 144.3 dieselbe Gerade?
(TR), (SR), (PT), (TS), (AQ), g, h, (QR), (ST)
b) Prüfe mit dem Lineal, ob (AP) = (PR) gilt oder (AP) $\neq$ (PR).

4
Suche zu jedem der folgenden Zeichen zwei andere, die dieselbe Zahl kennzeichnen. Drücke durch ein Gleichheitszeichen aus, daß beide Zeichen dieselbe Zahl meinen.
(Beispiel: $20:4=5$; $20:4=2+3$)
a) $54:3$ b) 3^4 c) 9
d) XXIV   e) $117-63$ f) 3^4-4^3
g) $(7-3)^2$ h) $2\cdot(5+3)$ i) $12+3\cdot 5$
k) $18-2\cdot 9$ l) $18-2^3$ m) 1

5
Bei den folgenden Angaben bedeuten jeweils zwei dasselbe. Suche sie und drücke das Ergebnis mit Hilfe des Gleichheitszeichens aus.
17 cm; 50 Pf; $\frac{3}{4}$h; 400 cm²; 1 dm 7 cm; 0,5 DM; 45 min; 5^3; 4 dm²; CXXV; 500 g; $\mathbb{N}$; 1000 cm³; $\frac{1}{2}$kg; {1; 2; 3; ...}; 1 Liter

6
Welche der folgenden Angaben sind Kennzeichen für eine natürliche Zahl, welche bedeuten keine natürliche Zahl?
a) $8:8$ b) $0:3$ c) $4:0$
d) $(3-3)\cdot 5$ e) $7-9$ f) $16:(2^3-8)$

7
a) Gib für jede der Geraden in Fig. 145.1 möglichst viele Kennzeichen an.

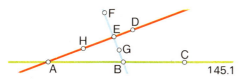

145.1

b) Welches der beiden Zeichen = und ≠ ist anstelle von ∗ zu schreiben?
(AE)∗(HD);   (FE)∗(DE);   (GB)∗(FG); (FD)∗(DC);   (GH)∗(CG);   (EH)∗(AD)

8
Drücke mit dem Gleichheitszeichen aus,
a) daß die Summe von 34 und 17 dieselbe Zahl ist wie das Produkt von 3 und 17
b) daß das Produkt von 4 und 8 eine Potenz von 2 ist
c) daß das Dreieck in Fig. 145.2 zwei gleichlange Seiten hat.

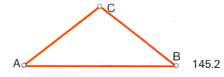

145.2

9
Welche der folgenden Angaben bezeichnen dieselbe Zahl? Wie lautet die Zahl im Zehnersystem?
$(103)_4$; $(24)_5$; $(112)_3$; $(10011)_2$; $(221)_3$; $(1110)_2$

10
a) Zeichne ein Viereck ABCD. Suche einen Punkt E, so daß gilt: (AE) = (AC) und (BE) = (BD).
b) Suche für das in a) gezeichnete Viereck einen Punkt F, für welchen gilt: (AF) = (AB) und (DF) = (AD).

11
Peter soll als Hausaufgabe die größte Primzahl suchen, die Teiler ist von 10 (von 11, 12, ..., 20). Damit es rasch geht, schreibt er für sie das Zeichen 10∗.
a) Erläutere Peters selbsterfundene Schreibweise. Was bedeutet 6∗?
b) Bestimme die Zahlen 12∗, 13∗, ..., 20∗.
c) Prüfe, ob 68∗ = 85∗ richtig ist oder 68∗ ≠ 85∗.
d) Erfinde selber eine Kurzschreibweise, mit der du zu jeder Zahl die Anzahl ihrer Teiler angeben kannst. Drücke in deiner Kurzschrift aus, daß 10 vier (11 zwei, ..., 20 sechs) Teiler hat.

12
In einem Gitter werden die Eckpunkte wie in Fig. 145.3 numeriert. Der Punkt P(2|1) hat z.B. die Nummer 8.
a) Welche Nummern haben die Punkte Q(3|3), S(4|1), T(2|6) und U(10|10)?
b) Welcher Punkt hat die Nummer 26 (38; 100)?

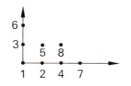

145.3

71 Platzhalter

① Weshalb werden an Parkplätzen oft Schilder angebracht wie in Fig. 146.1? Wer darf hier parken, wer darf hier nicht parken?

② Weshalb sind auf einer Postkarte (Fig. 146.2) ein Viereck, ein Kreis und mehrere Linien vorgedruckt? Was ist an diesen Stellen vorgesehen?

③ Auf einem Antragsformular ist der Geburtstag des Antragstellers einzutragen (Fig. 146.3). Weshalb sind dazu auf dem Formular acht Kästchen vorgedruckt? Erläutere, wie der Geburtstag einzutragen ist. Gib bei jedem Kästchen an, welche Ziffern als Eintragung in Frage kommen.

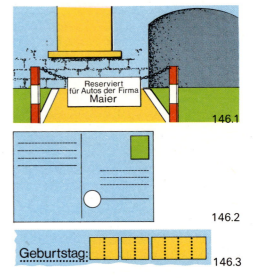

Das Schild in Fig. 146.1 wurde angebracht, um den Parkplatz für die Autos der Firma Maier freizuhalten. Entsprechend schreiben wir ein Zeichen wie □ oder x, wenn wir einen Platz für Zahlen aus einer gewissen „Grundmenge" (z.B. Postleitzahlen, Jahreszahlen) freihalten wollen. Ein solches Zeichen ist dann kein Kennzeichen für eine bestimmte Zahl, es will lediglich sagen: dieser Platz darf nur von Zahlen aus der Grundmenge besetzt werden.

> Ein Zeichen, das nur den Platz freihält für Zahlen aus einer **Grundmenge**, nennen wir einen **Platzhalter** oder eine **Variable**.
> Wenn wir die Stelle des Platzhalters mit einer Zahl aus der Grundmenge besetzen, so sagen wir: „für den Platzhalter wird diese Zahl **eingesetzt**", oder: „der Platzhalter wird mit dieser Zahl **belegt**".

Beispiele:
a) In einer Schule wurde der Flur neu gestrichen. Neben der Tür ist mit Kreide das Zeichen x an die Wand gemalt; an dieser Stelle soll eine Zimmernummer angebracht werden. – Hier ist x Platzhalter; die Grundmenge für x besteht aus den zur Verfügung stehenden Zimmernummern.
b) Auf einem Fragebogen steht das Zeichen □, wo das Geschlecht des Befragten eingetragen werden soll. Als Eintragung kommen m (männlich) und w (weiblich) in Frage. Der Platzhalter □ hat hier die Grundmenge {m; w}.
c) Die geraden Zahlen 2, 4, 6, ... erhalten wir, wenn wir rechnen $1 \cdot 2, 2 \cdot 2, 3 \cdot 2, ...$. Mit Hilfe eines Platzhalters x können wir dies so ausdrücken: Alle geraden Zahlen haben die Form $x \cdot 2$; Grundmenge für x ist $\mathbb{N}$. Wenn wir z.B. x mit der Zahl 17 belegen, so ergibt sich $17 \cdot 2 = 34$; belegen wir x mit 9, so erhalten wir $9 \cdot 2 = 18$.

④ Welche Zahlen ergeben sich, wenn du in $2 \cdot x + 1$ den Platzhalter x nacheinander mit den Zahlen der Grundmenge {0; 1; 2; 3; 4; 5} (der Grundmenge $\mathbb{N}$) belegst?

5
Setze in $2+x$ für den Platzhalter x nacheinander die Zahlen der Grundmenge $\{0; 1; 2; 3; 4; 5\}$ ein. Notiere jeweils die sich ergebende Zahl.
(Beispiel: Setzt man 6 ein, so ergibt sich $2+6=8$.)

6
Belege in a) bis i) jeweils den Platzhalter x nacheinander mit den Zahlen der Grundmenge $\{3; 5; 7; 9; 11\}$ und schreibe die sich ergebenden Zahlen auf.
a) $3 \cdot x$ b) $x-3$ c) $2 \cdot x - 1$
d) $20-x$ e) x^2 f) 2^x
g) $4 \cdot x + 2$ h) $(3 \cdot x)^2$ i) $3 \cdot x^2$

7
a) Setze in $2 \cdot z + 1$ für den Platzhalter z nacheinander die Zahlen der Grundmenge $\{1; 2; 3; 4; 5\}$ ein. Notiere die Zahlen, die du erhältst.
b) Belege den Platzhalter y in $2 \cdot y + 1$ mit den Zahlen derselben Grundmenge wie in Teilaufgabe a). Vergleiche die Zahlen, die sich ergeben, mit denen, die du in a) und in ④ erhalten hast.

8
Gib die Grundmenge für den Platzhalter z an, wenn z Platzhalter ist für
a) einen Wochentag
b) eine Note im Fach Mathematik am Ende dieses Schuljahres
c) eine Primzahl kleiner als 30
d) eine Quadratzahl kleiner als 100.

9
In Arnos Heft findet sich eine 2stellige Zahlangabe, bei der die Einerziffer nicht mehr lesbar ist. Welche Ziffern kommen als Einerziffern in Frage, wenn es sich bei der 2stelligen Zahl
a) um eine gerade Zahl handelt
b) um eine ungerade Zahl handelt
c) um eine 5er-Zahl handelt
d) um eine 3er-Zahl handelt
e) um eine 4er-Zahl handelt
f) um eine Primzahl handelt
g) um eine Quadratzahl handelt?

10
Eine Firma, die Öltanks herstellt, hat ein Zweigwerk in Neudorf und ein zweites in Altdorf. In Neudorf können täglich mindestens 3, höchstens 6, in Altdorf können täglich höchstens 4 Tanks hergestellt werden. x sei Platzhalter für die in beiden Zweigwerken insgesamt an einem Tag hergestellten Tanks. Welche Grundmenge gehört zu x?

11
Fig. 147.1 zeigt einen Ausschnitt aus einem Tippzettel für ein Fußballtoto.

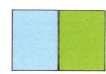
147.1

Wofür ist ☐ hier Platzhalter? Wie belegst du den Platzhalter, wenn du glaubst, daß der FC Liverpool das Spiel gewinnen wird (daß das Spiel unentschieden enden wird)?

12
In Fig. 147.2 ist das blaue Kästchen Platzhalter für die Ziffern 2, 4, 6, 8, das grüne für die Ziffern 1, 3, 5, 7, 9, 0. Wie viele 2stellige Zahlen ergeben sich, wenn man beide Platzhalter auf alle möglichen Arten belegt?

147.2

13
x sei Platzhalter für die Teiler der Zahl 24 (der Zahl 60). Wie viele verschiedene Einsetzungen für x sind möglich?

14
A sei Platzhalter für den Flächeninhalt von Rechtecken mit dem Umfang 20 cm. Welche Belegungen für A sind möglich, wenn nur Rechtecke mit ganzzahligen Seitenlängen (in cm) in Frage kommen?

72 Terme mit Platzhaltern

① Ulis Vater hat einen neuen Taschenrechner gekauft. Diesem kann man Rechenbefehle eingeben wie: „Multipliziere mit 5 und addiere danach 1". Wenn Uli nun z. B. 8 eintippt und die Ergebnistaste drückt, so zeigt der Rechner 41 an.
a) Was zeigt der Rechner an, wenn Uli 3 (11; 20) eingibt?
b) Wie kann man den Rechenbefehl mit Hilfe eines Platzhalters aufschreiben? Weshalb braucht man dazu unbedingt einen Platzhalter?

② Ulis Vater ändert den Rechenbefehl, sagt Uli aber nicht, wie der neue Befehl lautet. Uli probiert: Wenn er 5 eingibt, zeigt der Rechner 14; wenn er 8 eingibt, zeigt der Rechner 23; wenn er 10 eingibt, zeigt der Rechner 29. Wie kann der Rechenbefehl lauten? Notiere ihn.

③ Herr Held verwaltet eine Tankstelle. Am Monatsende stellt er Benzinrechnungen aus für alle Kunden, die monatlich bezahlen. 1 Liter Benzin kostet 110 Pf, außerdem muß jeder Kunde 3 DM Bearbeitungsgebühr bezahlen. Inwiefern ist für Herrn Held ein Rechner wie in Übung ① besonders praktisch?

Eine Rechenanweisung wie „Multipliziere mit 5 und addiere danach 2" können wir mit Hilfe eines Platzhalters deutlicher so ausdrücken:
$\square \cdot 5 + 2$.
Diese Kurzform nennen wir einen **Term**.
Bei jeder Einsetzung für den Platzhalter liefert der Term eine Zahl (Fig. 148.1).

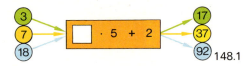
148.1

> Ein **Term mit Platzhalter** bedeutet keine Zahl; er gibt nur an, wie zu rechnen ist, wenn wir für den Platzhalter eine Zahl einsetzen. Erst nach einer solchen Einsetzung bedeutet der Term eine Zahl. Wir sagen: Wenn wir für den Platzhalter eine Zahl einsetzen, so **nimmt** der Term **einen Wert an**.

Beispiele:
a) $4 \cdot \square + 3$; $1 + 6 \cdot x$; $2 \cdot (y-1)$; $x^2 + 1$ sind vier Terme mit Platzhaltern, $4 \cdot 5 + 3$ ist ein Term ohne Platzhalter.
b) Setzen wir im Term $3 \cdot (2+x)$
für den Platzhalter x die Zahl   1   2   3   4   5   6   7   8   ein,
so nimmt der Term den Wert   9 12 15 18 21 24 27 30   an.
c) Der Term x^2 nimmt, wenn wir für x die Zahl 3 einsetzen, den Wert $3^2 = 9$ an, für 4 den Wert 16, usw. Wir könnten den Term x^2 auch in der Form $x \cdot x$ schreiben, wenn wir beachten: beide Faktoren x müssen jeweils gleich belegt werden.
Merke: Gleiche Platzhalter (in einem Term) müssen stets gleich belegt werden.
d) Der Term $x^2 - x + 1$ liefert für die Einsetzung 5 die Zahl $5^2 - 5 + 1 = 21$.

④ Welche Zahlen liefern die folgenden Terme, wenn man jeweils den Platzhalter nacheinander mit den Zahlen 1, 2, 3, 4, 5 belegt?
a) $4 + 3 \cdot \square$ b) $(x-1) \cdot 2$ c) $(y+1)^2$ d) $a \cdot (5-a)$

5
Welche Zahlen ergeben sich bei den folgenden Termen, wenn man nacheinander 1, 3, 7, 9, 21 für den Platzhalter einsetzt?
a) $3 \cdot x + 1$ b) $2 \cdot (y + 2)$
c) $50 - z$ d) $63 : a$
e) x^2 f) $(x + 1) : 2$

6
Welche Werte nehmen die folgenden Terme an, wenn man für den Platzhalter die Zahlen 1, 2, 3, 4, 5 einsetzt?
a) $12 - (x - 1)$ b) $x^2 + 1$
c) $2 + 3 \cdot y$ d) $(y - 1)^2$
e) $3 \cdot a^2$ f) $4 \cdot (2 \cdot a - 1)^2$

7
Bei den folgenden Termen sei jeweils $\mathbb{N}$ Grundmenge für die Variable. Beschreibe (in Worten) die Menge aller Werte, die der Term jeweils annimmt.
a) $2 \cdot x$ b) $2 \cdot x - 1$
c) x^2 d) 2^x

8
Else setzt in einem Term für den Platzhalter die Zahlen 1, 2, 3, 4, 5 ein und erhält nacheinander die Werte:
a) 2, 3, 4, 5, 6 b) 3, 6, 9, 12, 15
c) 3, 5, 7, 9, 11 d) 1, 4, 9, 16, 25.
Um welchen Term könnte es sich handeln?

9
a) Andy erklärt, wie er bei der Berechnung eines Terms vorgeht: „Erst setze ich für die Variable eine Zahl ein, dann addiere ich 1, danach verdopple ich, schließlich subtrahiere ich 3." Um welchen Term handelt es sich?
b) Julia erklärt: „Erst addiere ich zur eingesetzten Zahl 2, dann multipliziere ich mit 3, danach subtrahiere ich 1, schließlich multipliziere ich nochmals mit 2." Welchen Term hat sie in Bearbeitung?

10
Gib (in Worten) die Reihenfolge der Rechenschritte an, die auszuführen sind.
a) $3 + (2 \cdot x)^2$ b) $3 + 2 \cdot x^2$
c) $(3 + x) \cdot 5$ d) $(8 + 4 \cdot x) \cdot 2$

11
Die Rechenanweisung „Addiere 3 und multipliziere danach mit 5" läßt sich mit Hilfe eines Platzhalters in der Form $(x + 3) \cdot 5$ aufschreiben. Gib entsprechende Terme an für:
a) Multipliziere mit 6 und subtrahiere danach 4.
b) Addiere 7 und multipliziere die Summe mit 9.
c) Subtrahiere 2 und multipliziere die Differenz mit sich selbst.
d) Dividiere durch 3, subtrahiere danach 3 und multipliziere das Ergebnis mit 7.

12
Bei welcher Einsetzung aus der Menge $\{1; 2; 3; 4; 5; 6; 7\}$ nimmt der Term $8 \cdot x - x^2$ den größten Wert an?

13
a) Ein Buch beginnt mit dem Text auf Seite 3, einer rechten Seite. Welche Seite erscheint rechts, wenn du 1mal (2mal, 3mal) umblätterst?
b) Suche einen Term, der bei der Einsetzung 1 für den Platzhalter den Wert 5 liefert, bei der Einsetzung 2 den Wert 7, bei 3 den Wert 9, usw.
c) Wie kannst du nun mit Hilfe des gefundenen Terms leicht angeben, welche Seite rechts erscheint, wenn du z.B. 17mal (39mal, 78mal) umblätterst?

14
Auf S. 13, Aufg. 12 ist ein Umsetzspiel beschrieben; es ist in Fig. 149.1 abgebildet.

149.1

a) Wie oft mußt du in Fig. 149.1 ein Plättchen von einem Stab auf einen andern umsetzen, bis sie auf dem Stab III wieder dieselbe Reihenfolge bilden?
b) Gib einen Term an, der zu jeder Anzahl von Plättchen die Zahl der nötigen Umsetzungen liefert.

73 Gleichungen

① Auf einer Baustelle wird mit einem automatischen Hammer ein Pfeiler in die Erde gerammt (Fig. 150.1). Jeder Schlag treibt den Pfeiler 5 mm in die Erde.
a) Peter zählt in einer Minute 12 Schläge; wie weit wird der Pfeiler eingerammt?
b) Schreibe x für die Anzahl der Schläge. Gib einen Term an, der bei jeder Einsetzung für x angibt, wieviel mm der Pfeiler dabei eingerammt wird.
c) Vom Vorarbeiter erfährt Peter, daß der Pfeiler 1,50 m eingerammt werden muß. Wie viele Schläge sind dazu notwendig?

150.1

Bei einem Term, z. B. $3 \cdot x - 2$, können wir für x Zahlen aus der Grundmenge einsetzen und jeweils den dazugehörigen Wert des Terms berechnen (Fig. 150.2).

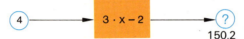
150.2

Gegeben: Die einzusetzende Zahl. **Gesucht:** Der Wert des Terms.

Oft ist jedoch nicht die einzusetzende Zahl gegeben, sondern ein Wert, den der Term annehmen soll. Wir suchen dann umgekehrt die einzusetzende Zahl (Fig. 150.3).

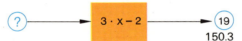
150.3

Gesucht: Die einzusetzende Zahl.   Gegeben: Der Wert des Terms.

Für die Bedingung, daß der Term $3 \cdot x - 2$ den Wert 19 annehmen soll, schreiben wir
$$3 \cdot x - 2 = 19.$$
Man nennt diese Kurzform eine **Gleichung**. Setzen wir für x die Zahl 7 ein, so ist die Bedingung erfüllt; die Zahl 7 heißt deshalb **Lösung** der Gleichung.

Beispiel:
(Fig. 150.4) Wieviel Münzen zu je 15 g muß man in die Schüssel (sie wiegt leer 160 g) legen, damit die Waage im Gleichgewicht ist?
x sei Platzhalter für die Anzahl der Münzen in der Schüssel. Die Bedingung lautet:
$$160 + x \cdot 15 = 250.$$

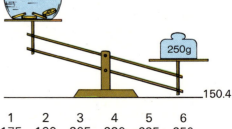
150.4

Einsetzung für x:	1	2	3	4	5	6
Wert des Terms $160 + x \cdot 15$:	175	190	205	220	235	250

Ergebnis: Die Waage ist im Gleichgewicht, wenn 6 Münzen in der Schüssel sind.

2
Bei welchen Einsetzungen aus der Grundmenge $\mathbb{N}$ für den Platzhalter nehmen die folgenden Terme den Wert 36 an?
a) $2 \cdot x + 4$ b) $2 \cdot x + 8$
c) $(y - 1) \cdot 3$ d) $3 + 11 \cdot x$
e) $4 \cdot (1 + x)$ f) $4 \cdot (x - 1)$
g) x^2 h) $x \cdot (13 - x)$

3
Prüfe, ob es gerade Zahlen gibt, für welche die Terme den Wert 19 annehmen.
a) $3 \cdot x + 1$ b) $7 \cdot y - 2$
c) $x^2 + 3$ d) $(z + 1)^2$

4
Suche diejenigen natürlichen Zahlen, für welche der Term $7 \cdot x - x^2$ den folgenden Wert annimmt:
a) 12   b) 10   c) 6   d) 0.

5
Suche (durch Probieren) die Lösungen der folgenden Gleichungen.
a) $1 + 2 \cdot x = 7$ b) $5 \cdot x - 2 = 43$
c) $24 - 7 \cdot y = 3$ d) $4 \cdot (y + 2) = 28$
e) $x^2 + 5 = 21$ f) $6 \cdot z^2 = 54$
g) $(x - 4)^2 = 25$ h) $(2 \cdot x - 8)^2 = 0$

6
Untersuche durch Probieren, ob die folgenden Gleichungen in der angegebenen Grundmenge G eine Lösung haben.
a) $2 \cdot x + x^2 = 15$; $G = \{0; 1; 2; 3; 4\}$
b) $72 : x + x = 17$; $G = \{2; 4; 6; 8\}$
c) $3 \cdot (1 + 2 \cdot x) = 21$; $G = \{2; 4; 6; 8\}$
d) $x + 12 : x = 7$; $G = \{1; 2; 3; 4\}$
e) $x + 12 : x = 7$; $G = \{4; 5; 6\}$

7
Schreibe zunächst eine Gleichung auf; bestimme danach durch Probieren die Lösung der Gleichung.
a) Für welche Belegung nimmt der Term $15 - 2 \cdot x$ den Wert 9 an?
b) Gibt es eine natürliche Zahl, für die der Term $20 \cdot y - y^2$ den Wert 100 annimmt?
c) Kann der Term $3 \cdot x - 1$ den Wert 1 annehmen, wenn man natürliche Zahlen einsetzt?

8
Schreibe im folgenden anstelle der zu suchenden Zahl einen Platzhalter. Notiere danach die angegebene Bedingung als Gleichung; suche deren Lösung.
a) Wenn man eine gewisse Zahl verdoppelt und zum Ergebnis 3 addiert, erhält man 17. Welche Zahl ist gemeint?
b) Wenn man vom 7fachen einer Zahl 3 subtrahiert, ergibt sich 25.
c) Wenn man zu einer Zahl 2 addiert und das Ergebnis mit 8 multipliziert, so erhält man 40.
d) Subtrahiert man 7 von einer Zahl und verdreifacht das Ergebnis, so erhält man 9.

9
a) Erich sagt: ,,Ich denke mir eine Zahl. Wenn ich sie verdopple, danach 2 subtrahiere und das Ergebnis verdreifache, so erhalte ich 24." Welche Zahl hat sich Erich erdacht?
b) Jutta fragt ihren Großvater nach seinem Alter. Er antwortet: ,,Wäre ich ein Jahr älter, so wäre ich genau 6mal so alt wie du." Jutta ist 11 Jahre alt. Wie alt ist ihr Großvater?

10
Zimmermeister Holzer sägt eine Latte in mehrere gleichlange Stücke.
a) Wie viele Stücke sind vorhanden, wenn er 2 (3, 4, 5)-mal durchgesägt hat?
b) Wie viele Stücke sind vorhanden, wenn er x-mal durchgesägt hat?
c) Wie oft muß er durchsägen, wenn er 12 Teilstücke braucht?

11
a) Notiere die ersten zehn ungeraden Zahlen in ihrer natürlichen Reihenfolge. Wie lautet die vierte ungerade Zahl?
b) Kannst du einen Term finden, der bei der Einsetzung 1 die erste, bei der Einsetzung 2 die zweite, bei der Einsetzung 3 die dritte ungerade Zahl liefert, usw.? Wie lautet die zwanzigste ungerade Zahl?
c) 143 ist eine ungerade Zahl. An wievielter Stelle steht sie in der natürlichen Reihenfolge der ungeraden Zahlen?

74 Ungleichungen

① Lies aus Fig. 152.1 ab, welche der genannten Berge mehr (weniger) als 4000 m hoch sind. Welche sind zwischen 4000 m und 7000 m hoch?

② Herr Schnell ist Autoverkäufer. Seinem Nachbarn erzählt er, daß er ein festes Monatsgehalt hat von 1500 DM und außerdem an jedem verkauften Auto 300 DM verdient. Trotzdem verdient er angeblich weniger als sein Nachbar, der ein festes Gehalt von 2800 DM hat.
a) Wie viele Autos verkauft Herr Schnell höchstens in einem Monat?
b) Wieviel müßte er verkaufen, um mehr zu verdienen als sein Nachbar?

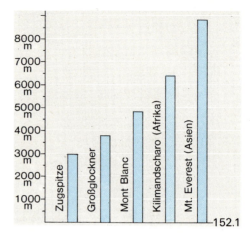
152.1

③ a) Für welche natürlichen Zahlen nimmt $4 \cdot x - 2$ Werte an, die kleiner sind als 20?
b) Für welche Einsetzungen aus $\mathbb{N}$ liefert der Term $x \cdot (10 - x)$ Werte größer als 20?

Für die Bedingung, daß der Term $4 \cdot x - 1$ einen Wert kleiner (größer) als 25 annehmen soll, schreiben wir
$$4 \cdot x - 1 < 25 \qquad\qquad (4 \cdot x - 1 > 25).$$
Man nennt diese Kurzform **Ungleichung**. Eine Einsetzung aus der Grundmenge für den Platzhalter, bei der die Bedingung erfüllt ist, heißt **Lösung** der Ungleichung. Die Menge aller Lösungen einer Ungleichung (oder Gleichung) heißt **Lösungsmenge**.

Beispiele:

a) Ein Lkw muß bei der Zufahrt zu einer Baustelle über eine Brücke fahren, die für Belastungen von 3 t und mehr gesperrt ist. Der Lkw wiegt leer 1,5 t. Wie viele Säcke Zement von je 50 kg kann er bei einer Fahrt laden?
Wir schreiben die Variable x für die Zahl der Säcke auf dem Lkw. Bedingung:
$$1500 + x \cdot 50 < 3000.$$
Einsetzung für x: 1   2 … 25   26   27   28   29   30   31
Wert des Terms $1500 + x \cdot 50$: 1550 1600 … 2750 2800 2850 2900 2950 3000 3050.
Ergebnis: Der Lkw darf höchstens 29 Säcke Zement laden.

b) Bei welchen Einsetzungen aus der Grundmenge $\mathbb{N}$ für x nimmt der Term $x \cdot (12 - x)$ Werte größer als 30 an? — Die gesuchten Zahlen sind Lösungen der Ungleichung
$$x \cdot (12 - x) > 30.$$
Einsetzung für x: 1   2   3   4   5   6   7   8   9   10
Wert des Terms $x \cdot (12 - x)$: 11 20 27 32 35 36 35 32 27 20.
Ergebnis: Die Ungleichung hat fünf Lösungen; {4; 5; 6; 7; 8} ist Lösungsmenge.

④ Bestimme durch Probieren die Lösungsmengen der folgenden Ungleichungen, wenn $\mathbb{N}$ die Grundmenge für den Platzhalter ist.
a) $3 \cdot x + 5 < 20$ b) $2 \cdot y - 1 > 15$ c) $14 \cdot x - x^2 < 40$ d) $3 \cdot x^2 > 100$

5
Für welche Belegungen des Platzhalters mit natürlichen Zahlen nehmen die folgenden Terme Werte an, die kleiner sind als 50?
a) $x + 9$ b) $60 - x$
c) $6 \cdot y - 5$ d) $3 + 2 \cdot z$
e) $3 \cdot (2 + x)$ f) $100 - x \cdot 6$
g) x^2 h) $x \cdot (15 - x)$

6
Für welche Einsetzungen aus $\mathbb{N}$ nimmt der Term $2 \cdot x + 5$ Werte an, die
a) kleiner sind als 30
b) größer sind als 100
c) nicht größer sind als 71
d) mindestens gleich 43 sind?

7
Untersuche durch Einsetzen, ob die folgenden Ungleichungen in der angegebenen Grundmenge Lösungen haben. Gib die Lösungen an.
a) $4 \cdot x - 2 < 20$; $G = \{1; 2; 3; 4; 5; 6\}$
b) $x^2 + 4 \cdot x < 10$; $G = \{0; 1; 2; 3\}$
c) $3 \cdot (x - 2) < 50$; $G = \{3; 6; 9; 12\}$
d) $5 \cdot (x + 3) > 20$; $G = \{2; 4; 6; 8\}$

8
Verfahre wie in Aufgabe 7. (Beachte: $\mathbb{N}_0$ bedeutet die Menge $\{0; 1; 2; 3; \ldots\}$.)
a) $x + 24 : x < 25$; $G = \{1; 2; 3; 4\}$
b) $13 \cdot (y - 1) < 50$; $G = \mathbb{N}$
c) $(x + 2)^2 < 100$; $G = \mathbb{N}_0$
d) $2 \cdot (z + 1)^2 < 100$; $G = \mathbb{N}_0$

9
Gib die Lösungsmenge der folgenden Ungleichungen an; $\mathbb{N}$ ist Grundmenge.
a) $10 + 2 \cdot x < 100$ b) $100 - 5 \cdot y < 5$
c) $5 \cdot x - 99 < 5$ d) $5 \cdot x - 100 < 5$

10
Schreibe zunächst eine Ungleichung auf; löse diese durch Probieren und beantworte dann die gestellte Frage.
a) Für welche natürlichen Zahlen liefert der Term $3 \cdot x + 6$ Werte kleiner als 30 (größer als 100)?
b) Von welchen natürlichen Zahlen ist der Nachfolger des 3fachen kleiner als 50?

11
Suche zunächst einen Term, der für jede Einsetzung eine Zahl der genannten Art liefert. Stelle eine Ungleichung auf und löse sie durch Einsetzen; beantworte danach die gestellte Frage.
a) Wie viele gerade Zahlen sind kleiner als 100 (kleiner als 1000)?
b) Wie viele 3er-Zahlen sind kleiner als 100 (kleiner als 1000)?
c) Wie viele ungerade Zahlen sind kleiner als 100 (kleiner als 1000)?
d) Wie viele Quadratzahlen sind kleiner als 100 (kleiner als 1000)?
e) Wie viele Zweierpotenzen sind kleiner als 100? (Beachte: Man zählt auch $1 = 2^0$ und $2 = 2^1$ zu den Zweierpotenzen.)

12
a) Wieviel 60 cm lange Stücke kannst du von einer 20 m langen Schnur abschneiden?
b) Herr May fährt mit seinem Pkw nach Spanien (2500 km) in Urlaub. Er fährt mit einem vollen Tank los. Eine Tankfüllung reicht für 350 km. Wie oft muß er mindestens unterwegs tanken?

13
Eva versucht, mit 20 Streichhölzern ein Rechteck zu legen (Fig. 153.1).

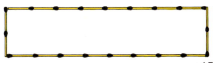

153.1

a) Gib verschiedene Möglichkeiten an, wie sie das machen kann. Wie viele verschiedene Rechtecke kann sie legen?
b) x sei Platzhalter für die Zahl der Streichhölzer auf einer Rechtecksseite. Welche Grundmenge gehört zu x? Gib einen Term an, der bei jeder Einsetzung für x die Zahl der Hölzer auf der benachbarten Rechtecksseite liefert.
c) Was bedeutet der Term $x \cdot (10 - x)$ für die Rechtecke? Deute die Ungleichung $x \cdot (10 - x) > 22$ anschaulich. Gib die Lösungen der Ungleichung an.

75 Aussagen und Aussageformen

① a) Im Deutschunterricht unterscheidet man Fragesätze, Ausrufesätze, Aussagesätze, usw. Nenne zu jeder dieser Satzarten ein Beispiel.
b) Wenn wir in der Ungleichung $4 \cdot x < 10$ für x die Zahl 2 (die Zahl 3) einsetzen, so entsteht die mathematische Kurzform eines Satzes. Wie lautet er? Zu welcher der genannten Satzarten gehört er?

② P bedeute die Menge der Primzahlen. Wenn wir in $x^2 + x + 5 \in P$ für x die Zahl 1 einsetzen, so entsteht ein Aussagesatz in mathematischer Kurzschrift. Wie lautet er in Worten? Setze in $x^2 + x + 5 \in P$ für x nacheinander die Zahlen 2, 3, ..., 10 ein; für welche Einsetzungen entsteht ein wahrer, für welche ein falscher Aussagesatz?

Wenn wir im Term $4 \cdot x$ für x die Zahl 5 einsetzen, so ergibt sich $4 \cdot 5$, also die Zahl 20. Wenn wir in der Ungleichung $4 \cdot x < 30$ für x die Zahl 5 einsetzen, so ergibt sich keine Zahl, sondern der Aussagesatz $4 \cdot 5 < 30$ (in Worten: das 4fache von 5 ist kleiner als 30). Er behauptet etwas Wahres. Hätten wir z.B. 8 eingesetzt, so hätte sich der Aussagesatz $4 \cdot 8 < 30$ ergeben; er behauptet etwas Falsches.

> Wenn ein Satz etwas aussagt, von dem man eindeutig entscheiden kann, ob es wahr ist oder falsch, so nennen wir den Satz eine **Aussage**.
> Eine Aussage ist also stets entweder **wahr** (w) oder **falsch** (f).

Beispiele:

a) für Aussagen
$2^3 + 1 = 9$ (w)
$26 - 18 < 5$ (f)
$2 \cdot (14 + 8) \neq 40$ (w)
$3 \in \mathbb{N}$ (w)
Köln liegt am Rhein. (w)

b) Gegenbeispiele
$3 + 5$ — Term
$x + 5$ — Term
$x - 3 = 8$ — Gleichung
Wie spät ist es? — Fragesatz
Komm her! — Befehlssatz

Gleichungen wie $5 \cdot x - 1 = 19$ oder Ungleichungen wie $5 \cdot x - 1 < 20$ sind keine Aussagen; sie haben nur die Form von Aussagen. $x \in \mathbb{N}$ oder $4 + x \neq 7$ sind weitere Beispiele dieser Art; wir nennen sie „Aussageformen".

> Ersetzt man in einer **Aussageform** den Platzhalter durch ein Element der Grundmenge, so entsteht eine Aussage. Diejenigen Elemente, bei welchen sich dabei eine wahre Aussage ergibt, bilden die **Lösungsmenge** (oder die **Erfüllungsmenge**) der Aussageform.

Beispiel:
Die Gleichung $x \cdot (10 - x) = 21$ mit der Grundmenge $\{0; 1; 2; ...; 10\}$ für x ist eine Aussageform. Setzen wir 3 für x, so entsteht die Aussage $3 \cdot (10 - 3) = 21$; sie ist wahr. 3 gehört also zur Lösungsmenge. Die Lösungsmenge ist $L = \{3; 7\}$.

③ Prüfe, ob es sich um eine Aussage oder eine Aussageform handelt.
a) $3 \neq 2^2$ b) $7 + x = 9$ c) $8 \in \mathbb{N}$ d) $y^2 < 30$ e) $z - 6$ f) $(4 + 9)^2$

4
Drücke folgende Aussagen in mathematischer Kurzschrift aus.
a) Das Produkt von 28 und 9 ist 252.
b) 7 ist nicht Summe von 5 und 3.
c) Der Quotient 84 : 12 ist größer als 5.
d) Subtrahiert man 1 vom Produkt $7 \cdot 8$, so ergibt sich 55.
e) Multipliziert man 8 mit sich, so erhält man 1 weniger als 65.
f) 0 ist keine natürliche Zahl.
g) 53 ist eine Primzahl.
h) 704 ist eine gerade Zahl.

5
Welche der folgenden Aussagen sind wahr, welche sind falsch?
a) $3768 + 4098 = 7843$
b) $(7+4)^2 = 200 - 31$
c) $94 \cdot (18+4) < 2168$
d) $3649 + 8356 > 789 \cdot 16$
e) $264 \cdot 17 + 643 < 4498$
f) $34 \cdot 15 + 23 \cdot 38 \neq 1200$

6
Drücke in Worten aus:
a) $9 \in \mathbb{N}$ b) $17 \in P$
c) $23 \notin V_2$ d) $13 \cdot 8 \neq 106$.

7
Welche natürlichen Zahlen kleiner als 10 erfüllen die folgende Aussageform?
(Beispiel: x hat 2 Teiler; $L = \{2; 3; 5; 7\}$)
a) x hat mehr als 3 Teiler.
b) y hat mehr Teiler als die Zahl 4.
c) 9 ist Vielfaches von z.
d) a ist teilbar durch 3.
e) x hat den Dreierrest 2.

8
Gib die Lösungsmenge an (Grundmenge $\mathbb{N}$).
a) $3 \cdot x - 2 < 10$ b) $x + 175 < 200$
c) $3 \cdot y \in V_2$ d) $2 \cdot n - 1 \in V_3$
e) $n^2 \in V_2$ f) $1 + a^2 \neq 2$
g) $(2 \cdot k - 1)^2 < 100$ h) $2^x < 100$

9
Gib zwei Aussageformen an, die beide die Erfüllungsmenge $\{1; 2; 3\}$ haben.

10
a) Setze im Term $n^2 + n + 11$ für n nacheinander die Zahlen von 1 bis 20 ein. Bei welchen Einsetzungen ergibt sich eine Primzahl?
b) Bestimme die Erfüllungsmenge der Aussageform $n^2 + n + 1 \in P$, wenn die Menge $G = \{1; 2; ...; 9; 10\}$ Grundmenge ist.

11
Udo hat an seinem Fahrrad ein Schloß, das sich nur öffnet, wenn eine bestimmte 3stellige Nummer eingestellt wird. Als er nach der Schule wegfahren will, fällt ihm die Nummer nicht mehr ein; er weiß nur noch, daß sie drei ungerade Ziffern hat.
a) Gib drei Nummern an, die in Frage kommen. Nenne drei Nummern, die mit Sicherheit nicht in Frage kommen.
b) Wie viele verschiedene Einstellungen muß Udo im ungünstigsten Falle durchprobieren, um das Schloß zu öffnen?

12
Herr Braun muß für eine Straße einen 30 a großen rechteckigen Acker abgeben. Er möchte dafür an einer anderen Stelle ein gleich großes, rechteckiges Grundstück haben, das mindestens 20 m breit und höchstens 50 m breit ist.
a) Ist Herr Braun mit einem 35 m breiten und 85 m langen Grundstück einverstanden?
b) Gib (in ganzen m) die Seitenlängen aller Grundstücke an, mit denen Herr Braun einverstanden wäre.

13
Gaby und ihr Bruder Kurt spielen. Sie vereinbaren: Jeder wirft gleichzeitig einen roten und einen weißen Würfel. Gaby bekommt von Kurt 1 Pf, wenn bei ihrem Wurf beide Würfel eine ungerade Augenzahl zeigen; er bekommt von ihr 1 Pf, wenn bei seinem Wurf die Summe beider Augenzahlen eine Primzahl ist. Die beiden versuchen immer wieder von neuem ihr Glück. Dabei zeigt sich, daß einer im Vorteil ist. Wer ist es?

76 Schnittmengen

① Jan aus Hamburg möchte mit seinem Vetter aus Baden-Württemberg in den großen Ferien verreisen. In seinem Taschenkalender hat er farbig die Ferientage beider Länder gekennzeichnet (Fig. 156.1). Wann überschneiden sich die Ferien? Wieviel Tage bleiben für die gemeinsame Reise?

② Jutta feiert Geburtstag. Sie hat drei Freundinnen eingeladen; eine von ihnen weiß noch nicht, ob sie kommen kann. Wie viele Mohrenköpfe muß Jutta mindestens kaufen, damit in jedem Fall alle Anwesenden gleich viele bekommen?

③ Welche natürlichen Zahlen erfüllen gleichzeitig beide Aussageformen?
a) (x ist einstellige Primzahl) und (x hat den 3er-Rest 2)
b) $(3 \cdot x + 2 > 9)$ und $(2 \cdot x + 1 < 15)$

Oft suchen wir Zahlen, die gleichzeitig zwei Bedingungen (Aussageformen) erfüllen. Wir bestimmen dann zunächst die Erfüllungsmenge L_1 der ersten und die Erfüllungsmenge L_2 der zweiten Aussageform; danach prüfen wir, ob unter den Elementen dieser Mengen solche sind, die sowohl zu L_1 als auch zu L_2 gehören.

> Die Erfüllungsmengen L_1 und L_2 von zwei Aussageformen können sich überschneiden (Fig. 156.2). Diejenigen Elemente von G, die beide Aussageformen erfüllen (also zu L_1 **und** zu L_2 gehören) bilden die **Schnittmenge** von L_1 und L_2. Man schreibt für sie das Zeichen $L_1 \cap L_2$ (lies: L_1 geschnitten mit L_2).

Beispiel:
Wir suchen unter den natürlichen Zahlen kleiner als 25 solche, die sowohl den 3er-Rest 2 als auch den 4er-Rest 3 haben.
$L_1 = \{2; 5; 8; 11; 14; 17; 20; 23\}$
$L_2 = \{3; 7; 11; 15; 19; 23\}$
$L_1 \cap L_2 = \{11; 23\}$
11 und 23 erfüllen beide Bedingungen.

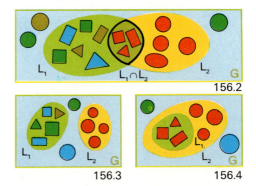

Es kann vorkommen, daß kein Element beide Aussageformen erfüllt (Fig. 156.3). Wir sagen dann: $L_1 \cap L_2$ ist **leer**, und schreiben: $L_1 \cap L_2 = \{\ \}$.
Ebenso kann es vorkommen, daß alle Elemente von L_1 auch zu L_2 gehören (Fig. 156.4). Wir sagen dann: L_1 ist **Teilmenge** von L_2, und schreiben dafür: $L_1 \subseteq L_2$.

④ Welche natürlichen Zahlen kleiner als 50 sind
a) durch 3 und durch 5 teilbar
b) durch 4 teilbare Quadratzahlen
c) Primzahlen mit dem 5er-Rest 1
d) Quadratzahlen mit der Quersumme 10?

5
Welche natürlichen Zahlen erfüllen
a) $(x+2<10)$ und $(2 \cdot x>10)$
b) $(3 \cdot y-1<20)$ und $(15+2 \cdot y>20)$
c) $((x+1)^2>10)$ und $((x-1)^2<10)$
d) $(z \in V_2)$ und $(z \in T_{12})$?

6
Welche geraden Zahlen erfüllen beide Aussageformen?
a) $(x>5)$ und $(x<15)$
b) $(x^2<50)$ und $(2 \cdot x-1>5)$
c) $(x+7<20)$ und $(2 \cdot y>10)$
d) $(a \in T_{30})$ und $(b>10)$
e) $(a \in T_{30})$ und $(a \in V_{12})$

7
Gib jeweils $L_1 \cap L_2$ an.
a) $L_1=\{2;3;4\};$ $L_2=\{3;4;5\}$
b) $L_1=\{2;3;4\};$ $L_2=\{4;5\}$
c) $L_1=V_2;$ $L_2=T_{20}$

8
Gib die Schnittmenge $A \cap B$ an.
a) $A=\{1;2;3;4\};$ $B=\{4;1;3;6\}$
b) $A=\{3;1;0;4\};$ $B=\{4;5;6;0\}$
c) $A=\mathbb{N};$ $B=\{3;4;5;6;\ldots\}$
d) $A=T_{72};$ $B=V_4$

9
Gib folgende Mengen in aufzählender Schreibweise an.
a) $T_6 \cap T_4$
b) $T_{12} \cap T_{18}$
c) $T_{32} \cap T_{18}$
d) $T_7 \cap T_{11}$
e) $T_{48} \cap T_{64}$
f) $T_{50} \cap T_{25}$

10
Die Zahl 2 ist gemeinsamer Teiler (gT) von 4 und 6. Wir schreiben: $2 \in (T_4 \cap T_6)$. Drücke entsprechend aus:
a) 6 ist gT von 18 und 24.
b) 14 ist gT von 42 und 56.
c) 8 ist kein gT von 16 und 20.
d) 32 und 40 haben 8 als gT.

11
Gib als Vielfachenmenge an:
a) $V_2 \cap V_4$
b) $V_6 \cap V_4$
c) $V_8 \cap V_{12}$
d) $V_7 \cap \mathbb{N}$
e) $V_{12} \cap V_{16}$
f) $V_{14} \cap V_{15}$.

12
Welche natürlichen Zahlen sind
a) größer als 5 und kleiner als 8
b) gerade und kleiner als 9
c) 2stellige Primzahlen
d) 2stellige Quadratzahlen
e) durch 4 und 7 teilbar
f) durch 2 und 3 und 4 teilbar?

13
Welche natürlichen Zahlen kleiner als 100 haben
a) den 3er-Rest 1 und den 2er-Rest 0
b) den 5er-Rest 3 und den 4er-Rest 3
c) die Quersumme 5 und nur 2 Teiler
d) 3 Teiler und die Quersumme 7?

14
Prüfe, ob eine der beiden Mengen eine Teilmenge der andern ist. Gib das Ergebnis mit dem Zeichen $\subseteq$ oder $\not\subseteq$ (... ist nicht Teilmenge von ...) an.
a) $A=\{1;2;3;4;5\};$ $B=\{4;2;5\}$
b) $M_1=\{5;2;8;0;1\};$ $M_2=\{2;8;3\}$
c) $V_3;V_9$
d) $T_{24};T_{72}$

15
In Fig. 157.1 sind diejenigen Gitterpunkte gefärbt, deren Rechtswert zwischen 1 und 9, und deren Hochwert zwischen 0 und 3 liegt. Zeichne ein entsprechendes Bild für die Punkte, die

a) einen Rechtswert kleiner als 3 und einen Hochwert kleiner als 5 haben

b) einen Rechtswert kleiner als 4 und einen Hochwert größer als 1 haben

c) einen Rechtswert zwischen 1 und 4 und einen Hochwert zwischen 2 und 5 haben

d) als Rechtswert eine Primzahl und als Hochwert eine Primzahl haben.

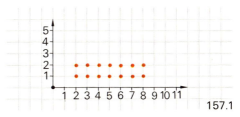

157.1

77 Vereinigungsmengen

① Auf dem Flughafen tönt es aus dem Lautsprecher: „Achtung, Reisende nach Zürich! Für Ihren Flug ist ein Reisepaß oder ein Personalausweis erforderlich." Herr Frey hat Reisepaß und Personalausweis dabei, seine Frau jedoch nur den Reisepaß und sein Sohn nur den Personalausweis. Darf die Familie Frey mitfliegen?

158.1

② Herr Roth möchte sich an einer Blutspendeaktion beteiligen. In der Stadt wurden zwei Blutspendezentralen eingerichtet; die erste hat vom 15. 6. bis 28. 6., die zweite vom 20. 6. bis 3. 7. geöffnet (Fig. 158.1). An welchen (an wieviel) Tagen kann Herr Roth Blut spenden?

③ Der Gesangverein „Bariton" hat 24, der Gesangverein „Tonleiter" 18 Mitglieder. Weil 8 Sänger beiden Vereinen angehören, beschließen die Vereine, sich zu einem Verein „Baritonleiter" zu vereinigen. Wie viele Mitglieder hat der neue Verein?

④ Welche natürlichen Zahlen bis 20 erfüllen die eine oder die andere (also mindestens eine) der beiden folgenden Aussageformen?
a) x ist gerade; x ist Quadratzahl
b) x ist Primzahl; x ist 2stellig
c) y ist eine 5er-Zahl; y hat den 5er-Rest 3

Manchmal suchen wir Zahlen, die mindestens eine von zwei Bedingungen (Aussageformen) erfüllen. Wir bestimmen dann zunächst die Erfüllungsmenge L_1 der ersten und die Erfüllungsmenge L_2 der zweiten Aussageform; dann notieren wir alle Elemente der einen Erfüllungsmenge und fügen von der andern alle bisher noch nicht notierten Elemente hinzu (Fig. 158.2).

> Diejenigen Elemente der Grundmenge, welche mindestens eine von zwei Aussageformen erfüllen (also zu L_1 **oder** zu L_2 gehören), bilden die **Vereinigungsmenge** von L_1 und L_2. Man schreibt für sie das Zeichen $L_1 \cup L_2$ (lies: L_1 vereinigt mit L_2).

Beispiel:
Welche Zahlen kleiner als 20 haben den 3er-Rest 2 oder den 4er-Rest 1?
$L_1 = \{2; 5; 8; 11; 14; 17\}$
$L_2 = \{1; 5; 9; 13; 17\}$
$L_1 \cup L_2 = \{2; 5; 8; 11; 14; 17; 1; 9; 13\}$

158.2

⑤ Welche der im Beispiel zu $L_1 \cup L_2$ gehörenden Zahlen haben nur den 3er-Rest 2, welche haben nur den 4er-Rest 1, welche haben sowohl den 3er-Rest 2 als auch den 4er-Rest 1?

⑥ Es sei G = {1; 2; ...; 30} Grundmenge. Gib L_1, L_2, $L_1 \cup L_2$ sowie $L_1 \cap L_2$ an.
a) x ist Quadratzahl; x > 20
b) $y \in V_3$; $y \notin V_6$
c) $z \in T_{30}$; z ist Primzahl
d) $x \in T_{30}$; x hat den 7er-Rest 1

7
Welche natürlichen Zahlen kleiner als 20 erfüllen
a) $x+1<10$ oder $x^2>10$
b) $x\in V_3$ oder $x>10$
c) $y\in T_{18}$ oder $y\in T_{12}$
d) $z<9$ oder $2\cdot z+1<20$
e) $z\in V_3$ oder $z+1\in V_4$?

8
Gib jeweils $A\cup B$ an.
a) $A=\{2;3;4\}$; $B=\{3;4;5;6\}$
b) $A=\{2;3;4\}$; $B=\{4;5;6\}$
c) $A=\{3;7;2;0\}$; $B=\{5;3;0;1\}$
d) $A=\{1;2;4\}$; $B=\{2;4;1\}$

9
Gib die Vereinigungsmenge an und die Schnittmenge.
a) $A=\{2;3;5;7;11;15;24\}$
   $B=\{3;6;1;11;17;24;30\}$
b) $A=\{8;1;3;5\}$
   $B=\{2;3;6;8;1;0;7\}$
c) $M_1=\{a;b;x;y;z\}$
   $M_2=\{r;x;z;t;b;a\}$
d) $C=\{1;3;5;7;9\}$
   $D=\{2;4;6;8;10\}$

10
Gib folgende Mengen in aufzählender Schreibweise an.
(Beispiel: $T_6\cup T_8=\{1;2;3;6;4;8\}$)
a) $T_6\cup T_4$ b) $T_{12}\cup T_{18}$
c) $T_{32}\cup T_{18}$ d) $T_7\cup T_{11}$

11
Gib in aufzählender Schreibweise an:
a) $(T_6\cup T_{10})\cap V_2$ b) $(T_{12}\cup T_{18})\cup T_{16}$
c) $(V_4\cup V_6)\cap T_{12}$ d) $V_3\cap(T_9\cup T_{15})$.

12
Welche natürlichen Zahlen
a) haben die Quersumme 4 oder 5
b) sind einstellig oder 2stellig
c) sind im Zweiersystem oder im Dreiersystem 2stellig
d) sind im Zweiersystem 3stellig oder im Dreiersystem 2stellig?
Notiere in den Teilaufgaben c) und d) die gesuchten Zahlen im Zehnersystem.

13
Statt ($x<10$ oder $x=10$) schreiben wir kurz $x\leq 10$.
Für welche natürlichen Zahlen kleiner als 30 gilt:
a) $x\leq 23$ b) $x\geq 17$
c) $5\leq y\leq 25$ d) $18\geq z\geq 11$
e) $6<x\leq 13$ f) $7\geq x>2$?

14
Färbe in einem Gitter die Gitterpunkte,
a) deren Rechtswert kleiner als 3 oder deren Hochwert kleiner als 2 ist
b) deren Rechtswert größer als 1 oder deren Hochwert größer als 2 ist
c) deren Rechtswert größer als 1 oder deren Hochwert kleiner als 2 ist
d) deren Rechtswert kleiner als 2 oder deren Hochwert größer als 1 ist.
Ersetze in a)–d) das Wörtchen „oder" durch „und". Welche Gitterpunkte erfüllen die neuen Bedingungen?

15
Beschreibe die Gitterpunkte der schraffierten Gebiete in Fig. 159.1 mittels Bedingungen für die Rechts- und Hochwerte ihrer Gitterzahlen.

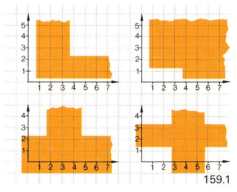

159.1

16
Uli darf auf eine Ferienreise zwei seiner vier Schulfreunde Max, Fritz, Helo und Bert mitnehmen. Er beschließt, auf jeden Fall Fritz oder Bert nicht mitzunehmen, weil sich die beiden nicht vertragen. Wie viele Möglichkeiten der Wahl hat er danach noch?

78 Vermischte Aufgaben

1
Welche Werte nehmen die folgenden Terme an, wenn man für den Platzhalter die Zahlen 0, 1, 2, 3, 4, 5 einsetzt?
a) $2 + 3 \cdot x$
b) $(1 + x) \cdot 3$
c) $6 \cdot x^2$
d) $(3 + x)^2$
e) $1 + 2 \cdot x^2$
f) $(y + 1) \cdot y$
g) $z + z^2$
h) $1 + 2 \cdot (1 + x)^2$

2
Gib die Lösungsmengen der folgenden Ungleichungen an, wenn $\mathbb{N}_0$ Grundmenge ist.
a) $3 \cdot x < 16$
b) $5 \cdot y - 2 < 31$
c) $2 \cdot (1 + 3 \cdot z) < 46$
d) $(2 \cdot x + 1)^2 > 100$

3
Suche die Lösungen der folgenden Gleichungen für Einsetzungen aus $\mathbb{N}$.
a) $3 + 7 \cdot x = 59$
b) $7 \cdot (12 + y) = 91$
c) $384 + x = 1000$
d) $2 \cdot (x + 73) = 160$

4
Welcher Term wird durch die folgende Rechenvorschrift beschrieben?
a) Die eingesetzte Zahl soll verdoppelt und zum Ergebnis 4 addiert werden.
b) Zur eingesetzten Zahl soll 3 addiert und das Ergebnis verdoppelt werden.
c) Zur eingesetzten Zahl soll 7 addiert und das Ergebnis mit sich selbst multipliziert werden.

5
Gib einen Term an, der für jede Einsetzung aus $\mathbb{N}$
a) eine Zahl größer als 10 liefert
b) eine Quadratzahl liefert
c) den Vorgänger einer Quadratzahl liefert
d) den Nachfolger einer geraden Zahl liefert
e) eine ungerade Quadratzahl liefert.

6
Für welche Einsetzungen aus $\mathbb{N}$ nimmt der Term $(x - 2)^2$ Werte an zwischen 40 und 90 (kleiner als 50; größer oder gleich 100)?

7
a) Welche Werte nimmt der Term $6 \cdot x - x^2$ an, wenn man für x die Zahlen 0, 1, ..., 6 einsetzt? Stelle das Ergebnis in einer Tabelle dar (vgl. S. 152, Beispiel a)).
b) Deute jede Einsetzung in der Teilaufgabe a) als Rechtswert und den dabei vom Term $6 \cdot x - x^2$ angenommenen Wert als Hochwert eines Gitterpunktes. Du erhältst so sieben Gitterpunkte. Trage sie in ein Gitter ein.
c) Wie erkennt man anhand der eingezeichneten Punkte, welche Einsetzungen Lösungen der Ungleichung $6 \cdot x - x^2 > 4$ sind?
d) Entnimm der Zeichnung die Lösungen der Aussageform $5 < 6 \cdot x - x^2 \leq 8$.

8
a) Setze sowohl im Term $4 \cdot x + 1$ als auch im Term $2 \cdot x + 9$ für x die Zahl 2 ein. Welcher der beiden Terme nimmt dabei den größeren Wert an?
b) Untersuche, ob es eine Einsetzung aus $\mathbb{N}$ gibt, bei welcher beide Terme den gleichen Wert annehmen.
c) Bei welchen Einsetzungen aus $\mathbb{N}$ nimmt der Term $4 \cdot x + 1$ einen größeren Wert an als der Term $2 \cdot x + 9$?

9
Formuliere die Rechenvorschriften der folgenden Terme in Worten.
a) $(x + 3) \cdot 2$
b) $3 \cdot x + 2$
c) $(x + 1)^2$
d) $y^2 + 4$
e) $5 \cdot x + 2$
f) $3 \cdot x^2 + 5$

10
Gib die Erfüllungsmengen L_1 und L_2 der beiden Aussageformen an sowie die Schnittmenge $L_1 \cap L_2$ und die Vereinigungsmenge $L_1 \cup L_2$ (Grundmenge $\mathbb{N}_0$).
a) $x \in T_{24}$; $x \in T_{20}$
b) $y \in T_{30}$; $y < 15$
c) $a \notin V_2$; $a \in T_{15}$
d) $3 \cdot x < 17$; $x \in T_5$
e) x ist gerade; x hat den 3er-Rest 1
f) x ist ungerade; x hat den 2er-Rest 1

11

a) Zeichne einen Kreis und markiere einen Punkt P im Innern des Kreises. Ziehe durch P eine (zwei; drei; ...) gerade Linien (Fig. 161.1). In wie viele Teile wird die Kreisfläche dadurch eingeteilt?

161.1

b) Schreibe die Variable x für die Anzahl der Geraden durch P. Welcher Term liefert zu jeder Einsetzung für x die dazugehörende Zahl von Kreisteilen?

c) Wie viele Kreisteile würden entstehen, wenn man durch P zwanzig Geraden ziehen würde?

d) Wie viele Geraden muß man durch P ziehen, damit man 34 Kreisteile erhält?

12

a) Lies aus Fig. 161.2 die Gitterzahlen der Punkte P_1 bis P_5 ab. Schreibe für die Rechtswerte der Punkte die Variable x. Welche Grundmenge G gehört zu x?

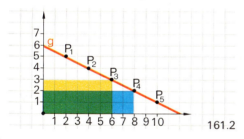

161.2

b) Gib einen Term an, der bei jeder Einsetzung aus G den Hochwert des betreffenden Punktes liefert.

c) Zu jedem der eingezeichneten Gitterpunkte gehört ein Rechteck, wie es in Fig. 161.2 für die Punkte P_3 und P_4 zu sehen ist. Welches dieser Rechtecke hat den größten Flächeninhalt?

d) Schreibe für die Hochwerte der Punkte P_1 bis P_5 die Variable y. Welcher Term liefert bei jeder Einsetzung für y den dazugehörenden Rechtswert?

13

Erna bastelt eine Schachtel. Sie schneidet dazu von einem quadratischen, 30 cm langen Stück Pappe an den Ecken vier kleine Quadrate ab (Fig. 161.3).

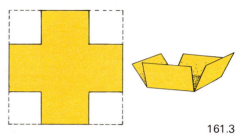

161.3

a) Wie groß ist die verbleibende Fläche, wenn jedes der abgeschnittenen Quadrate x cm lange Seiten hat?

b) Gib einen Term an, der bei jeder (ganzzahligen) Einsetzung für x den Rauminhalt der entstehenden Schachtel liefert.

c) Bei welcher Einsetzung für x hat die Schachtel einen Rauminhalt von 1000 cm³?

d) Wie groß muß Erna die abzuschneidenden Quadrate wählen, damit der Rauminhalt der Schachtel möglichst groß wird?

14

Aus der Spielanleitung für ein Brettspiel: „Jeder der beiden Spieler wirft gleichzeitig 3 Würfel. Spieler A darf ein Feld vorrücken, wenn von seinen Würfeln mindestens einer eine Sechs zeigt. Spieler B darf ein Feld vorrücken, wenn von seinen Würfeln keiner eine Sechs zeigt. Wer als Erster im Ziel ist, hat gewonnen."

Vor Beginn eines Spiels darfst du wählen, ob du Spieler A oder Spieler B sein möchtest. Für welche der beiden Möglichkeiten entscheidest du dich?

15

Frau Knapp hat einen Zähler am Telefon, der die Gebühreneinheiten anzeigt. Die monatliche Grundgebühr beträgt 27 DM, der Preis für die Einheit 0,23 DM. Stelle einen Term auf, der die monatliche Gesamtgebühr angibt.

X Rechenbereiche
79 Verknüpfungen

① Fig. 162.1 zeigt einen Getränkeautomaten; die beiden roten Marken sind auf den Schienen verschiebbar. Welches Getränk liefert der Automat bei der angegebenen Einstellung? Wie mußt du einstellen, wenn du Kakao (Milch) haben möchtest?

② Bei einem Spiel wird gleichzeitig ein weißer und ein schwarzer Würfel geworfen. Danach entnimmt man Fig. 162.2 die „Gewinnzahl"; schwarz bedeutet Gewinn, rot Verlust.
a) Welcher Wurf ist am günstigsten; welcher ist am ungünstigsten?
b) Du wirfst nacheinander (2;5) (d.h. weiß 2, schwarz 5), (3;3) und (5;3). Hast du insgesamt gewonnen oder verloren?

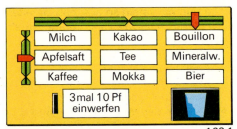

162.1

162.2

Wenn du mit dem Taschenrechner (Fig. 162.3) die Zahlen 2 und 3 addieren willst, so mußt du drei Tasten drücken: die Taste 2, die Taste + und die Taste 3. Willst du die Zahlen multiplizieren, so mußt du statt der Plus-Taste die Mal-Taste drücken. Wir sagen allgemein (Fig. 162.4):

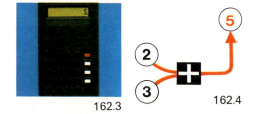

162.3   162.4

> Der Rechner **verknüpft** zwei Zahlen nach der von uns gewählten Verknüpfungsvorschrift (kurz: **Verknüpfung**) und zeigt das **Ergebnis des Verknüpfens** an.

Beispiele:
a) Addition und Multiplikation sind besondere Verknüpfungen. Tafeln wie in Fig. 162.5 („Verknüpfungstafeln") geben eine Übersicht über die Ergebnisse; es ist $2+3=5$; $2 \cdot 3 = 6$.
b) Fig. 162.6 zeigt eine Verknüpfungstafel für das Potenzieren. Links steht die 1. Zahl (Grundzahl), oben die 2. Zahl (Hochzahl). Als Rechenzeichen für die Verknüpfung Potenzieren wurde $\uparrow$ gewählt.

③ Setze die Verknüpfungstafel für das Potenzieren in Fig. 162.6 weiter fort.

Plus-Tafel

+	1	2	3	...
1	2	3	4	
2	3	4	5	
3	4	5	6	
⋮				

Mal-Tafel

·	1	2	3	...
1	1	2	3	
2	2	4	6	
3	3	6	9	
⋮				

162.5

Hoch-Tafel

↑	1	2	3	...
1	1	1	1	
2	2	4	8	
3	3	9	27	
⋮				

$2 \uparrow 3 = 8$; $3 \uparrow 2 = 9$
(lies: 2 hoch 3; oder 2 verknüpft mit 3)

162.6

4
Zeichne drei Verknüpfungstafeln; schreibe an den linken und an den oberen Rand jeweils die Zahlen 2, 4, 6, 8, 10, 12, 14. Fülle nun die Tafeln so aus, daß zu jedem Paar dieser Zahlen als Verknüpfungsergebnis gehört
a) Tafel 1: die Summe
b) Tafel 2: das Produkt
c) Tafel 3: die in der Mitte zwischen beiden Zahlen gelegene Zahl.
(Beispiel: In der Mitte zwischen 4 und 10 liegt die Zahl $(4+10):2=7$.)

5
Lege eine Verknüpfungstafel an, aus der man zu je zwei der Zahlen 1, ..., 10
a) ihr kleinstes gemeinsames Vielfaches
b) ihren größten gemeinsamen Teiler
c) die Anzahl der gemeinsamen Teiler ablesen kann.

6
Bei einem Würfelspiel werden gleichzeitig ein weißer und ein schwarzer Würfel geworfen. Gewinnzahl ist jeweils
a) diejenige 2stellige Zahl, für die der weiße Würfel die Zehnerziffer und der schwarze die Einerziffer angibt
b) die größere der beiden Augenzahlen, falls diese verschieden sind, oder die Summe beider Augenzahlen, falls diese gleich sind.
Lege jeweils eine Verknüpfungstafel an.

7
Zu einer Verknüpfungsvorschrift, für die wir das Zeichen * (lies: Stern) schreiben, gehört die Verknüpfungstafel in Fig. 163.1.

*	1	2	3	4	5
1	2	5	10	17	26
2	3	6	11	18	27
3	4	7	12	19	28
4	5	8	13	20	29
5	6	9	14	21	30

163.1

a) Es ist $3*4=19$. Gib entsprechend an: $2*3$; $3*2$; $5*1$; $4*2$; $5*5$; $1*4$; $4*1$; $2*2$.
b) Es ist $21=5*4$. Gib entsprechend an: 13; 7; 27; 9; 4; 14; 8; 18; 2; 29; 20.

8
Fig. 163.2 zeigt die Verknüpfungstafel für eine Verknüpfung *.

*	1	2	3	4	5
1	6	2	1	3	4
2	5	3	2	6	1
3	4	2	1	3	6
4	2	4	3	6	1
5	1	3	2	5	4

163.2

a) Welche Werte nimmt der Term $2*x$ an, wenn man für x nacheinander die Zahlen 1, 2, 3, 4, 5 einsetzt?
b) Welche Werte nimmt der Term $x*2$ an, wenn man für x diese Zahlen einsetzt?
c) Gib die Lösungen der folgenden Gleichungen an. $2*x=6$; $4*x=4$; $3*x=1$.

9
Eine Fabrik stellt drei Sorten von Zahnrädern her (Fig. 163.3).

163.3

Bei einer „Gangschaltung" werden zwei verschiedene Zahnräder zusammengefügt (Fig. 163.4); eines davon ist das treibende, das andere das angetriebene Rad.

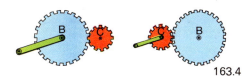

163.4

a) Vergleiche die beiden Gangschaltungen in Fig. 163.4, wenn jeweils das linke Rad antreibt.
b) Zeige: Mit den drei Zahnradsorten aus Fig. 163.3 lassen sich 6 „Gänge" herstellen. Wie kann man diese aufschreiben?
c) Wenn sich bei den 6 Gängen die antreibenden Räder gleich schnell drehen, so drehen sich die angetriebenen Räder verschieden schnell; das langsamste gehört zum 1. Gang. Numeriere die 6 Gänge.
d) Lege eine Verknüpfungstafel an, die zu jeder Schaltung den Gang angibt.

80 Rechenbereiche

① a) Für ein Brettspiel schlägt ein Mitspieler vor: Jeder Spieler darf zwei Würfel werfen und dann um die Hälfte der geworfenen Augensumme vorrücken. Welche Schwierigkeit ergibt sich bei dieser Spielregel?
b) Die Spieler vereinbaren zusätzlich: Es sollen nur solche Würfe gelten, bei denen beide Würfel eine gerade Zahl zeigen. Ergibt sich dadurch eine brauchbare Spielregel? Wieviel darf ein Spieler vorrücken, dessen Würfel 2 und 6 zeigen?

② Zur Verknüpfungstafel in Fig. 164.1 gehört eine Verknüpfungsvorschrift, die mit dem Zeichen ⋀ bezeichnet ist.
a) Was bedeutet ⋀ in Worten? Weshalb ist ⋀ nicht für $\mathbb{N}$, sondern nur für V_2 eine Verknüpfungsvorschrift?
b) Bestimme 2⋀8 und (2⋀10)⋀14.
c) Versuche, (6⋀8)⋀10 zu bestimmen. Warum versagt hier die Vorschrift ⋀?

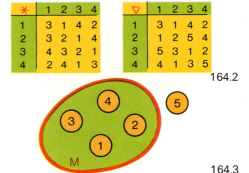

164.1

164.2

164.3

③ Fig. 164.2 zeigt für die Zahlen 1, 2, 3, 4 zwei Verknüpfungsvorschriften ∗ und ▽.
a) Gib mit Hilfe von Fig. 164.2 an: 2∗1, 3∗4, (2∗1)∗4, (2∗3)∗1, (3∗4)∗(3∗1).
b) Versuche entsprechend anzugeben: 2▽1, 3▽4, (2▽1)▽4, (2▽3)▽1, (3▽4)▽(3▽1). Weshalb ergeben sich bei der Verknüpfung ▽ Schwierigkeiten? Warum können solche Schwierigkeiten bei der Verknüpfung ∗ nicht auftreten?

Eine Verknüpfungsvorschrift gibt für die Elemente einer Menge M an, wie man die Verknüpfungsergebnisse findet. Gehört ein solches Ergebnis nicht zu M, so können wir es nicht weiterverknüpfen (Fig. 164.3 und 164.2). Das Verknüpfen kann also mit den Ergebnissen nur dann fortgesetzt werden, wenn diese wieder zu M gehören.

> Wenn beim Verknüpfen in einer Menge M nach einer Vorschrift ∗ alle Verknüpfungsergebnisse wieder zu M gehören, so sagen wir: M bildet bezüglich ∗ einen **Rechenbereich** (oder: M ist bezüglich ∗ **abgeschlossen**). Für den Rechenbereich schreiben wir das Zeichen (M, ∗).

Beispiele:
a) Die Menge M = {1; 2; 3; 4} bildet bezüglich der Verknüpfung ∗ in Fig. 164.2 einen Rechenbereich; dagegen bildet M bezüglich ▽ keinen Rechenbereich.
b) Weil das Produkt ungerader Zahlen stets wieder eine ungerade Zahl ist, bildet die Menge U der ungeraden Zahlen bezüglich · einen Rechenbereich (U, ·). Bezüglich + ist U kein Rechenbereich, weil z.B. 7+5 keine ungerade Zahl ist.

④ Prüfe, ob die Menge der Zahlen mit der Einerziffer 1 (2, 3, 4, 5, 6, 7, 8, 9, 0) bezüglich der Multiplikation ein Rechenbereich ist.

5
Prüfe, ob die Menge M bezüglich der Verknüpfung * ein Rechenbereich ist.
a) M: Menge der geraden Zahlen
   *: Addieren
b) M: Menge der ungeraden Zahlen
   *: Addieren
c) M: Menge der geraden Zahlen
   *: Potenzieren
d) M: Menge der ungeraden Zahlen
   *: Potenzieren
e) M: Menge der geraden Zahlen
   *: Aufsuchen des ggT
f) M: Menge der geraden Zahlen
   *: Aufsuchen des kgV
g) M: Menge der ungeraden Zahlen
   *: Aufsuchen des ggT
h) M: Menge der Quadratzahlen
   *: Addieren
i) M: Menge der Quadratzahlen
   *: Multiplizieren

6
a) Die Zahlen 4 und 6 gehören zu einem Rechenbereich bezüglich der Addition. Gib fünf weitere Zahlen an, die auch zu diesem Rechenbereich gehören müssen. Zeige, daß 50 zu diesem Rechenbereich gehört.
b) 2 und 5 gehören zu einem Rechenbereich bezüglich der Multiplikation. Gib fünf weitere Zahlen an, die ebenfalls zu dem Rechenbereich gehören.

7
a) Anne addiert mehrere gerade Zahlen und erhält als Summe 6735. Warum kann dieses Ergebnis auf keinen Fall richtig sein?
b) Paul muß als Hausaufgabe die Zahlen 3, 6, 9, 12, …, 99 addieren. Er erhält die Summe 1681. Seine Schwester sagt sofort ohne nachzurechnen, daß er sich verrechnet hat. Woran hat sie das so schnell erkannt?

8
Nenne zwei Primzahlen, deren Summe ebenfalls eine Primzahl ist. Weshalb ist die Menge der Primzahlen bezüglich + trotzdem kein Rechenbereich?

9
Bei einer Prüfung wird schriftlich und mündlich geprüft. Für jede der beiden Teilprüfungen wird eine der Noten 1 bis 6 erteilt. Bei der Ermittlung der Gesamtnote zählt das Schriftliche doppelt; auch die Gesamtnote ist eine ganze Note. Beispiel: Schriftlich 2, mündlich 3 ergibt die Gesamtnote 2.
Stelle eine Verknüpfungstafel auf, aus der der man zu jedem möglichen Ergebnis der schriftlichen und mündlichen Prüfung die Gesamtnote ablesen kann.

10
Beim Addieren zweier mehrstelliger Zahlen erhält man zu zwei Einerziffern wieder eine Einerziffer (Fig. 165.1).

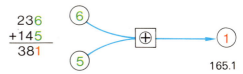

165.1

Die Menge $M = \{0; 1; 2; 3; 4; 5; 6; 7; 8; 9\}$ wird so zu einem Rechenbereich $(M, \oplus)$.
Berechne: $8 \oplus 5$, $7 \oplus 6$, $4 \oplus 9$, $(2 \oplus 5) \oplus 8$.
Fertige eine Verknüpfungstafel an.

11
Im Fünfersystem brauchen wir nur die Ziffern 0, 1, 2, 3, 4. Addieren wir zwei Zahlen im Fünfersystem, so erhalten wir zu zwei Einerziffern wieder eine Einerziffer; ebenso beim Multiplizieren. Aus der Menge $M = \{0; 1; 2; 3; 4\}$ entsteht so ein Rechenbereich $(M, \oplus)$ oder $(M, \odot)$.
a) Berechne: $2 \oplus 3$, $3 \oplus (4 \oplus 2)$, $(1 \oplus 4) \oplus (3 \oplus 2)$.
b) Berechne: $2 \odot 3$, $3 \odot (4 \odot 2)$, $(1 \odot 4) \odot (3 \odot 2)$.
c) Lege für $(M, \oplus)$ und $(M, \odot)$ Verknüpfungstafeln an.
d) Man kann die Zahlen auch im Zweiersystem aufschreiben. Welche Einerziffern sind dann möglich? Welche beiden Verknüpfungstafeln ergeben sich? Wie drückt sich in den Verknüpfungstafeln aus, daß die Summe von zwei ungeraden Zahlen gerade, ihr Produkt ungerade ist?

81 Kommutative und assoziative Rechenbereiche

① a) Die beiden Wörter BALL und SPIEL kann man zu einem einzigen Wort zusammensetzen (Fig. 166.1). Warum ist dabei die Reihenfolge wichtig? Setze entsprechend BAUM und STAMM (DRACHEN und FLUG) auf zwei Arten zu einem Wort zusammen.

b) Auch drei Wörter lassen sich manchmal zu einem neuen Wort zusammensetzen (Fig. 166.2). Inwiefern ist dies auf zwei verschiedene Arten möglich, obwohl die Reihenfolge der drei Wörter beide Male gleich ist?

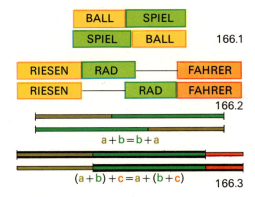

166.1

166.2

$a+b=b+a$

$(a+b)+c=a+(b+c)$

166.3

② a) Bei welcher der Verknüpfungen + (Addieren), · (Multiplizieren) und ↑ (Potenzieren) muß man beim Verknüpfen auf die Reihenfolge der Zahlen achten, wo ist dies nicht notwendig? Wie drückt sich dieser Unterschied an den Verknüpfungstafeln aus (Fig. 162.5 und 162.6)?

b) Berechne im Kopf $48+3$ und $4+97$. Hast du die angegebene Reihenfolge der Zahlen beim Rechnen beibehalten?

③ a) Die Zahlen 4, 3 und 2 sollen durch Potenzieren verknüpft werden. Was ergibt sich, wenn du erst $4↑3$ berechnest und dann das Ergebnis mit 2 potenzierst? Ergibt sich dasselbe, wenn du zuerst $3↑2$ berechnest und danach 4 mit dem Ergebnis potenzierst?

b) Muß man beim Verknüpfen der Zahlen 18, 12 und 4 durch Aufsuchen des größten gemeinsamen Teilers auch beachten, ob man zuerst 18 mit 12 oder 12 mit 4 verknüpft?

Bei einer Summe dürfen wir die Summanden nach Belieben vertauschen, es ist z.B. $4+15=15+4$; entsprechend dürfen wir bei Produkten die Faktoren vertauschen. Sind drei Zahlen zu addieren oder zu multiplizieren, so ist es gleichgültig, ob wir zuerst die erste mit der zweiten oder zuerst die zweite mit der dritten verknüpfen; es ist z.B. $(8+13)+7=8+(13+7)$ (Fig. 166.3).
Beim Subtrahieren und beim Dividieren ist weder das eine noch das andere erlaubt.

Einen Rechenbereich $(M, *)$ und seine Verknüpfung nennen wir
kommutativ, wenn $a*b=b*a$ gilt für alle $a, b \in M$ (**Kommutativgesetz**; KG)
assoziativ, wenn $(a*b)*c=a*(b*c)$ gilt für alle $a, b, c \in M$ (**Assoziativgesetz**; AG).

Beispiele:
a) Die Rechenbereiche $(\mathbb{N}, +)$ und $(\mathbb{N}, \cdot)$ sind sowohl kommutativ als auch assoziativ. Auch das Aufsuchen des ggT zweier Zahlen ist sowohl kommutativ als auch assoziativ.
b) Der Rechenbereich $(\mathbb{N}, ↑)$ ist
nicht kommutativ, weil z.B. $2↑3=8$, dagegen $3↑2=9$ ist;
nicht assoziativ, weil z.B. $(2↑3)↑2=8↑2=64$, aber $2↑(3↑2)=2↑9=512$ ist.

④ Prüfe, ob die Verknüpfung $*$ in Fig. 164.2 kommutativ (assoziativ) ist.

5
Berechne die folgenden Summen und Produkte möglichst vorteilhaft. Gib an, wo du das Kommutativgesetz oder das Assoziativgesetz verwendest.
(Beispiel:
$(14+23)+6 = 6+(14+23)$ (KG)
$= (6+14)+23$ (AG)
$= 20+23$
$= 43$)
a) $(38+25)+5$ b) $(45+18)+15$
c) $13+(18+7)$ d) $84+(16+58)$
e) $41+(29+73)$ f) $(48+66)+52$
g) $2 \cdot (8 \cdot 5)$ h) $20 \cdot (7 \cdot 5)$
i) $(8 \cdot 9) \cdot 125$ k) $25 \cdot (17 \cdot 8)$

6
a) Beim Potenzieren schreibt man üblicherweise die zweite Zahl als Hochzahl, also z.B. 2^3 statt $2 \uparrow 3$.
Übertrage in die Hochzahlschreibweise: $3 \uparrow 4, 5 \uparrow 2, 1 \uparrow 7, (3 \uparrow 2) \uparrow 4, 5 \uparrow (2 \uparrow 6)$.
b) Suche zwei verschiedene natürliche Zahlen a und b, für die $a^b = b^a$ ist.
Weshalb ist Potenzieren trotzdem keine kommutative Verknüpfung?

7
Berechne und vergleiche:
a) 7^3 und 3^7
b) $(5^3)^2$ und $5^{(3^2)}$
c) $(3^2)^4$ und $3^{(2^4)}$
d) $34-(23-9)$ und $(34-23)-9$
e) $48:(12:2)$ und $(48:12):2$
f) $78+(36+84)$ und $(78+36)+84$
g) $478 \cdot (136 \cdot 84)$ und $(478 \cdot 136) \cdot 84$

8
Das Zeichen ⋏ bedeute die Verknüpfung in Fig. 164.1 für die geraden Zahlen.
a) Bestimme die Zahlen 8⋏20, 48⋏72 und 126⋏734. Bedeuten 8⋏20 und 20⋏8 die gleiche Zahl oder verschiedene Zahlen?
b) Prüfe, ob (8⋏16)⋏28 die gleiche Zahl bedeutet wie 8⋏(16⋏28). Zeichne einen Zahlenstrahl; veranschauliche auf ihm das unterschiedliche Vorgehen bei der Bestimmung von (8⋏16)⋏28 und 8⋏(16⋏28).

9
Die Spielregel ∗ bei einem Würfelspiel lautet: Jeder Spieler darf 2mal werfen, wobei der 1. Wurf doppelt zählt.
Beispiel: Wer im 1. Wurf 4 und im 2. Wurf 3 wirft, darf 11 Felder vorrücken.
a) Berechne 2∗5, (2∗4)∗3 und 1∗(6∗2).
b) Zeige durch je ein Gegenbeispiel, daß die Verknüpfung ∗ weder kommutativ noch assoziativ ist.

10
Fig. 167.1 zeigt eine unvollständige Verknüpfungstafel für eine Verknüpfung in der Menge $M = \{0; 1; 2; 3\}$. Ergänze so, daß $(M,∗)$ ein kommutativer Rechenbereich ist.

∗	0	1	2	3
0	0	1	2	3
1		2	3	0
2			0	1
3				2

167.1

11
Wir vereinbaren: Sind A und B Punkte, so soll A⋏B die Mitte von AB bedeuten.
a) Zeichne ein Dreieck; bezeichne seine Ecken mit A, B und C. Bestimme nun (A⋏B)⋏C sowie (A⋏C)⋏(C⋏B). Was fällt auf?
b) Wähle nun anstelle der Punkte A, B und C die drei Zahlen 8, 20 und 12; untersuche, ob hier Entsprechendes gilt.

12
Fig. 167.2 und 167.3 kannst du als Verknüpfungstafeln für zwei Verknüpfungen in der Menge M = {🟢; 🔴} auffassen.

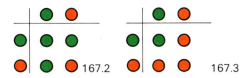

167.2   167.3

a) Wie viele Möglichkeiten gibt es, eine Verknüpfungstafel für M auszufüllen?
b) Wie viele dieser Verknüpfungen sind kommutativ? Gibt es unter den kommutativen solche, die nicht assoziativ sind?

82. Weitere Rechenbereiche

① Fig. 168.1 zeigt eine Schablone, mit der man Vierecksmuster (Fig. 168.2) zeichnen kann. Wie mußt du die Schablone verschieben, wenn du nach den blauen Vierecken die roten zeichnen willst?

② Zeichne das Viereck aus Fig. 168.3 in dein Heft. In welche Lage kommt das Viereck, wenn du es um 3 cm nach rechts verschiebst? Zeichne. In welche Lage kommt es, wenn du anschließend um 2 cm nach unten verschiebst? Zeichne. Trage auch die Linien ein, auf denen die Ecken des Vierecks beim Verschieben wanderten. Auf welchen Linien wandern die Ecken, wenn man das Viereck „auf dem kürzesten Weg" von der Anfang- in die Endlage verschiebt?

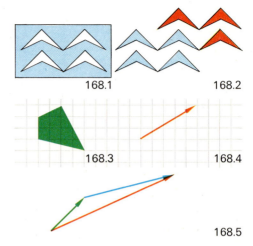

③ a) Wie ändern sich die Gitterzahlen bei der Verschiebung in Fig. 168.4? Wie können wir danach Verschiebungen durch Zahlenpaare beschreiben?
b) Du führst zunächst die Verschiebung (3;2) aus und anschließend noch die Verschiebung (4;1). Zeichne in einem Gitter die beiden Verschiebungspfeile. Wie erhält man aus ihnen den Pfeil für die Gesamtverschiebung? Wie ergibt sich das Zahlenpaar für die Gesamtverschiebung aus den Paaren (3;2) und (4;1)?

Wir sagen: wir „verketten" zwei Verschiebungen, wenn wir sie nacheinander ausführen. Was sich durch das Verketten zweier Verschiebungen erreichen läßt, kann man auch durch eine einzige Verschiebung erreichen. Diese stellt also das Ergebnis dar, wenn wir zwei Verschiebungen durch Verketten verknüpfen.
Verschiebungen können wir auch durch Zahlenpaare beschreiben. Dem Verketten von Verschiebungen entspricht dann ein Verknüpfen der Paare, bei dem jeweils die ersten Zahlen und jeweils die zweiten Zahlen der Paare addiert werden.

> Die **Verschiebungen** bilden in bezug auf das **Verketten** einen Rechenbereich. Die **Zahlenpaare** bilden einen Rechenbereich in bezug auf das **Addieren** nach der Vorschrift $(a;b) + (c;d) = (a+c; b+d)$.
> Beide Rechenbereiche sind kommutativ und assoziativ.

Beispiel:
Der grüne und der blaue Pfeil in Fig. 168.6 kennzeichnen je eine Verschiebung. Beim Verketten erhalten wir die zum roten Pfeil gehörende Verschiebung. Mit Zahlenpaaren ist $(3;1) + (2;5) = (5;6)$.

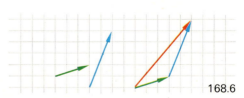

④ Berechne $((1;2) + (3;2)) + (4;3)$. Zeichne Pfeile; konstruiere das Ergebnis.

5
Berechne:
a) $(2;7)+(12;3)$ \quad b) $(4;1)+(8;11)$
c) $(3;5)+(9;8)+(1;4)$
d) $(2;8)+(6;3)+(13;9)+(7;4)$
e) $(5;3)+(2;0)+(0;4)+(3;3)$
f) $(87;74)+(117;143)+(468;84)$
g) $(47;74)+(238;406)+(115;20)$.

6
Zeichne die drei Pfeile aus Fig. 169.1 in dein Heft.

169.1

Verkette zeichnerisch
a) grün mit blau \quad b) blau mit grün
c) grün mit schwarz \quad d) schwarz mit blau
e) grün, blau und schwarz.

7
a) Zeichne für drei Verschiebungen je einen Verschiebungspfeil.
b) Verkette zeichnerisch die erste Verschiebung mit der zweiten und das Ergebnis mit der dritten.
c) Verkette zeichnerisch die zweite Verschiebung mit der dritten und danach die erste Verschiebung mit dem Ergebnis. Ist es Zufall, daß sich die gleiche Gesamtverschiebung ergibt wie in b), oder wäre das bei drei anderen Verschiebungen auch so?

8
In Fig. 169.2 sind fünf Verschiebungen durch Pfeile dargestellt.

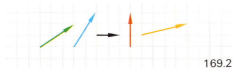

169.2

a) Verkette die Verschiebungen zeichnerisch.
b) Bestimme zu jeder Verschiebung ihr Zahlenpaar; addiere die Paare. Vergleiche mit dem Ergebnis in a).

9
a) Berechne $(4;2)+(4;2)$.
b) Zeichne für die Verschiebung $(4;2)$ einen Verschiebungspfeil. Verkette zeichnerisch die Verschiebung mit sich selbst. Vergleiche das Ergebnis mit dem in a).

10
Das Streifenmuster in Fig. 169.3 ist aus einer Grundfigur durch wiederholtes Verschieben nach derselben Vorschrift hervorgegangen.

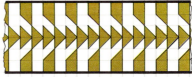

169.3

a) Zeichne die Grundfigur. Gib durch einen Pfeil die Verschiebung an.
b) Gibt es noch andere Grundfiguren, aus denen das Streifenmuster entstanden sein könnte? Zeichne sie. Ändert sich mit der Grundfigur auch die Verschiebung?

11
Zeichne das „Tapetenmuster" aus Fig. 169.4 in dein Heft.

169.4

Denke dir eine durchsichtige Folie auf deine Zeichnung gelegt und das Muster auf die Folie übertragen. Du könntest nun die Folie so verschieben, daß sich danach die Muster in deinem Heft und auf der Folie wieder „decken". Gib solche Verschiebungen in deiner Zeichnung durch Pfeile an. Wie viele gibt es?

83 Vermischte Aufgaben

1
Frau Grün vergleicht auf dem Gemüsemarkt die Preise für Frühkartoffeln. Das kg wird für 70 Pf, 90 Pf, 65 Pf, 80 Pf und 60 Pf angeboten. Von je zwei Angeboten merkt sie sich stets das niedrigere.
Lege eine Verknüpfungstafel an, bei der man zu je zwei Angeboten dasjenige ablesen kann, das sich Frau Grün merkt.

2
Ein Textilgeschäft verkauft Seiden-, Baumwoll- und Wollstoff als Meterware (Fig. 170.1).

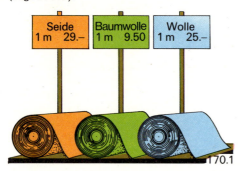
170.1

a) Fertige eine Verknüpfungstafel, aus der ein Kunde sofort ablesen kann, wieviel 1 m, 2 m, ..., 10 m jeder Stoffart kosten.
b) Frau Weiß hat einen 100-DM-Schein bei sich. Wieviel Meter Seidenstoff (Baumwollstoff; Wollstoff) könnte sie damit kaufen? Verwende zur Beantwortung der Frage die Verknüpfungstafel.
c) Welche Möglichkeiten hat Frau Weiß, wenn sie sowohl Seiden- als auch Baumwollstoff braucht und beidemal nur ganze Meter kaufen möchte?

3
Lege für die drei Stoffarten in Fig. 170.1 eine Verknüpfungstafel an, aus der man ablesen kann, wieviel (ganze) Meter jeder Stoffart man für 50 DM, 100 DM, 150 DM, 200 DM, 250 DM, 300 DM kaufen kann. (Anleitung: Notiere am oberen Rand die Preise je m, am linken Rand die Zahlen 50, 100, ..., 300.)

4
Der Heimwerkermarkt DO-IT-YOURSELF bietet im Sonderangebot Regalbretter an. Vorrätig sind die Längen 40 cm, 50 cm, 75 cm und 100 cm, jeweils in den Breiten 10 cm, 20 cm und 30 cm. Die Bretter sollen zum Preis von 50 DM je m² verkauft werden. Für eine Anzeige in der Tageszeitung erscheint es der Geschäftsleitung zweckmäßiger, statt des Quadratmeterpreises anzugeben, wieviel jede der vorhandenen Brettgrößen kostet. Entwirf eine möglichst übersichtliche Zeitungsanzeige, aus der man dies ersehen kann.

5
Die Schulleitung des GAUSS-Gymnasiums möchte wissen, wie die Schüler der drei 5er-Klassen zur Schule kommen. Eine Umfrage ergibt:

	5a	5b	5c
zu Fuß	12	16	0
mit dem Fahrrad	5	6	8
mit dem Bus	7	4	13
mit der Bahn	6	4	11

a) Wie viele Schüler hat die Klasse 5a (die Klasse 5b; die Klasse 5c)?
b) Wie viele Schüler der drei Klassen insgesamt kommen zu Fuß (mit dem Fahrrad; mit dem Bus; mit der Bahn)?
c) Wie viele Schüler kommen nicht zu Fuß zur Schule?
d) Wie viele Schüler kommen mit dem Bus oder mit der Bahn?

6
Eine Verknüpfungsvorschrift $*$ ordnet der Länge und der Breite jedes Rechtecks mit ganzzahligen Seitenlängen die Maßzahl des Umfangs zu.
a) Berechne: $3*2$, $(4*3)*2$, $6*(7*1)$.
b) Prüfe, ob der Rechenbereich $(\mathbb{N}, *)$ kommutativ oder assoziativ ist.
c) Mit welcher Zahl muß man 1 verknüpfen, damit sich 6 ergibt?

7
Arne hat zum Geburtstag eine Spielzeugkegelbahn bekommen (Fig. 171.1).

171.1

Er kegelt mit seinem „Kegelbruder" Bernd um die Wette. Jeder hat 2 Würfe. Gezählt wird die Zahl der beim besseren Wurf umgefallenen Kegel.
a) Fertige eine Verknüpfungstafel, aus der man zu je zwei Versuchsergebnissen die Gewinnzahl ablesen kann.
b) Wie viele Möglichkeiten gibt es, in zwei Versuchen die Gewinnzahl 5 (die Gewinnzahl 7) zu erreichen?

8
a) Zeichne das Viereck aus Fig. 171.2 in dein Heft. Bestimme in dem Viereck den Punkt $(A \land B) \land (D \land C)$ sowie den Punkt $(A \land D) \land (B \land C)$. Was fällt auf?

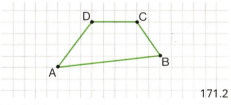

171.2

b) Zeichne ein beliebiges anderes Viereck ABCD. Prüfe, ob die in a) gemachte Beobachtung auch hier zutrifft. Versuche, deine Entdeckung in Worte zu fassen.
c) Wähle anstelle der vier Punkte A, B, C, D die vier Zahlen 8, 16, 24, 36.
Prüfe, ob für die Zahlen Entsprechendes gilt wie in a) für die Punkte.

9
Welche natürliche Zahl erfüllt die folgende Aussageform?
a) $x \land 16 = 20$
b) $33 \land y = 51$
c) $x \land (2 \cdot x) = 12$

10
Die Menge $M = \{1; 2; 3\}$ hat acht Teilmengen: $A = \{1; 2\}$, $B = \{2; 3\}$, $C = \{1; 3\}$, $D = \{1\}$, $E = \{2\}$, $F = \{3\}$, $G = \{\ \}$ und $M = \{1; 2; 3\}$.
a) Lege eine Verknüpfungstafel an für das Verknüpfen dieser Mengen durch Bilden der Schnittmenge ($\cap$).
b) Lege eine entsprechende Tafel an für das Bilden der Vereinigungsmenge ($\cup$).
c) Bilden die Mengen A, B, C, D, E, F, G, M einen Rechenbereich bezüglich $\cap$ (bezüglich $\cup$)? Ändert sich dies, wenn man die Mengen G und M wegläßt?

11
a) Bestimme die Menge T_{36} aller Teiler der Zahl 36.
b) T_{36} bildet sowohl bezüglich der Bestimmung des größten gemeinsamen Teilers (ggT) als auch des kleinsten gemeinsamen Vielfachen (kgV) einen Rechenbereich. Schreibe die beiden Verknüpfungstafeln auf.
c) Wie lassen sich die beiden Verknüpfungen anschaulich anhand von Fig. 171.3 deuten?

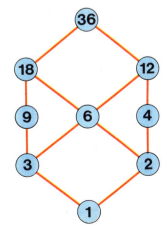

171.3

Register

abgeschlossen 164
Abstand 102
achsensymmetrisch 132
Addieren 46, 60, 168
~ im Zehnersystem 78
~, schriftliches 78
Addition 46, 60, 62
anordnen 6
Anzahl 20, 28
Ar 116
assoziativ 166
Assoziativgesetz 166
Ausdruck, mehrgliedriger 50
ausklammern 60
ausmultiplizieren 60
Aussage 154
~, falsche 154
~, wahre 154
Aussageform 154

Basis 168
Baum 18, 20, 52
~-darstellung 18, 20
~-diagramm 20
belegen 146
Berechnung eines Terms 50
Bild 130
~-figur 130
~-punkt 130
Breite eines Streifens 100
Bruchteil 36, 40

Dekameter 30
Dezimalsystem 72
Dezimeter 30
~-würfel 124
Diagonale 101
Differenz 48, 56, 60, 62
Distributivgesetz 60
Dividend 56
Dividieren 56, 84
~ im Zehnersystem 84
~, schriftliches 84
Division 56, 62
Divisor 56
Dreierpotenz 68

Einerziffer 86
Einheit 28, 30, 34, 38, 42, 64, 116
einsetzen 146
Element 54
Erfüllungsmenge 154
Ergebnis 16
~ des Verknüpfens 162
Ergebnisse, Anzahl aller möglichen 20
~, Menge aller möglichen 16
Exponent 68

Faktor 52
Figur, achsensymmetrische 132
~, punktsymmetrische 136
~, verschiebungssymmetrische 140
Flächeneinheit 114
Flächeninhalt 114, 118
Fünfersystem 74

ganzzahlig 120
Geld 42
~-wert 42
gemeinsames Vielfaches 54
Geodreieck 96
Gerade 94
Gewicht 34, 36
Gitter 106
~-punkt 106
~-zahl 106
Gleichheitszeichen 144
Gleichung 150
Gliederung 50
Gramm 34
Größe 64
größer als 10, 76
Größenart 66
Größenvergleich 76
Grundmenge 146
Grundzahl 68

Häufigkeit 22
~s-tabelle 22, 24
Hektar 116
Hektometer 30
Hochachse 106
Hochwert 106
Hochzahl 68
Höhe 126

Kanten 108
Kennzeichen 144
Kilogramm 34
Kilometer 30
Klammer 46, 50, 52, 56
~, geschweifte 16
kleiner als 10
kleinstes gemeinsames Vielfaches 54
Kommaschreibweise 32, 36, 120, 124
kommutativ 166
Kommutativgesetz 166
konstruieren 96
Kreis 104
~-linie 104
~-mittelpunkt 104
~-radius 104
Kubikdezimeter 122
Kubikmeter 122
Kubikmillimeter 122
Kubikzentimeter 122

Länge 30, 32
leere Menge 156
liegt auf 94
Lineal 96
Linien 94
~, gerade 94
Liste 22
~n, Auszählen von 22
Liter 122
Lösung einer Gleichung 150
~ einer Ungleichung 152
Lösungsmenge 152, 154

172

Mark 42
Maßzahl 28, 30, 64, 114
messen 28, 30, 34, 38, 114, 122
Meter 30
~-stab 30
Milligramm 34
Millimeter 30
Minuend 48
Minusglied 50
Minute 38
Mittelpunkt 136
Möglichkeit 20
Multiplikation 52, 60, 62
Multiplizieren 52, 82
~ im Zehnersystem 82
~, schriftliches 82

Nachfolger 12
Name 144
natürliche Zahl 10
Netz 110
Null 72, 78, 82
numerieren 10

oder 158
orthogonal 96

Paar 18, 52
~, geordnetes 18, 106
parallel 98
Parallele 98
Parallelogramm 100
Pfeil 168
Pfennig 42
Platzhalter 146
Plusglied 50
Potenz 68, 74
potenzieren 68, 162
Primzahl 58
Produkt 52, 62
Punktrechnung 60
Punktspiegelung 134
punktsymmetrisch 136

Quader 110, 126
Quadrat 92, 100
~-dezimeter 116
~-kilometer 116
~-meter 116
~-millimeter 116
~-zentimeter 116
Quersumme 86
Quotient 56, 62

Rauminhalt 122, 126
Raute 100
Rechenanweisung 148
Rechenausdruck 50
Rechenbereich 164
~, assoziativer 166
~, kommutativer 166
Rechnen mit Größen 64
Rechnen, schriftliches 72
Rechteck 92, 100, 118
Rechtsachse 106
Rechtswert 106
regelmäßig 132
Reihenfolge 6, 8, 50, 62
Runden 88

Schätzen 88
schneiden 94, 156
Schnittmenge 156
Schnittpunkt 99
Schrägbild 108
senkrecht zueinander 96
Sekunde 38
Spiegelachse 130
spiegelbildlich 132
spiegeln 130
~, an einer Geraden 130
~, an einem Punkt 134
Spiegelung 130
Stellenschreibweise 72
Stellenwertsystem 72
Strecke 94
Streifen 100
~-muster 140
Strichrechnung 60
Stufenzahl 72

Stunde 38
Subtrahend 48
Subtrahieren 48, 60
~ im Zehnersystem 80
~, schriftliches 80
Subtraktion 48, 62
Summand 46, 52, 78
Summe 46, 50, 60, 62
Symmetrieachse 132
Symmetriezentrum 136

Tag 36
teilbar 86
Teilbarkeit 86
~s-regeln 86
Teiler 58
~, gemeinsamer 58
~, größter gemeinsamer 58
Teilermenge 58
Teilmenge 156
Term 148
~ mit Platzhalter 148
Tonne 34

Überschlagen 88
Übertrag 78
Uhrzeit 40
Umfang 102
und 156
Ungleichung 152
Ursprung 106

Variable 146
vereinigen 158
Vereinigungsmenge 158
Vergleich, bildlicher 76
verketten 168
verknüpfen 162
Verknüpfung 162
~s-tafel 162
~s-vorschrift 163
verschieben 138
Verschiebung 138, 168
~s-pfeil 138
verschiebungssymmetrisch 140
Vielfaches 54

173

∼, gemeinsames 54
∼, kleinstes gemeinsames 54
Vielfachenmenge 54
Vielheit 66
Viereck 108
Volumen 122
Vorgänger 12

Waage 34
Wechselkurs 42

Wert 42, 148
Würfel 110

Zählen 16, 22
Zahl 10, 64
∼en-folge 12
∼en-paar 168
∼en-strahl 10, 58
∼, natürliche 10
Zehnersystem 72, 78

Zehnerziffer 86
Zentimeter 30
∼-würfel 124
Zentrum 134
Zeichen 144
Zeitangabe 40
Zeitdauer 38, 40
Ziffer 72
Zirkel 104
Zweiersystem 74
Zweisatz 66

Mathematische Begriffe und Bezeichnungen

Zeichen	Bedeutung	Seite
$\{6; 2; 9\}$	Menge der Zahlen 6, 2 und 9	16
$\mathbb{N}$	Menge der natürlichen Zahlen	54
V_3	Menge der Vielfachen von 3	54
T_5	Menge der Teiler von 5	58
$\{\ \}$	Leere Menge	156
$A \cap B$	Schnittmenge der Mengen A und B	156
$A \cup B$	Vereinigungsmenge der Mengen A und B	158
$(2; 3)$	Geordnetes Paar der Zahlen 2 und 3	18
$(M, *)$	Rechenbereich der Menge M mit Verknüpfung $*$	164
gV	Gemeinsames Vielfaches	54
kgV	Kleinstes gemeinsames Vielfaches	54
gT	Gemeinsamer Teiler	58
ggT	Größter gemeinsamer Teiler	58
$2 \in M$	2 ist Element der Menge M	54
$2 \notin M$	2 ist nicht Element der Menge M	54
$A \subseteq B$	A ist Teilmenge der Menge B	156
$=$	gleich	144
$\neq$	ungleich	144
$\approx$	ungefähr gleich	88
$<$	kleiner	10
$\leq$	kleiner oder gleich	159
$>$	größer	10
$\geq$	größer oder gleich	159
KG	Kommutativgesetz	166
AG	Assoziativgesetz	166
DG	Distributivgesetz	60
P, Q, A, ...	Punkte	94
PQ	Strecke mit den Endpunkten P und Q	94
$\overline{PQ}$	Länge der Strecke PQ	94
(PQ)	Gerade durch die Punkte P und Q	94
g, h, ...	Geraden	94
$\overline{P}$	Bildpunkt des Punktes P	130
$\perp$	orthogonal (senkrecht)	96
$\parallel$	parallel	98